地形で読みとく都市デザイン

岡本哲志［著］

学芸出版社

はじめに

まちを歩く時、私は地形を常に意識している。数多く行ってきた、近世以前に繁栄した港町の調査では、地形とともに「井戸」を注意深く確認して歩くようにしてきた。朝鮮通信使の来訪で賑わった兵庫県の港町・室津の時もそうだった。すでに使われていない多くの井戸を発見したのだ。それらの井戸をひとつひとつ確認して歩くと、井戸が掘られた場所の高低差に違いがあることに気づく。高い位置に井戸が掘られているケースは古代以前から続く漁村に限られた。比較的低い位置に掘られた井戸は港町として中世に繁栄した時代のエリアが中心であった。近世になると、港の機能が低地の埋立地に集中するため、良質の水を得にくい環境となり、井戸の数が極めて少なくなる。さらに長い時間をかけて変化する海面の潮位差を加えると、各時代の井戸が水際近くに位置していたことが明らかになった。これは室津の調査で得た知見である。

長く続けられてきた人々の営み空間を調査する上で、水のあり方、使われ方を探ることは欠かせない要件となる。地形形状と密接に関わって成立する水のあり様をよりクリアに意識できた時、新たな空間の読み方が開ける。それは室津に限ったことではないし、港町だけでのことでもない。本書では、「水」と「地形」をキーワードに、港町はもちろん、内陸側に立地した都城、城下町、宿場町にも視野を広げ、話を展開している。

地形から日本の都市や集落を読み解き、ひとつの体系としてまとめる時、よく知られた都市を取り上げるだけでは、日本特有の地形に成立してきた都市空間像を描けない。それは、近代（明治以降）において都市人口が平坦な平野部に集中したことから、限定された一部の地形条件の特性に着目したに過ぎないからである。もう少し思考回路を柔軟にして、陸上交通の利便性から外れた場所にも焦点をあてる必要がある。その時、地形の特色から描きだされた都市や街、集落の面白さが体験できるはずだ。本書はそのような思いで書いた。これから、本の中ではあるが、地形と都市の面白さを探るまち歩きにお付き合いいただければ幸いである。

目次

第1章　古代の都城と陸海の道

1　東西日本の運命を分けた縄文時代の火山と潮位

海道としての瀬戸内海

大和朝廷が日本の国土を平定する出発点は、神話時代の飛鳥の地とされる。その祖先がいつどのような経路で飛鳥に至ったのか。これは極めて興味深いにしても、現時点で明確に描きだせない。約七三〇〇年前、日本において大きなエポックがあった。九州南方の東シナ海海上、現在の薩摩硫黄島あたりにあった鬼界火山が巨大噴火を起こす。これは、縄文期の早期（約一万二〇〇〇〜七〇〇〇年前）と前期（約七〇〇〇〜五五〇〇年前）を分けるほど、西日本一帯に甚大な被害をもたらした。縄文期の西日本における空白の時代を考えると、稲作が伝来する弥生期に大陸の文化とともに、先進的な技術を持つ多くの人が流入し、新たな文化圏域を西日本に形成したのではないかと思われる。荒廃した風土から、突如新たな文化が発芽するとは思えない。そのような奇跡があれば別だが、西日本一帯は大噴火の後新たに流入したいくつかの民族によって新しい文化の構築が試みられたと考えるのが妥当であろう。

甚大な被害のあった西日本に、大陸や南方の海洋からの高度な技術を備え持つ人々の流入は、時代背景や経路が一様ではなかったと思われ、確定的に述べることは難しい。そのなかで勝ち得た部族の一つに、湖が広がっていた奈良盆地の南東山間部、飛鳥に拠点を築いた大和朝廷の先祖があった（図1）。大和朝廷の先祖が移住当初から強大な勢力を保持していたとは考えにくい。出雲や敦賀湾沿岸、九州にはより強力な部族が存在しており、むしろ既存の勢力を避けるように日本海から瀬戸内海を通り、大和川を遡ったのではないかと思われる。

海に開かれた平坦地にある宗像大社《むなかたたいしゃ》（現・福岡県宗像市）、山を背にした高台に位置する沼名《ぬな》前《くま》神社（現・広島県福山市鞆町）、なだらかな斜面地に立地する生田《いくた》神社（現・兵庫県神戸市中央区）など、瀬戸内海から玄界灘に面する九州北部にかけての港町を訪ねると、神話の時代に活躍した神《じん》功皇后《ぐうこうごう》縁《ゆかり》の神社が多い。その一つの宗像大社は海に浮ぶ聖域の島々を結び朝鮮半島の釜山に至る軸線上にある。鞆にも神話が残る。沼名前神社は、二世紀末ころ神功皇后が西国へ下向する時にこの浦に寄泊し、海路の安全を祈ったのが始まりとされる。神功皇后の足跡はかつて飛鳥まで至った道筋を逆走するように描かれたとも思えてくる。

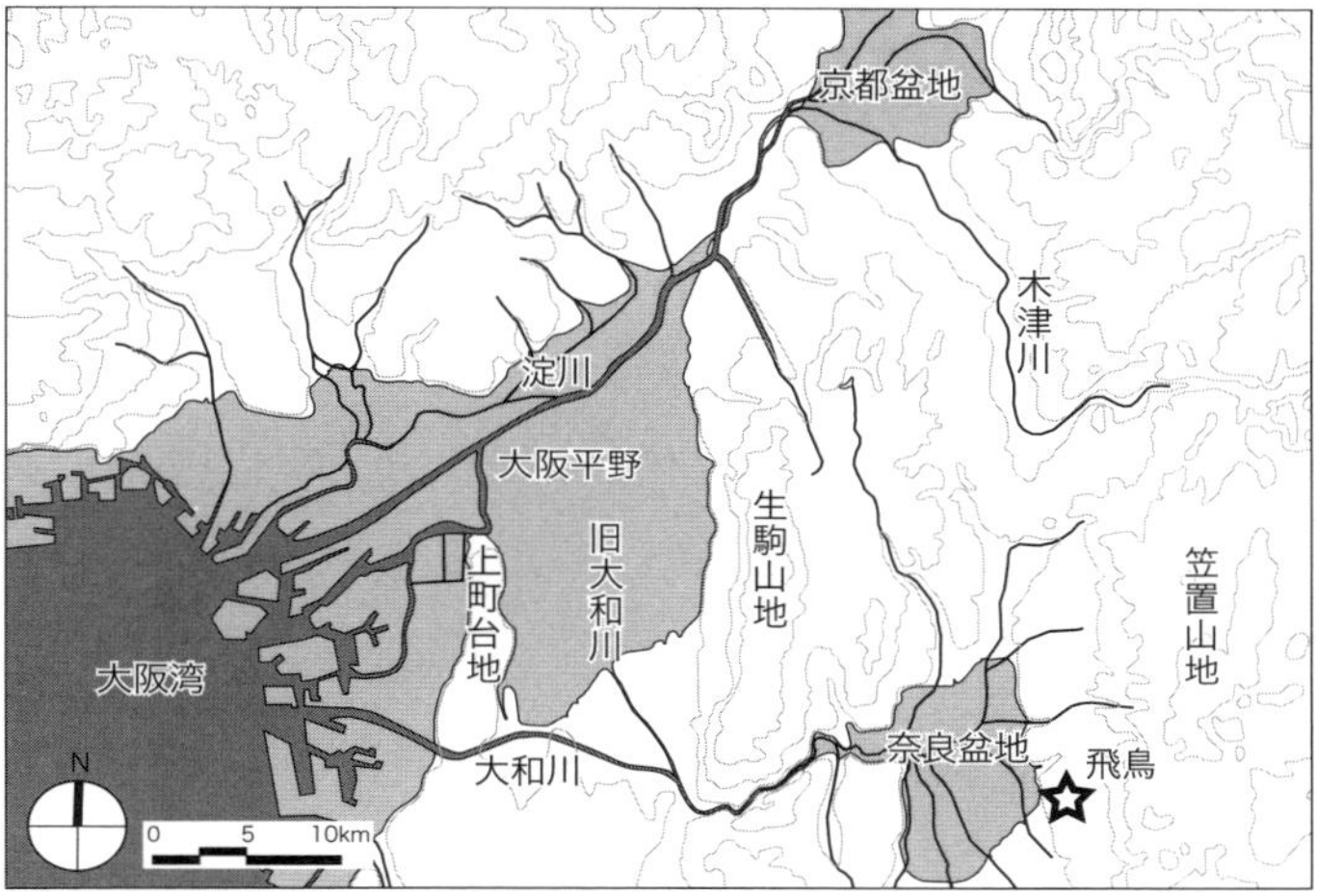

図１　縄文中期と現在水面比較（京都、大阪、奈良）

文化を連続させた東日本

一方関東以東の東日本は、鬼界火山の巨大噴火にあまり影響されなかった。現在の関東一円の平野では、縄文海進によって広大な内海ができた。沿岸部に良好な漁場が増え、海産物の入手が容易となる。縄文前期以降の日本列島は、文化の生成が関東以北の優位性のうちに展開し、縄文海進によりで

図２　関東における縄文期の貝塚分布

きた入海の奥に位置する三内丸山遺跡などに見られる高度な縄文文化が栄えた。

関東の文化圏の特徴は、照葉樹林帯から得られる植物と、内海の漁労による魚貝類の採取が挙げられる。縄文中期（約五五〇〇～四五〇〇年前）から後期（約四五〇〇～三三〇〇年前）にかけて海水面が七～八m上昇したことで、現在よりも遥かに広大な内海が関東平野内陸部に広がり、遠浅の砂浜をつくりだしていた。その特徴から大量のハマグリ、アサリが獲れた。その他、魚類は産卵場が湾外で、成長期を湾内で過ごす魚のスズキやクロダイも多く食した。特に貝塚は、現在発掘されている日本全体の貝塚の約六割が関東エリアに集中するという（図2）。

主に魚貝類を水際近くで採取した縄文中期の生活から、縄文後期以降は船を使った本格的な漁労を主とする生活に移行し、海の入江の近くに居住するようになった。入江内部だけでなく直接内海に面する場所に立地する遺跡もあらわれた。内海（東京湾）での漁労が盛んに行われはじめたためだと考

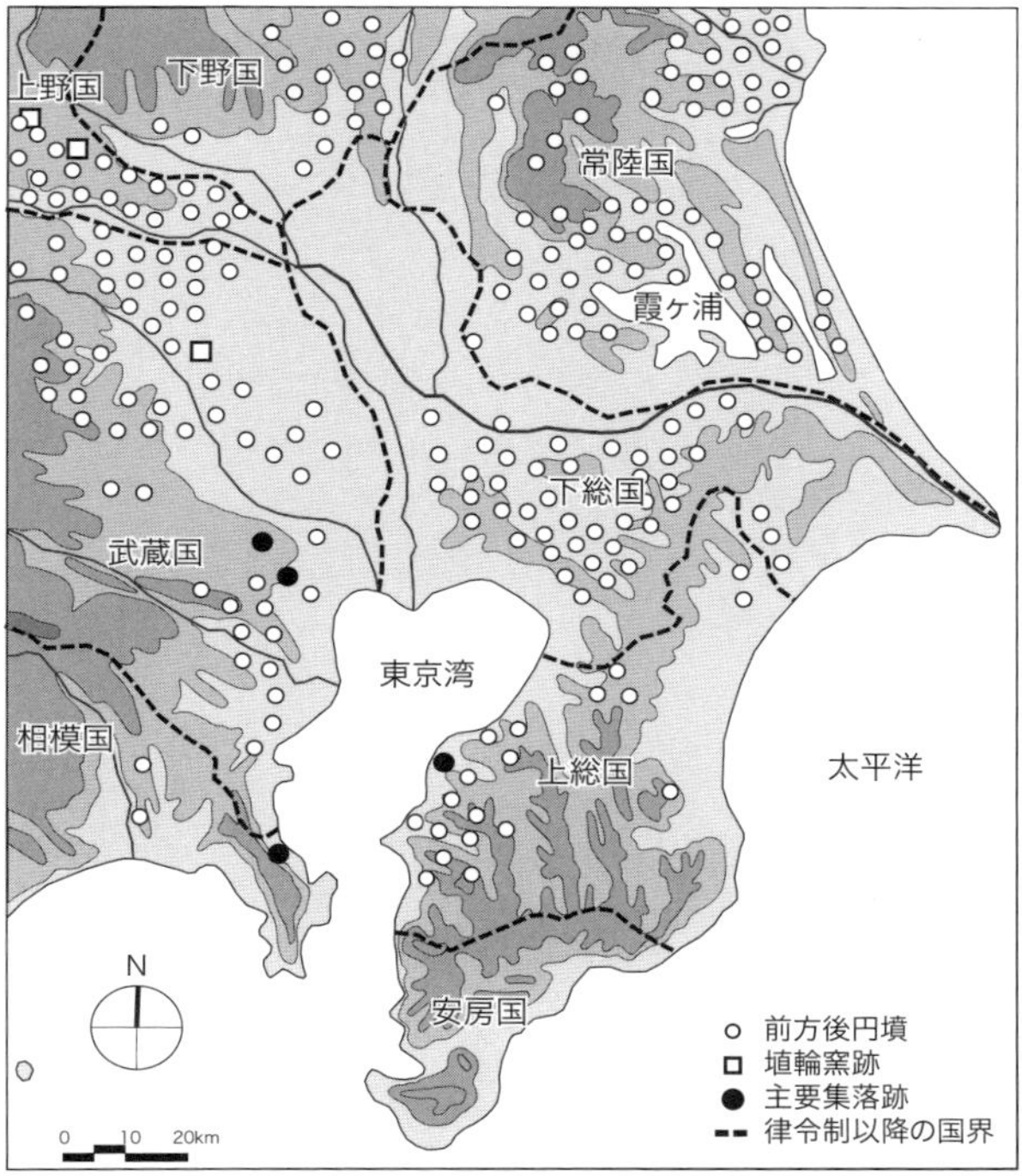

図３　関東の古墳遺跡分布
（３世紀半ばから６世紀末、前方後円墳の時代）

えられる。

　気温が次第に低下する縄文後期以降、関東平野に占めていた広大な内海の海水は引きはじめ、縄文の集落は内陸に取り残されるかたちとなった。しかしながら、関東の古墳の分布と前時代以前の貝塚の分布を比較すると、思いのほか重なる（図３）。古墳時代（三世紀半ばから六世紀末）の集落は貝塚時代の生活の場をベースとし、繁栄の拠点となった。古墳時代の拠点が海水の引いた海上交通に有利となった新たな場所へ移動せず、内陸からの文化発信が試みられ続けた。それは後述する、武蔵国がはじめ東山道に所属していたことと関係するのではないか。

　ここまでは、西日本に流入してきた人たちの流れと、東日本の自然環境から得た人たちの流れを概観した。こうした歴史観のなかで、その後都城を築くことになる大和朝廷の地位の確立と、大噴火の影響を免れた東の異なる文化圏への勢力拡大があった。

2 理想の地形を求めた都城と地形を無視できなかった東海道

奈良か、京都か

大和朝廷の祖先が朝鮮半島から瀬戸内海を経て飛鳥の地に至るには、定住の地を選ぶ二つの選択肢があった。縄文中期、現在の大阪平野が広大な内海から内陸に向け二つの川を遡る。選択肢の一つが淀川を遡り、広大な湖だった現在の京都盆地（小椋池として一部残る）に至るコース、いま一つは旧大和川を遡り、こちらも湖となっていた現在の奈良盆地に至るコースである。後の大和朝廷を築く祖先は、後者を選ぶ。前者を選ばなかった確たる要因は現段階で明確に示せないが、推測として京都方面は鴨氏《かもうじ》、出雲氏、秦氏《はたうじ》といった先住の有力氏族がすでに北側斜面に拠点を設けており、それらの氏族を退けるだけの力

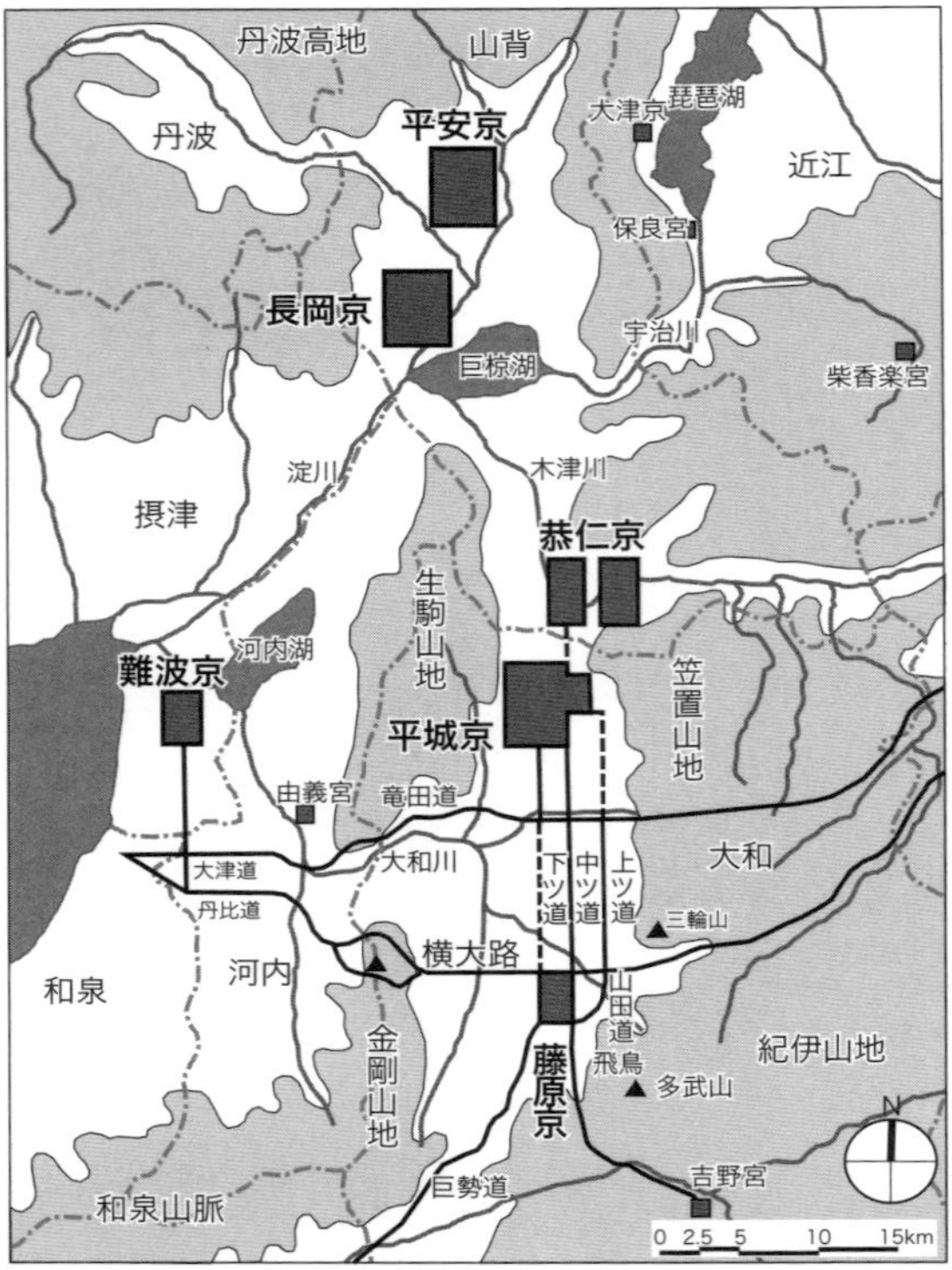

図１　日本の古代都城の展開

がまだ充分に備わっていなかったと想像される。京都方面に再び目が向けられ、平安遷都という具体的なかたちで示されるまでは長い歳月を要した。それは桓武天皇の時代である。

日本の都城は、大和朝廷により中国の都城を規範とする条坊制にもとづく計画がはじめて具体化する。飛鳥時代（五九二～七一〇年）が終わるころ、本格的な都城である藤原京（六九四～七一〇年）が完成した。大和朝廷（現・天皇家）が築いた最後の都城は平安京（現・京都市）だが、そこに落ち着くまでは平城京（七一〇～七八四年）、長岡京（七八四～七九四年）など、幾度もの遷都を繰り返した（図1）。

飛鳥の地は、安定した部族集団の環境を維持する上で好都合としても、対外的に強い影響力を鼓舞するにはあまりにも内陸にあり過ぎた。中国の王朝とのパイプを強化するためには、海に開かれた港の存在が欠かせなかった。本格的な都城である藤原京を建設し、難波を副都とする。飛鳥から奈良の時代の大和朝廷の選択は、政治の安定とともに、舟運による交易も重視した。

律令時代の東海道と東山道

六六〇年代には律令制導入の動きが本格化する。その時代、日本と親交のあった百済が滅亡（六六〇年）した。その後百済復興のための戦争、白村江の戦い（六六三年）では再び百済が敗北、日本（この頃は倭）は唐や新羅との対立関係が深刻化する。この重大な国際的危機に直面した大和朝廷は、軍事力の強化を図るとともに、乱立し続ける日本列島内の国々との団結融和へと向かう。第三八代の天智天皇（六二六～六七二年）は豪族の再編成を行い、国を管理・支配する上で重要な官僚制の体系化を急いだ。全国に及ぶ国制改革の進行は、大和朝廷、天皇への権力集中を加速させた。律令国（令制国）と呼ばれる地方行政区画がなされ、地方支配も浸透する。六七〇年頃には古代の戸籍制度である

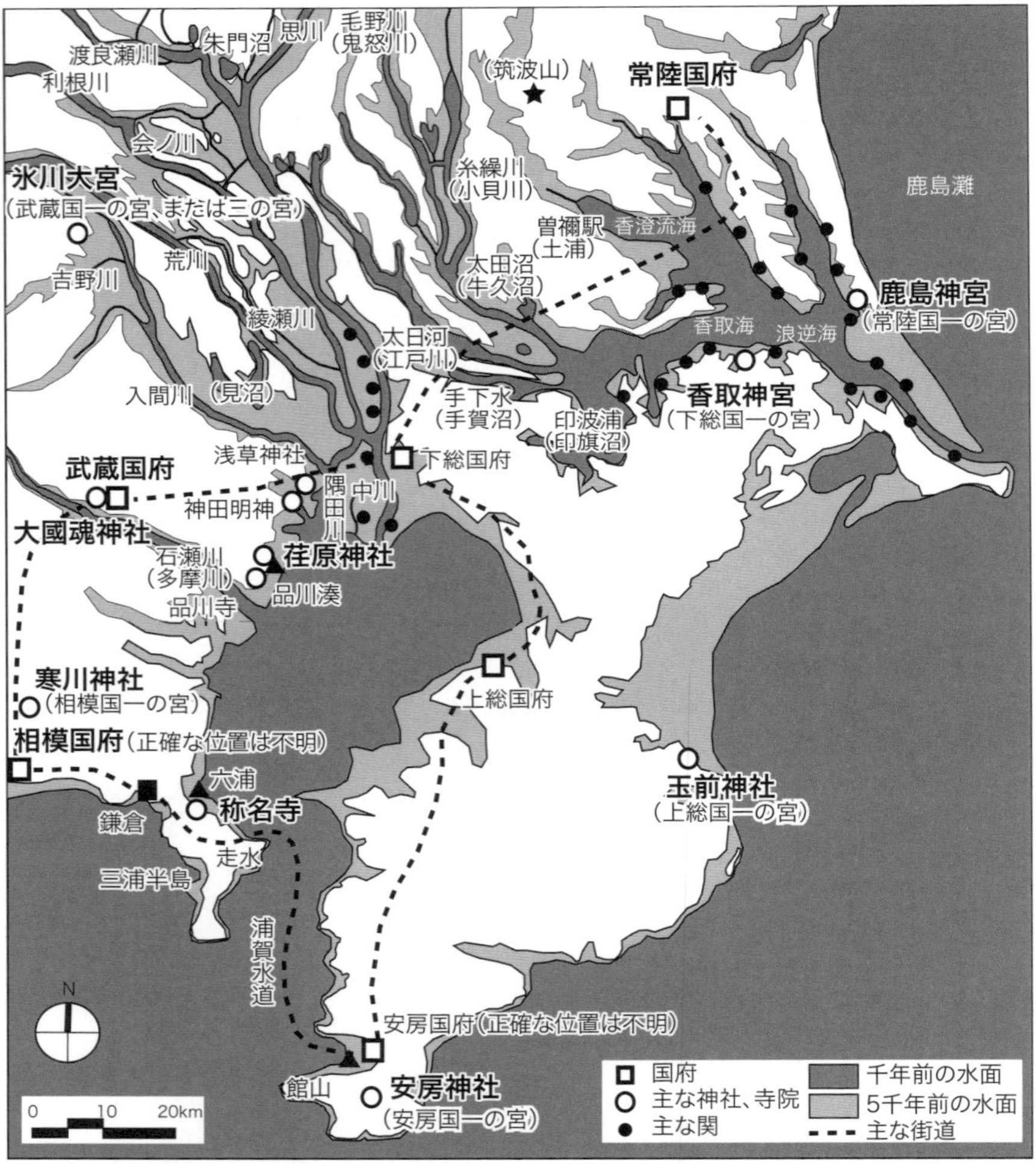

図２　寺社と国府の関係（約千年前の関東）

庚午年籍《こうごねんじゃく》が作成され、中央集権的国家体制がより強固なものとなる。

そのなかで、畿内と諸国の国府を結ぶ主要幹線道路が七道設けられた。七道のうち、東山道は近江・美濃・信濃・上野・下野・陸奥の各国府を結ぶ。朝廷の威信をかけた街道整備は、象徴性を高める意味でも、凹凸のある地形の高低差を無視するかのように直線的に整備された。奈良時代初期、武蔵国府には直接東山道が通っておらず、武蔵（府中）国司は信濃・上野間の碓氷《うすい》峠から東山道をはなれて南に下り、七世紀後期に整備された東山道武蔵道（官道）を使って府中にある国府に入った。また、武蔵国は内海（東京湾）に接する令制国の中で唯一、東山道に属す国でもあった。

東海道の各国府を巡るルートは、相模国に位置する鎌倉から、相模湾に沿って東へ進んで三浦半島に至り、走水からは房総半島まで船で浦賀水道を渡った。房総半島に入り陸路を行く。七一八年に上総国から独立した安房国を抜け、上総国、下総国、常陸国の国府を経由して北上した（図2）。

東山道から東海道に編入され直した武蔵国（関東の国府と一の宮）

東山道に属する武蔵国は、東海道の各国と比べ、交通が大変不便であり、公務全般が行えない状況にあった。そのことから、西暦七七一年一二月七日（旧暦宝亀二年一〇月二七日）には所属が東海道に変更される。常陸国に至る東海道のルートにも変化があった。東海道の新たなルートは、相模国からすぐに北上して武蔵国の府中国府に入った。そこから比較的平坦な武蔵野台地を東に進み、隅田川をはじめとする低湿なデルタ地帯に流れる川を船で抜け、下総国府を経て常陸国府へと向かう。陸路の東海道は常陸国で終わる。安房国と上総国は陸の道としての東海道のルートから外された（図2）。上総国と安房国は、陸の視点から不便な地となったが、むしろ海路がより充実したと考えられる。内陸の情勢が不安定な時も、海上の船は安定して多賀城など東北の海岸近くの拠点に航行できた。

関東エリアの国府と一の宮の関係は、常陸国府が霞ヶ浦の北に位置し、その一の宮が北浦沿岸にある鹿島神宮（伝承：初代・神武天皇元年創建）である。鹿島神宮は、北浦の鹿島台上に鎮座する。主祭神は雷神であり、剣の神とされる武甕槌大神《たけみかづちのおおかみ》を祀る。下総国一の宮である香取神宮は、現在の利根川沿いに位置する。伝承による創建は、鹿島神宮から一八年後の初代神武天皇一八年が創建と伝えられている。下総国府は、利根川の旧河道を含むデルタ地帯を望む国府台（現・千葉県市川市）にあり、内海（東京湾）と目と鼻の先のところにあった。香取神宮と鹿島神宮の立地する常総地方が中臣氏（藤原氏）の本拠地だったことから、両社の祭神を勧請したものとされ、鹿島神宮と香取神宮の二神は対で扱われることが多い。

下総国の南には上総国が位置する。その一の宮である玉前神社は、永禄年間（一五五八～一五七〇年）に起きた戦火で社殿および古い記録がことごとく焼失して創建年代が不明だが、少なくとも鎮座以来一二〇〇年以上の歴史があるとされる。ここまで見てきた国府と一の宮の地理的関係は、いずれも離れて立地し、一の宮は太平洋に向けた航路に有利な位置にある。律令国となる以前から地域をまとめる強い求心力があったと思われる。

上総国から東南に目を移すと、安房国がある。その一の宮である安房神社（伝承：初代・神武天皇元年創建）も海との結びつきが強い。安房国は、神武天皇の命を受けた天富命《あめのとみのみこと》が阿波国を開拓した後、より肥沃な土地を求めて阿波忌部氏《いんべうじ》の一部を率いて房総半島に上陸し、布良《めら》を基点に半島開拓を進めたことにはじまる。その周辺を安房郡と名付け、安房神社が創建された。

現在の神田明神は、将門塚のある大手町から移転したものである。神田明神があった旧地は柴崎村といって、安房の国から内海（現・東京湾）を渡り移住してきた人たちの集落があった。日比谷入江の奥、砂州でできた微高地のいとなみの場に安房神社の分霊を祀った。八世紀前半にはすでに柴崎村が成立しており、安房神社が神田明神と名を変える時期は後のことである。神田明神は、現在も水の渦を示す「流れ巴」の紋を使う。柴崎村の祖先は安房国となる房総半島の南、館山あたりに居住の場があり、海から渡来してきた人たちに弾き出されるように日比谷入江の奥に移り住むようになった。

関東の一の宮は、いずれも律令時代の創建ではない。大和朝廷が関東に強い勢力を保持してからのことである。ただし、それ以前の歴史を遡ることは現状では困難な部分が多い。

山を「前に」から、「背後に」と変化した都城

最初の都城である藤原京は、本格的な都城建設の計画が天武天皇の時にもちあがり、七世紀後半の持統天皇の時代に完成した。藤原京は、大和三山に囲まれ、南から北に低くなる地に置かれ、飛鳥川が都城内を西北に流れる。この都城のモデルは、七世紀初頭の唐の時代（六一八〜九〇七年）に計画された唐の長安城といわれる。長安は、北に川が流れる低地、南に終南山（中国陝西《せんせい》省の西安の南東にある山）が控える山間地と、南から北に下る斜面地で構成される地形に建設された。北に皇城、宮城を置き、東西と南の三方に外郭城が広がる。その三面にはそれぞれ三つの門が設けられた。城内は、南北に一一本、東西に一四本の道路を通し、長方形の坊に分け、さらにその内側に十字に道路を通した。南から北に下る地形は、長安も、藤原京も同じである。藤原京の都城の規模は、旧説（岸俊男説）によると東西四里（約二一二〇m）、南北六里（三一八〇m）とされていたが、発掘調査の進捗から都城のエリアが面積で旧説の四倍の広さであるとの説が有力となってきている。藤原京は宮城を

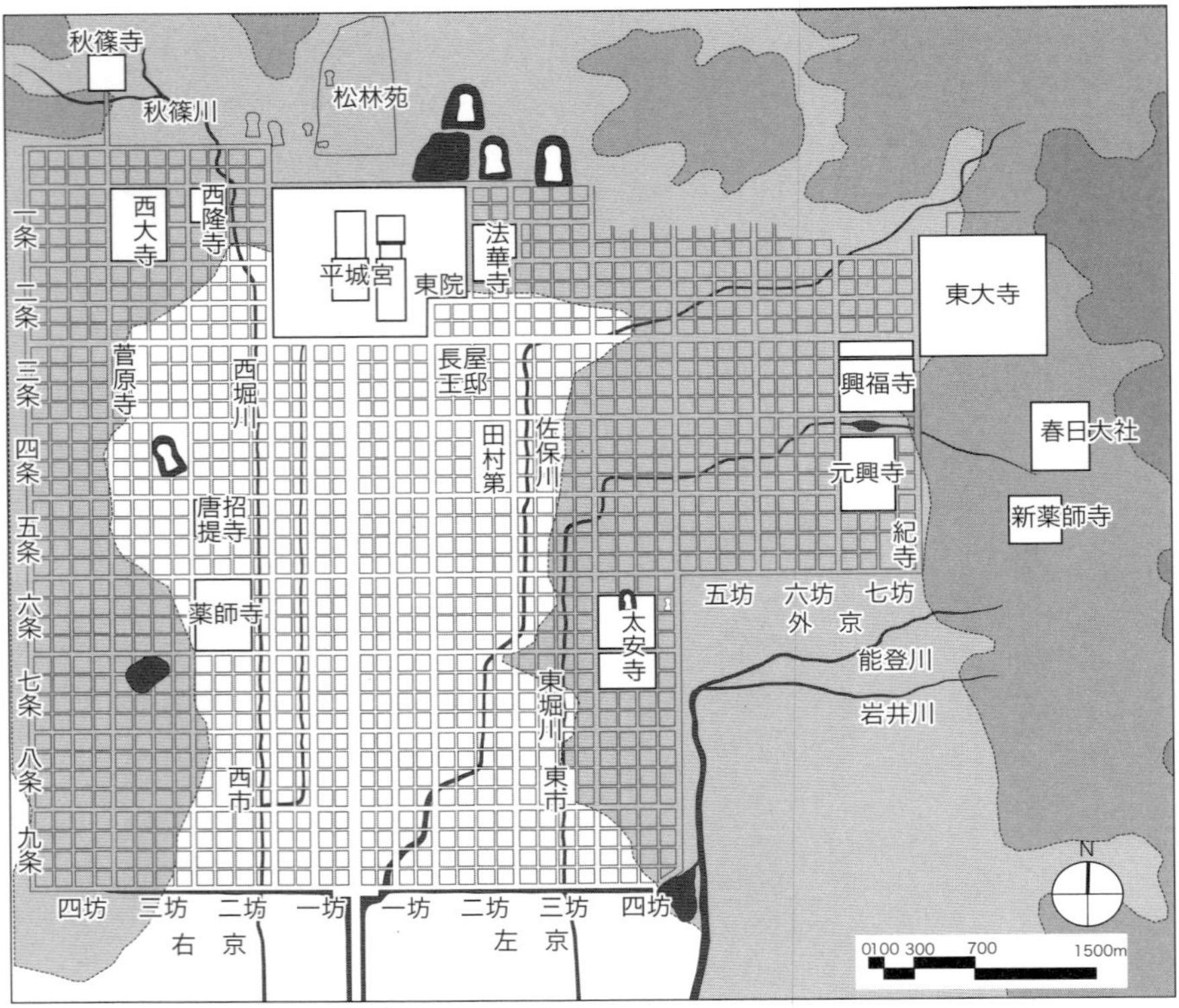

図3　平城京

中心に置くなど、古代中国の都城を忠実に創出する狙いがあった。

　ちなみに、長安は古代中国の理想的な都市・周王城を基本モデルとして建設されたといわれている。周王城は、一辺が九里（一里＝約五三〇ｍ）の方形の外郭をなし、各辺にそれぞれ三つの門、場内に南北、東西に三本ずつ六本の道路を通し、中央に王宮を配する（儒教の古典『周礼』考工記）。周の時代（紀元前一〇四六頃〜紀元前二五六年）、古代中国の理想的な都市空間の規模は、一里が約五三〇ｍとすると、一辺が約五㎞規模であった。

大和朝廷では、藤原遷都から七年後の七〇一（大宝元）年にはやくも遷都について議論がなされた。七〇八（和銅元）年の平城遷都の勅とともに、新都の本格的な建設が始動する。二年後の七一〇（和銅三）年には遷都が行われた。平城京が営まれた奈良盆地北部は、三方を山で囲まれ、南に穏やかに下る平野を秋篠川、佐保川が流れ、風水思想にかなう地である（図3）。ここに国家機構や主要な寺院などを移転して、新たな都城を造営した。

日本の都城は、中国から多くを学び、都城の考えを具体化したといわれるが、早くから独自の計画理念も確立させていたのではないかと思われる。都城が建設された地形は、藤原京が唐の長安城と同じ南高北低に対し、平城京以降になると南低北高となる。宮城も、北側に高く、居住に適した場所に置かれた。しかも、平城京はシンメトリーではない。山間が迫る日本の地形に即した、日本的な解釈の空間への反映といえるかもしれない。

桓武天皇のチャレンジ

長岡遷都は、奈良盆地から京都盆地への遷都であった。それと同時に、副都としての難波は廃止された。水陸の利便の地を新たに求めたことになる（図4）。後に平安京となるエリアには、すでに鴨氏、出雲氏、秦氏が拠点を設けていたことから、第五〇代の桓武《かんむ》天皇（七三七～八〇六年、在位七八一～七九六年）は安定政権への布石として七八五（延暦四）年にまず長岡京への遷都を行ったと考えられる。

京都盆地は古く「山背国《やましろ》」と呼ばれ、出雲氏、鴨氏、秦氏など多くの豪族たちの勢力の拠点となっており、早くから彼らの手によって京都盆地北側の開発が進められていた。出雲氏は、山陰出雲から

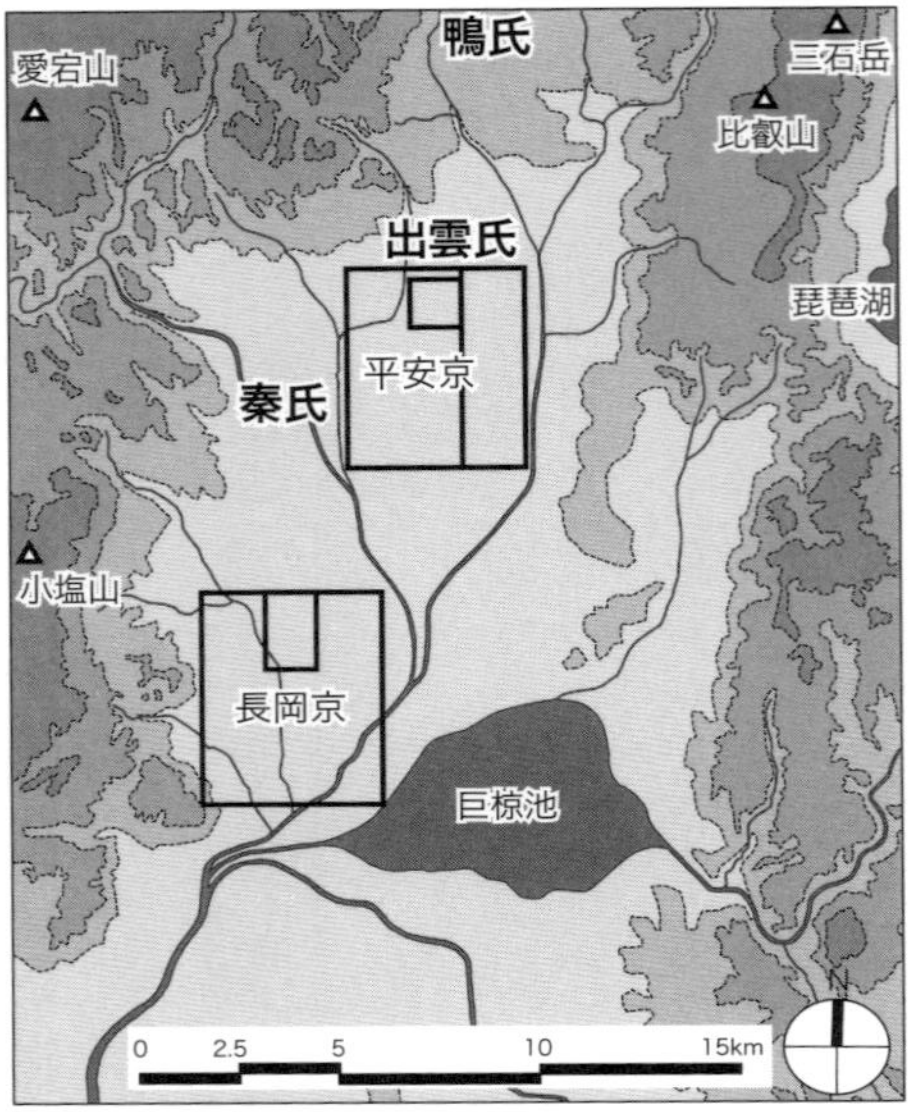

図４　長岡京と平安京の位置関係

亀岡を通って京都盆地に至り定住した氏族である。鴨氏は、上賀茂神社の周辺に住み、神官をも務めた。また日本全国に分布した。最大の帰化氏族である秦氏も、葛野郡に大きな拠点を築く。秦氏は機械技術・土木技術にすぐれ、葛野川と高野川の改修工事に携わった。

桓武天皇は、長岡遷都から一〇年で再び平安遷都を行うが、平安京の完成までには一〇年の歳月を要した。新都が京都盆地北部に移された理由としては、「山河襟帯、自然に城を成す」こと、防備に適した立地であること、陸路が発達していたこと、長岡遷都に際して整備した淀川の利用が可能であったこと、大津を外港として利用できることなどが挙げられる。平安京の地形上の位置関係は、「四神相応」による風水でも最高の吉相といわれる理想の地相であった。東西南北にはそれぞれ方位の守り神、北に玄武（亀に似た架空の動物）、東に青竜、南に朱雀（鳥に似た架空の動物）、西に白虎。これらの守り神に相応するように北に山（鞍馬山、貴船山など）や木々、東に清流（鴨川）、南に平野や湖沼（巨椋池）、西に大通りが設定された。朱雀大路を中心に西側が「右京」、東側を「左京」に分けられた。東西方向の大路を「条」、南北方向の大路を「坊」とし、この大路に囲まれた区画をさらに小路などで東西南北に細分化した街区を最小単位の「町」とした。一町はすべて四〇丈四方（一丈＝約三ｍ）で計画された。

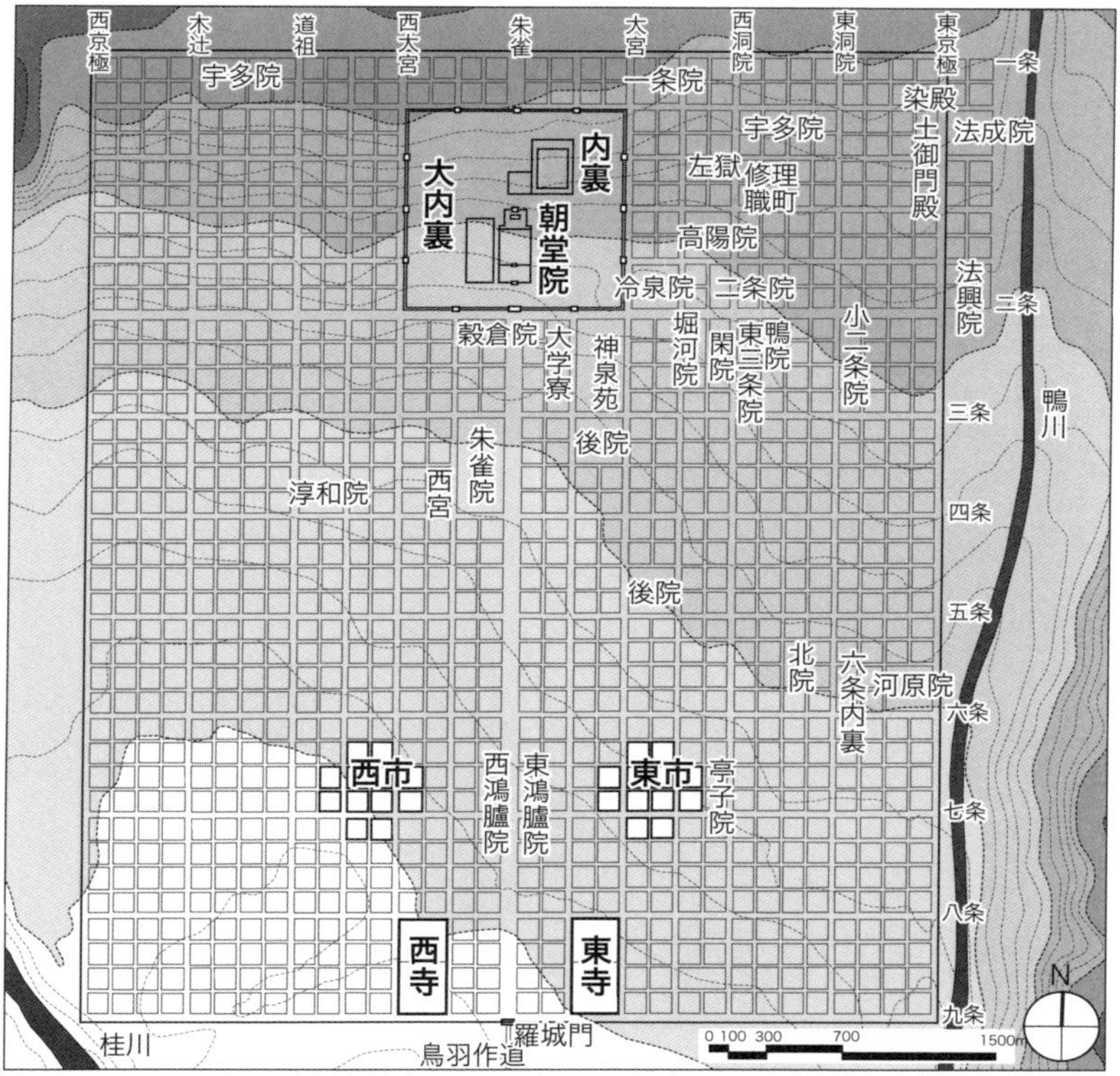

図５　創建当初の平安京

ただし、長岡遷都に際しては寺院をほとんど移しておらず、平安京にいたっては当初京の南端に東寺と西寺を置いただけだった（図5）。しかも、湿潤な土地での早急な都市建設はコレラなどの疫病を多発させた。その後の平安京は、計画された都城の東側と北側の斜面地に拡大しており、都城のシンメトリーな空間構造が崩れる（図6）。中国の都城のように城壁を巡らせていないこともあり、藤原京に見られるようなシンメトリーにこだわることなく、背後に自然の山を配した土地条件の選択が優先された。

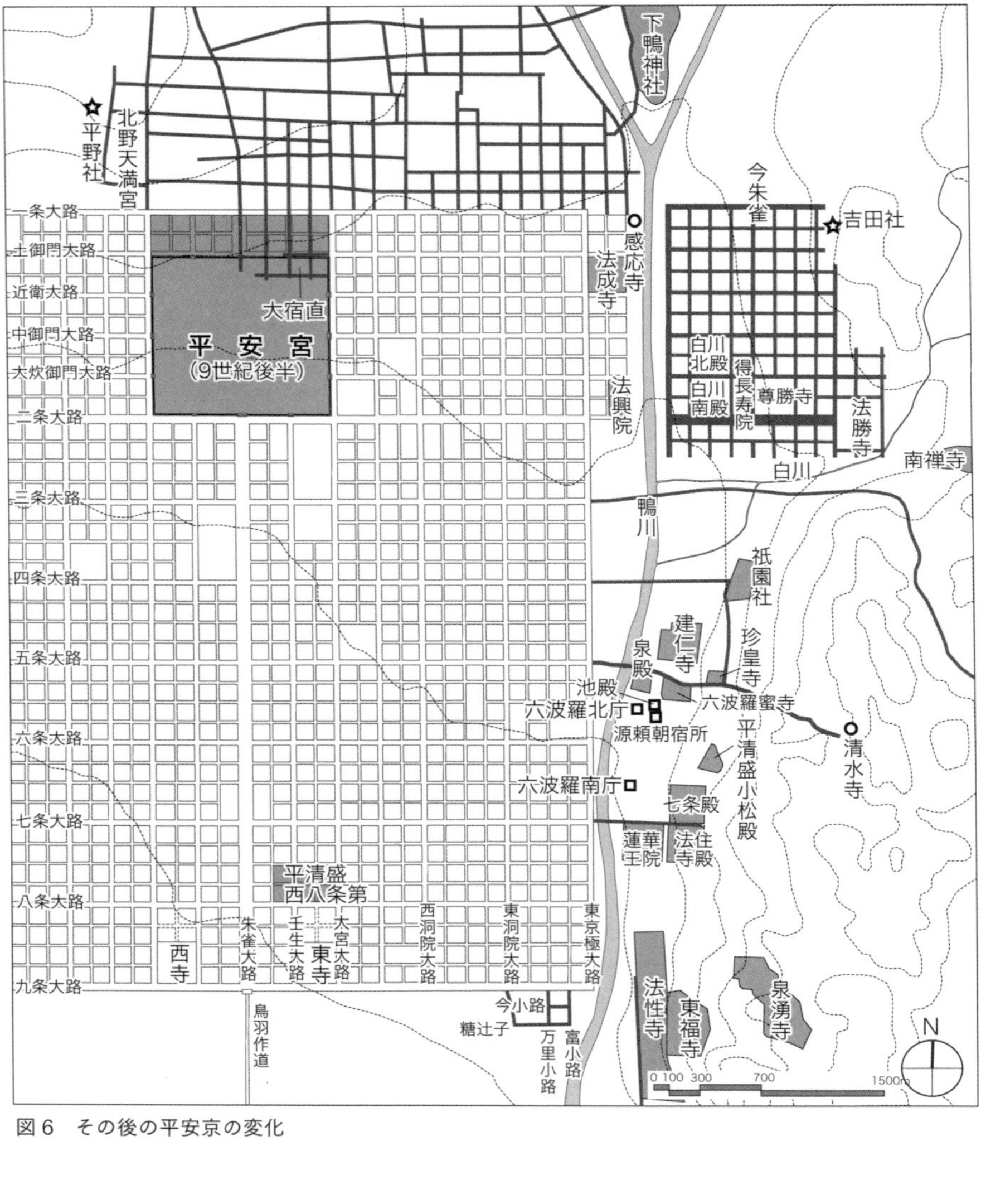

図6　その後の平安京の変化

3 古代の信仰と流域・海上交通

領域を構成する香取神社・氷川神社・鹿島神社・杉山神社の分布

関東にある主要神社の摂社・末社は、領域を明らかにつくりだし、それぞれの神社の勢力分布を示す（図1）。鹿島神社は、東北地方・関東地方を中心に全国に約六〇〇社あり、いずれも鹿島神宮を総本社とし、鹿島神宮から勧請した武甕槌大神《たけみかづちおおかみ》を祀る。関東エリアにおける鹿島神社の分布は、霞ヶ浦を中心とした狭いエリアが中心である。それも満遍なくではない。霞ヶ浦の西側に偏り、常陸の国府を意識するかのように分布する。

香取神宮と氷川神社の摂社・末社は元荒川（現・中川）を境として、東側の利根川右岸一帯に香取神社、西側の荒川両岸一帯に氷川神社がそれぞれ摂社・末社を分布させた。香取神宮を総本社とする香取神社は、関東地方を中心に全国に約四〇〇社あるとされ、祭神が神宮と同じ経津主大神《ふつぬし》である。香取神社が立地する圏域は、主に一〇世紀以降に利根川・江戸川沿いの低湿地を開拓した土地に創建されたものが大半であった。一方、その南側に位置する荒川流域には氷川神社が分布する。大宮にある総本社の氷川神社は古代から武蔵国の一の宮、または三の宮とされてきた。現存する史料から明確に武蔵国一の宮であるとする確かな論拠はない。創建は伝承によると第五代孝昭天皇三年とされ、鹿島神宮、香取神宮、安房神社に準じて古くから地域の信仰を集めた歴史がある。

香取神社と氷川神社が数多く分布する隙間、元荒川流域沿いには久伊豆《ひさいず》神社が密度高く分布する。久伊豆神社の総本社は、七〇三（大宝三）年創建の大国主神《おおくにぬし》（大己貴命《おおなむちのみこと》）を主祭神とする玉敷《たましき》神社で

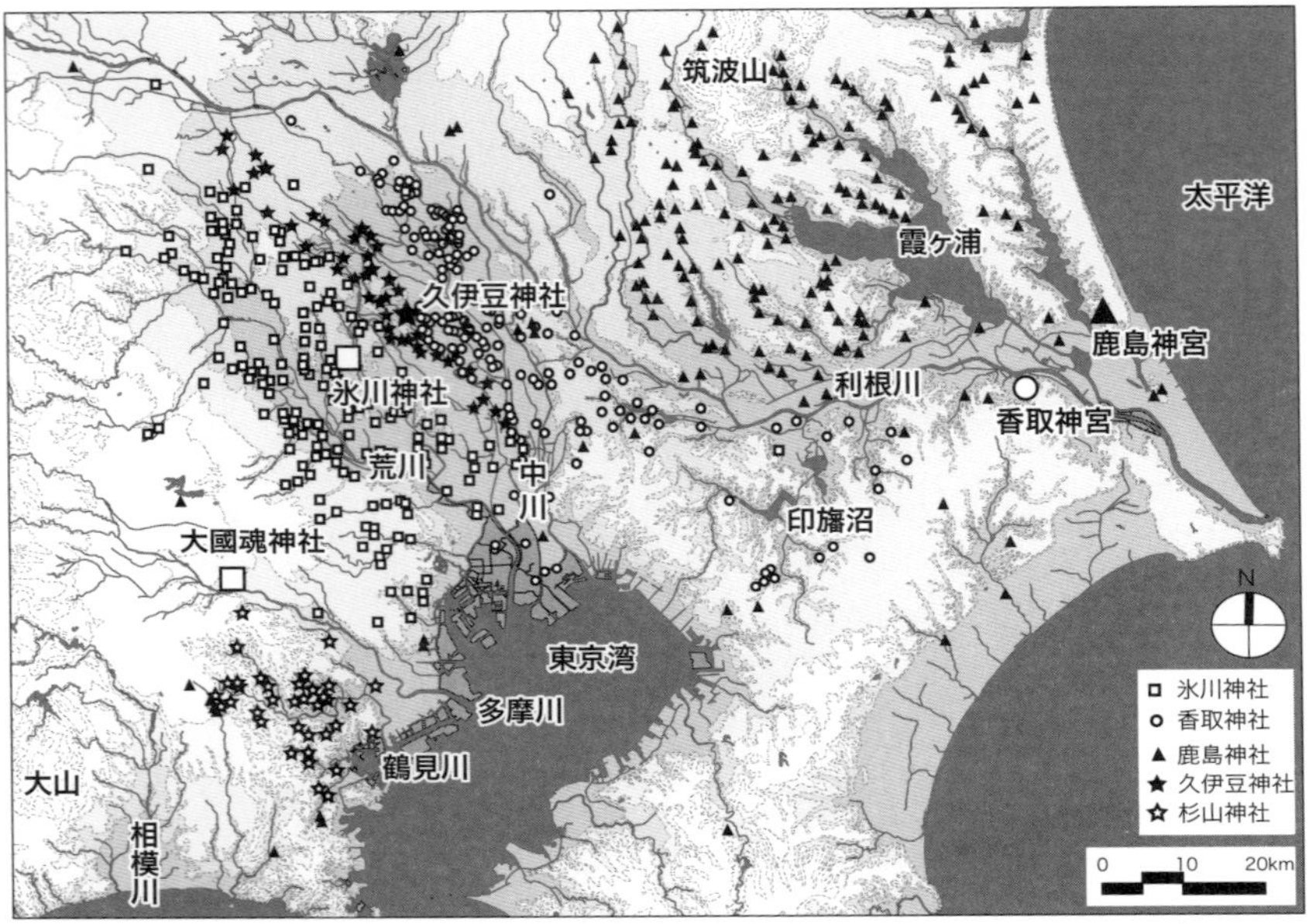

図１　関東の流域と神社の分布（鹿島神社・香取神社・氷川神社・久伊豆神社・杉山神社）
（2013年時点での既存の神社）

ある。この神社は戦国時代に何回か場所を変えており、江戸時代初期に現在の埼玉県加須《かぞ》市に落ち着く。鶴見川流域に分布する杉山神社は、素戔嗚尊《すさのおのみこと》の子である五十《いそ》猛神《たけるのかみ》を主祭神とする。鶴見川流域の人たちによる信仰により拡大し、現在七二社が確認できる。謎の多い神社として知られる杉山神社だが、九二七（延長五）年の『延喜式第九巻・第十巻　神名帳上下』の「武蔵国都筑郡唯一の式内社」には古社として列する。これら主要神社の摂社・末社は流域を基本に明確な領域を形成する。

信仰と海上交通

古代・中世に海上航路が活発化する動きをつくりあげた要因の一つに、宗教活動があった。現在の宮城県と福島県の沿岸一帯は、熊野信仰が盛んな土地柄であ

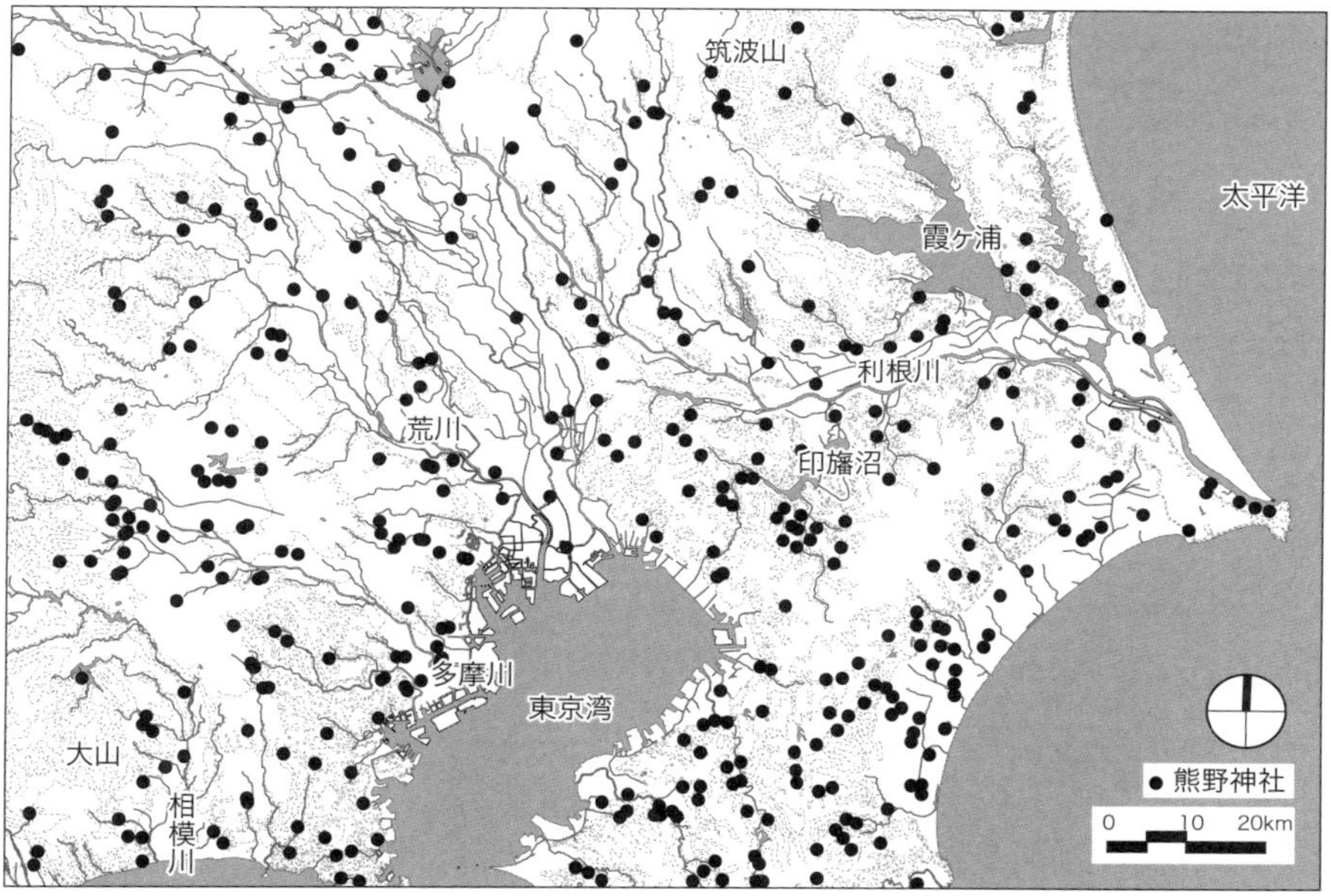

図２　関東の熊野神社の分布（2013 年時点での既存神社）

り、熊野神社が数多く分布する。仙台の南にある名取市には、奥州有数の熊野信仰の拠点として熊野三社、熊野那智社（創建：伝七一九年［養老三］）、熊野本宮社（創建：一一二〇年［保安元］）、熊野新宮社（創建：一一二三年［保安四］）が創建された。広く分布する熊野神社は、総本社の熊野三山（熊野本宮大社［伝承：第一〇代崇神《すじん》天皇六五年創建］、熊野速玉大社［伝承：第一二代景行天皇五八年創建］、熊野那智大社［伝承：第一六代仁徳天皇五年創建］の総称）の祭神から勧請された神社である。熊野の地名は七二〇（養老四）年に完成した『日本書紀』の神代記にはじめて登場する。熊野本宮大社の主祭神である家都御子神《けつみこのかみ》は阿弥陀如来、新宮の熊野速玉大社の熊野速玉男神《くまのはやたまおのかみ》は薬師如来、熊野那智大社の熊野牟須美《くまのむすび》神《かみ》は千手観音とされるように、熊野三山

写真１　石巻の鹿島御兒神社

は神仏習合により仏教的要素が強く、古来から修験者が修行する地とされてきた。

一二世紀には、太平洋沿岸の「海上の道」が伊勢や熊野の宗教勢力によって強力な航路として新たに開発されていた。開かれた海の航路は宗教活動により重要な意味を持ちはじめる。経済と信仰を併せ持つ紀伊熊野が組織する海運勢力は、東海地方から奥州にかけて、伊勢の勢力と激しく競合しながら神領を広げた。東北方面では、藤原清衡（生誕年不詳～一一二八年）が平泉に「今熊野社」を勧請したことから、北上川を遡り陸奥国の中心部へも進出していた。

平安時代末期から鎌倉時代初期にかけての熊野三山は、京の都の皇族や貴族による熊野詣の参詣によって主に支えられてきた。しかしながら、一二二一（承久三）年に後鳥羽上皇が鎌倉幕府討幕の兵を挙げた兵乱、承久の乱が熊野三山にとって画期となる。熊野三山を統轄する役職の熊野別当家が中世熊野詣を担ってきた後鳥羽上皇をはじめとする京都の皇族・貴族の陣営に加勢して敗れてしまうからだ。熊野別当家が没落し、皇族・貴族の経済的な力が低下することで、幕府の支配が畿内にも強く及ぶ。承久の乱以後は、生き残りをかけて貴族から地方武士という新たな参詣者層を模索した。室町時代から戦国時代にかけて熊野三山が領する荘園からの収入も減り、熊野の先達《せんだち》や御師《おし》が全国に活動の場を求め、一般の民衆を巻き込む活動に転化する。そのことで、熊野信仰の伝播が全国的に促進され、全国に分布する熊野神社の数が三千余にも及んだ。関東一円にも、後発ではあるが、熊野神社が満遍なく分布する（図2）。ただし、武家の信仰が厚くなった室町時代以降に熊野信仰は関東に流布したことから、すでに領域形成されている香取神社・氷川神社・鹿島神社を避けるかたちでの分散立地となった。一五世紀ごろには一般民衆の熊野詣が最盛期を迎える。

関東の宗教勢力では、香取・鹿島の両神宮が奥州に足跡を残す。その痕跡として、北上川河口にある港町・石巻の日和山《ひよりやま》には延喜式神名帳（九二七年）所載の式内社・鹿島御兒《みこ》神社が創建され、阿武隈川河口にある港町・荒浜にも鹿島神社がある（写真1）。

4 潮位の変化によって入江から台地のまちに──鹿島

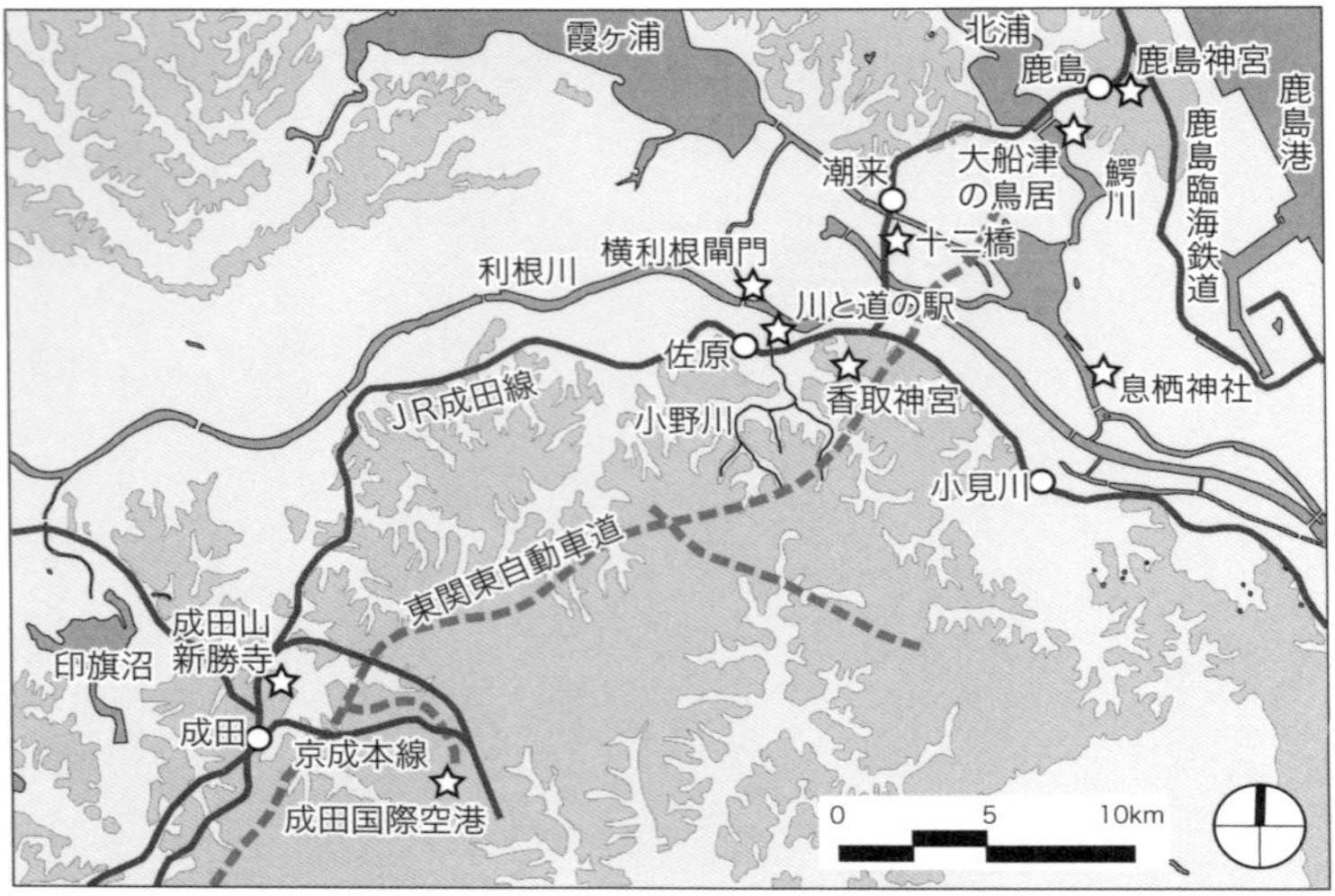

図１　鹿島神宮周辺の広域案内図

利根川、北浦で結ばれた三社

鹿島（茨城県鹿嶋市）の中心をなし、江戸時代に門前町として栄えた旧市街は台地上にある。ＪＲの鹿島駅、高速バスの終着点であるロータリーの辺りから、鹿島神宮に至るには、二〇ｍほどの高低差を登らなければならない。ロータリーから旧市街へは、二つのルートがある。一つは、煉瓦で舗装された「せせらぎの道」から上がるルート。右手に剣豪・塚原卜伝の銅像を見ながら、現代風の空間を辿る。何か不思議な感覚で、深遠な古代の森に誘われる。いま一つは、近年「木漏れ日の道」と名付けられた細い坂道である。こちらも若者向きの名だが、鬱蒼と生い茂る木々の中を抜けていくと、古の時を連想させる薄暗い空間が体験できる。ただ、鹿島神宮に参拝に訪れる多くの人たちは、台地に上がる坂道を好まないようで、台地の上にある神宮近くの駐車場に車を止め、参拝に向ってしまう。

利根川とその周辺を取り巻く豊かな水面は、古くから舟運を発達させた。紀元前六四三年創建の香取神宮は、平安時代に船を操る人たちの信仰を集めた。香取神宮の近くには、利根川の舟運を利用して栄えた商都・佐原がある（図1）。佐原の中心を流れる小野川の河岸には江戸時代多くの物資が集散し、江戸へも船が仕立てられた。

写真1　大船津にある鳥居

佐原から利根川を経て北浦に入り、東へ船を進めると鹿島に至る。鹿島神宮の一の鳥居は、かつて四方に置かれた。その一つが大船津にある（写真1）。朱に塗られた鳥居は北浦を望むように立つ。大船津では、鹿島神宮の御船祭《みふなまつり》が式年大祭として、一二年ごとの午年《うま》（前回二〇一四［平成二六］年に開催）九月二日に開催される。この大祭は、四世紀後半から五世紀前半あたりに実在したと推定される第一五代・応神天皇の時代に祭事として確立したとされる。御船祭《みふなまつり》の時、鹿島神宮の祭神・武甕槌《たけみかづち》大神と、香取神宮の祭神・経津《ふつ》主《ぬしの》大神の二柱の武神が水上で再会する。鹿島神宮で御霊を乗せた神輿が北浦から利根川に通じる鰐川左岸沿いの大船津から御座船に乗せられ、北

写真２　大鳥居と参道となる大町

浦に出る。この船を中心に多くの船が平安絵巻さながらに船隊を組み、川や湖沼を縫い水郷地帯の加藤洲（現・茨城県潮来《いたこ》市）まで至る。ここで武甕槌大神を乗せた御座船は香取神宮の経津主神の歓迎を受け、その後来たルートを辿り再び鹿島神宮に戻る。水上の祭から、鹿島神宮が香取神宮とともに、水と深く結び付いて成立した一端をうかがわせる。

江戸時代、参拝のために江戸や佐原などから船で鹿島神宮を訪れる人たちは、大船津で下船し、街道を東に向い、新町、角内、大町の町並みを抜けて鹿島神宮に入った。大鳥居前の参道は、大町と呼ばれ、旧市街の中心として歴史を刻んできた（写真２）。この通りと並行して、仲町通り、また直角に交差して桜町通り、角内通りがある。

様々な時代が混在する空間の不思議

鹿島神宮の門前町は、一七世紀なかごろに大規模な再編がなされ、大きく変化した。それが今日に受け継がれる。江戸中期には、鹿島、香取、息栖《いきす》の三社詣が大いに盛んになり、参詣の往来が町並みを整える必要性を促したと思われる。新たな町割りは、中世の鹿島城三の丸跡の土地が区画された。

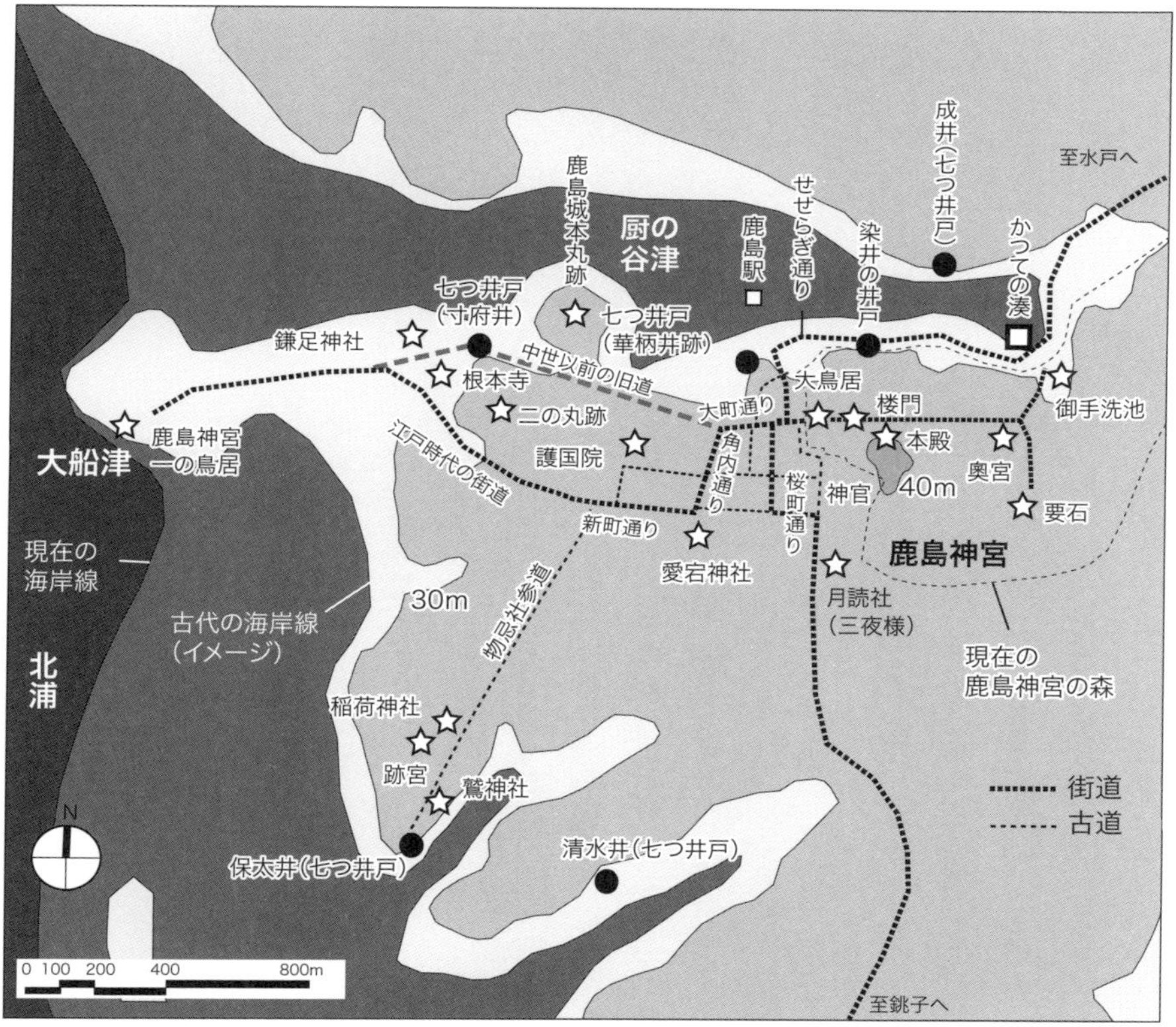

図２　古代・中世・近世が共存する鹿島（江戸時代の道の基本骨格と古代の水面）

その名残りが堀を埋めた道の内側につくられた「角内」の町名に刻まれる（図2）。

鹿島城は平安時代の終わりごろ、平国香《たいらのくにか》（生誕年不詳〜九三五年）の子孫である鹿島政幹《かしままさもと》（生没年不詳）が、一一八一（養和元）年源頼朝より総追捕使《そうついぶし》に任命され、城をつくった。それ以降四〇〇年の間鹿島を支配し続けた。その中世の城が鹿島神宮と大船津、二つの要点を結ぶ中間に立地する。

写真３　斜めに通る物忌社参道

鹿島神宮と大船津とを連絡する道の重要性は、古い歴史を持つ鎌足神社、根本寺が道沿いに立地していることからもわかる。中世以前の街道は、なだらかに上がる江戸時代にできた街道とは異なり、鹿島城の本丸と二の丸の間にある急な坂道を上がる。苦労をして山を登り詰める演出が旧道にはあった。たかだか二〇ｍの高低差でも数百ｍの深山に登らせる空間演出を狙ったのだろうか。

鹿島の町を何度か訪れて気が付いたことだが、新町通りを大船津に向かって歩いていくと、何とも不自然な斜めに通る道がある（写真3）。道の両側には屋敷の立派な生け垣が風景をつくり、木の叉に置かれた祠、どことなく存在感を示す鳥居があり、異空間に放り込まれた不思議な気持ちにさせられる。その究極の場所が先に用意されている。かつては行き止まりであったと思われる急な坂道に至り、北浦が一望できる（写真4）。この道は、「物忌社参道」と呼ばれる。まるで横溝正史の推理小説

写真4　物忌社参道と北浦

に出てきそうな名前だ。明治に入るころまでは、神に仕える人たちが住み、神に納める供物を生産する場であった。神だけに一生を捧げる巫女などが住む場は、不思議な雰囲気を今も醸しだす。

　鹿島の土地に染み付く多様な世界を古代から、中世、江戸と、三つの時代を辿ると、聖と俗にかかわる集団の住むエリアに通された道の方向が気になる。神官など聖域を司る居住場所は主に桜町通りと、物忌社参道であり、南北方向に軸をなす。それは、鹿島神宮内に鎮座する、奥宮、本殿が北方向に正面を向けているのと一致する。

入江に向けられた空間の基本骨格

　奥宮や本殿が北を向く理由として、当時強い勢力を誇る原住民族に対する備えとの説がある。ただそれよりは、中世はじめころまで入江であった「厨《くりや》の谷津《やつ》」と呼ばれる場所の存在が、鹿島神宮を中心とした空間の基本骨格を知る上で重要であろう（図2参照）。

　厨の谷津周辺には、北浦の水が古代に奥深く入り込む。河岸《かがん》には湊が点在した。鹿島神宮の厨とその周辺は、湧水が豊富であった。神の供え物を調進する場となり、台地の上の聖域空間と呼応し集落が形成された。それとともに、参詣人を受け入れる宿泊の場でもあったと考えられる。水際の最も劇的な場は「御手洗池」であろう（写真5）。平安初期まで、鹿島神宮に参拝する人たちは、船で厨の谷津の深部まで入り込み、御手洗池で身を清め、神聖な森に分け入り、本殿に至った。すなわち、現在大鳥居を潜って参拝するルートは、中世以前神官など鹿島神宮に仕える人たちだけが利用する専用の場であった。一方参拝者は身を清め、神に祈りを捧げた後、再び俗の世界へ下る。彼らがくつろぐ場として、「木漏れ日の道」の下、染井の井戸がかつてあった辺りが宿泊を兼ねた湊となっていた可能性が高い。

しかし、水面の後退は商いや宿泊の場を少しずつ台地に上げ、主な参詣者は大船津からのルートによって導かれ、俗の軸が東西に描かれた。そして古代と近世の過渡期を表現するように、中世の鹿島城は舟運の拠点である大船津との関係を密にした。江戸時代に入ると、先に見た町割りが行われる。神宮に仕える人たちが住み続けてきた空間は、商いや生活の場と混在し、現在に至る大町を中心とした門前町に変貌した。

写真５　御手洗池

第2章

河岸段丘が織り成す都市と田園

1 河岸段丘下に広がる日本らしい風景―座間

座間に見る日本らしい風景のかたち

最も日本らしい風景は何か。そう問われた時、私は山間、台地、段丘、低地で織りなす田園と、その中心に位置する都市（ここでは宿場町）が水をたくみにネットワークさせて成立するコンパクトな地域環境を思い浮かべる。本章で取り上げる日野、桑折《こおり》、吉井がそれにあたる。さらに、よりコンパクトな風景としては、微高地にある集落、その背景にある台地、台地と微高地に挟まれた河岸段丘の斜面緑地で構成される風景を挙げたい。雑木林であった台地上は集落の人たちの燃料となる薪の供給源となった。その斜面下からは湧き水が出て、微高地に集落が形成された。集落の前面には河川敷の平坦地が広がる。灌漑用水が整備されると、河川敷は荒地から水田地帯となる。これは、戦前までの座間の風景であり、河岸段丘沿いの田園地帯によく見られた。江戸時代ごくあたり前に接することができたこうした日本の風景は、都市化が進むことで、大都市周縁や郊外地は住宅地や工業団地となり、一体感のある土地の起伏を生かした風景に出合う場所が限られるようになる。

新宿から小田急電鉄に乗り、五〇分ほどで座間駅に着く。座間には急行は止まらない。相模大野駅を過ぎ、相武台前駅までの車窓の風景は、特徴のない新興住宅地が軒を連ね、窓の外を眺める気持ちにならない。しかしながら、座間駅に近づくにつれ、土地が起伏をつくりだす（図1）。斜面を宅地開発した戸建て住宅がひしめくように建つが、所々に木々に覆われた森や林が姿を現す。何かありそうな、そんな気持ちにさせる。普段わざわざ下車して確かめる人はいないとしても、座間駅に途中下

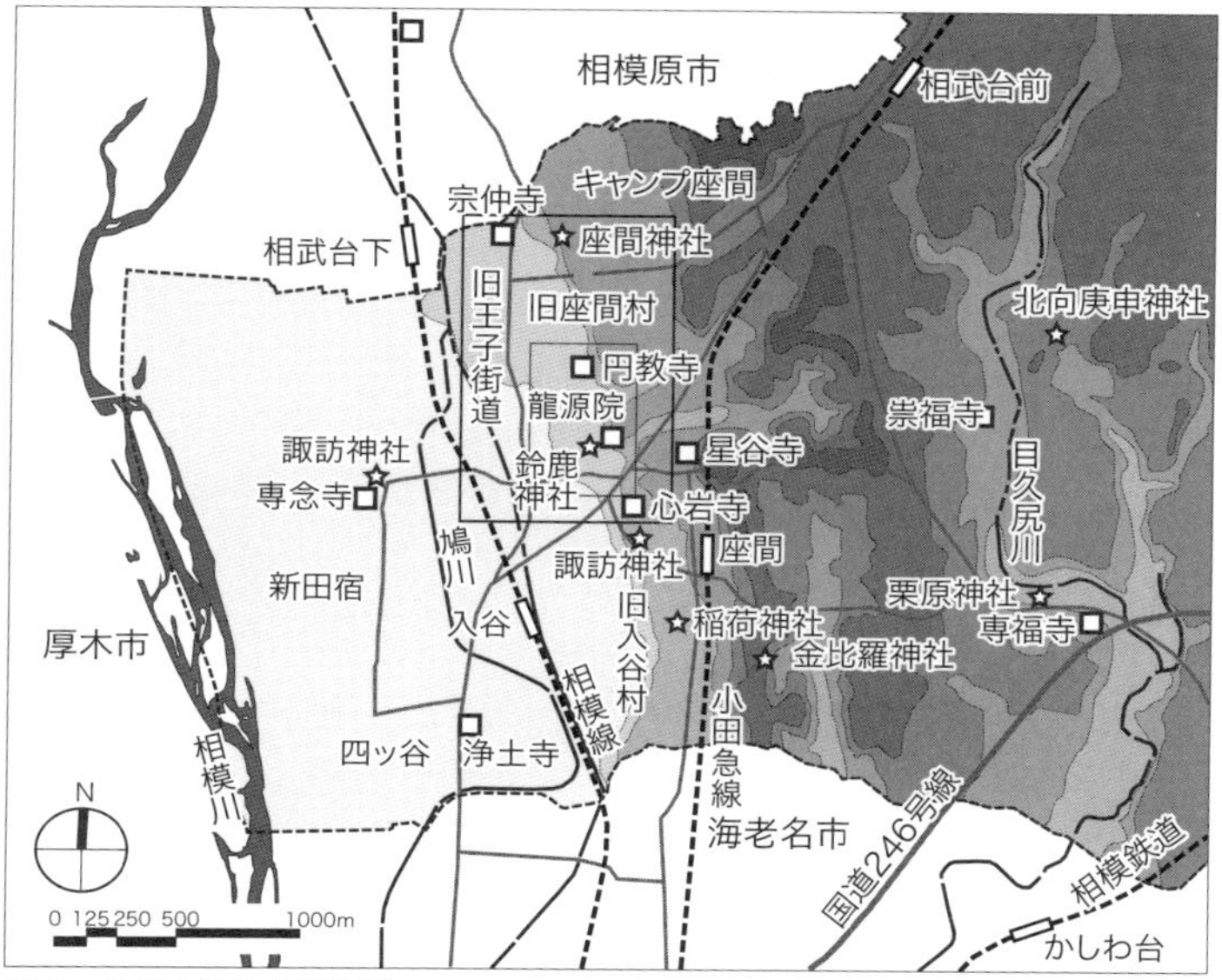

図1　座間全域とその地形

車し、小さな旅をしたくなる車窓からの風景だ。

座間市内をくまなく歩くと、平坦な土地の連続ではないことがわかる。相模川沿いの低地と微高地、二〇m程の高低差がある河岸段丘、その後背地に目久尻川が台地を削り取り谷地をつくった。さらに先には平坦な相模野台地が広がる。座間には小田急線の他に、相模川と平行し、相模川の砂利採掘のために通された単線のJR相模線がある。座間市内にある入谷駅に降り立つと、田園地帯の先に、河岸段丘の斜面緑地が帯状に連続する（写真1）。水田耕作が営まれ続けてきた田園地帯は、相模川沿いに堤防が整備され、この川から灌漑用水が引かれ、大量の水が大地に供給できるようになる。江戸中期以降に開発された。新田開発にともない、それらと溶け込むように新田宿、四ッ谷の集落が土砂の堆積でできたわずかな微高地の上に誕生した。

座間の初期集落は、河岸段丘沿いの斜面地下から湧き出る水を利用する環境から出発する。旧座間村、旧入谷村（一部が鈴鹿・長宿）は河岸段丘の斜面下、相模川を望む、洪水の危険を回避できる少

写真１　相模川に広がる河川敷から河岸段丘を眺める

し高い場所に立地した（図2）。

田園に包まれて成立した宿場

座間は、八王子から相模に抜ける八王子街道の筋にあたる。江戸の早い時期から、八王子街道が抜ける座間村には宿場が形成された。田園集落が点在するだけではなく、町場としての繁栄も座間にはあった。街道筋に商家が並び、町並みを形成した。ここ数十年の間に建て替えが進み、栄えた宿場の姿

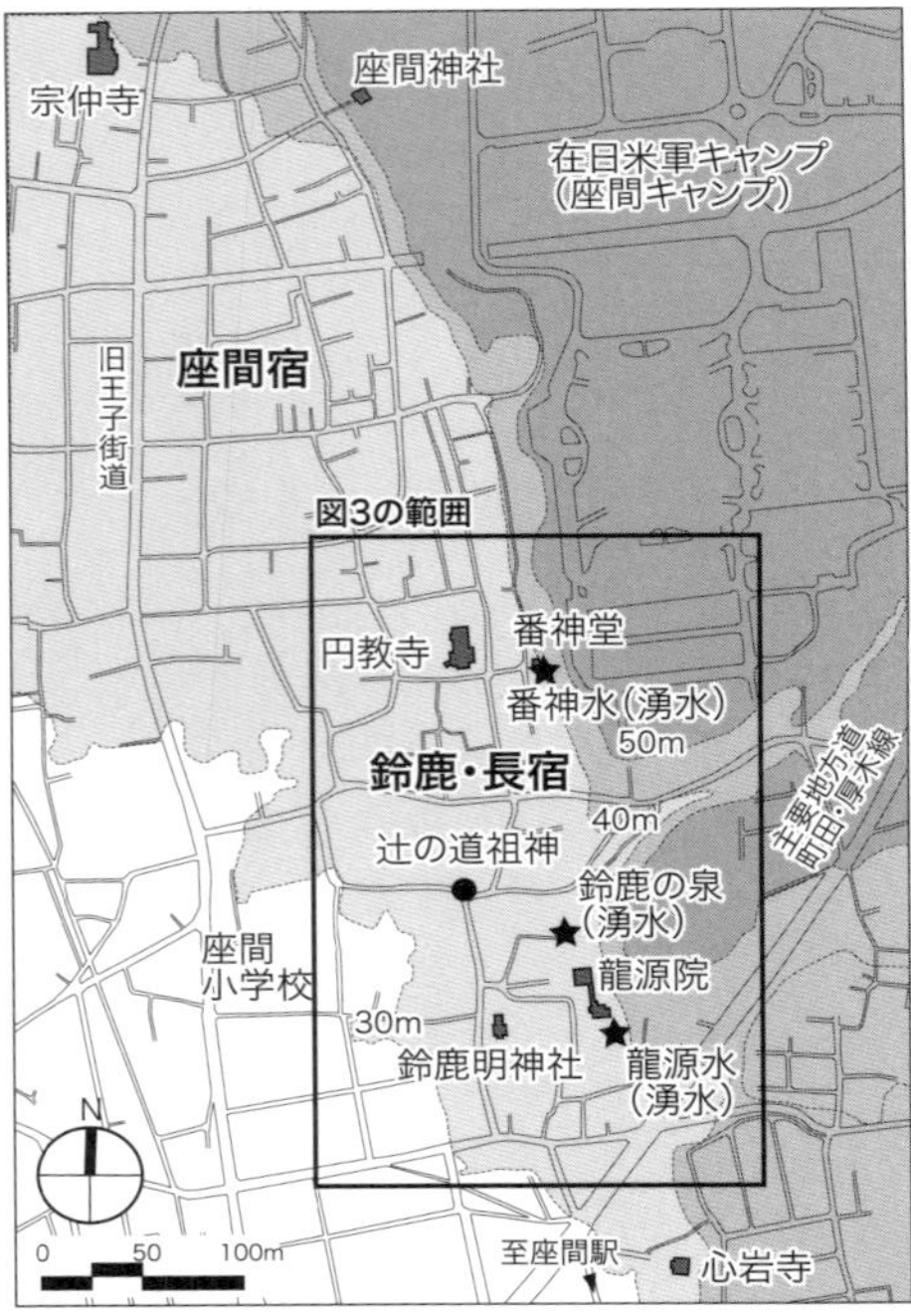

図２　座間市の旧集落構造が残る鈴鹿・長宿のエリア

写真２　八王子街道沿いにある長屋門

としての連続した町並みはすでに望めなくなった。だが、わずかになったとはいえ、立派な長屋門、重厚な蔵が今も残り続け、往時の面影を忍ばせる（写真２）。

相模川から大規模に取水する灌漑事業が行われる以前は、斜面下から流れ出る湧水が農地への用水源であり、生活用水として集落を潤し続けてきた。河岸段丘下に古くから成立する旧座間村、旧入谷村の集落は、湧水を頼りに、その近くの微高地にまず設けられた。宅地と小規模な畑地を中心にした集落の前面にある低地は水田にした。集落の背後にある斜面地は、地下水の保水維持のために、樹林地として保全され、秣場《まぐさば》として集落の共同持ち分の土地として管理された。その秣場から燃料となる薪が得られた。地下にしみ込んだ水は、生活用水や農業用水として使われることになる湧水として再び利用される。いずれにしても、江戸時代は豊富な湧き水が生活用水、農業用水として使われていた。

写真３　東西に通されたイレギュラーな道

東西の道に描かれた歴史的空間構造

　座間宿とその周辺を歩くと、南北に延びる相模川とその河岸段丘が道のあり方を強く規定する。街道が通される時も、南北に向けて通された。その一方で、相模川で取れた鮎を運ぶ「鮎の道」のように、東西にも道を発達させた。こちらは自然地形を使いこなしてきた農村の仕組みを確かめるように、鮎の道と平行して、何本もの道が斜面地に向けて延びる（写真３）。地域レベルではこれらの道が重要であり、現在もこうした道がそのまま残り続ける。

　その中の一本を段丘の斜面に向かって進むと、途中立派な長屋門と屋敷林に出会い、街道沿いの車の喧噪と別の世界へ導かれる。道は真直ぐではない。交叉する場所も、わずかな高低差を意識するように少しイレギュラーなかたちで曲がりながら交わる。進む道の先には高低差のある緑豊かな河岸段丘が帯状に広がる。その斜面下からは、今もこんこんと清水が湧き、道沿いの用水路に流れ出る。集落内を抜ける用水路には、仕切り板で水を止め、野菜を洗う人の姿も見受けられる。用水の水が生活の一部としてまだ風景をつくりだしている。

　「鈴鹿・長宿」と呼ばれるこの集落は、敷地にゆとりを持って建つ住宅、手入れの行き届いた広い

図３　湧水と水路が巡る旧集落（鈴鹿・長宿）

写真４　子供たちが遊ぶ番神水公園

庭がゆったりとした雰囲気を醸し出す。用水路とマッチした生け垣は、それらがセットになって背後にある斜面緑地に溶け込む。一九八九（平成元）年に、鈴鹿・長宿は神奈川県の景観整備地区に指定され、水の流れる集落風景をより魅力的な景観にするまちづくりが進められてきた（図３）。

用水路を辿って上流へ向うと、番神堂の祠があり、背後の斜面下から絶え間なく水が湧き出る。番神堂の手前には小道が通り、脇に斜面下からの湧水が流れをつくる。ただ車のすれ違いが大変だという理由から、かつて三面がコンクリートで固められてしまった経緯がある。どの町も車社会を優先して、水路がコンクリートで固められてきた。しかしながら、その後に試みられた街なみ環境整備で、子供たちが水遊びできる公園「番神水公園」に生まれ変わる（写真４）。夏の暑い盛りには、子供たちの水遊びする姿が日常化する。

斜面緑地に抱かれた生活風景の魅力

鈴鹿・長宿地区で具体的な事業となった街なみ環境整備は、一九九六（平成八）年から実施のための計画がはじまった。その後七年の歳月をかけ、段階的に場の特色に合わせた事業が進められた（写真5）。この景観整備事業は一九八九（平成元）年に策定された景観モデル地区計画が基本に据えられてきた。計画のターニングポイントとなった出来事は、「自分たちの先祖がつくりあげてきた風景を自分たちが維持するのはあたりまえだ」と、地元の人たちが歴史を再確認できた時である。敷地の中だけでなく、公共の道路や境界部分も視野に入れなければ、先祖が育ててきた風景が失われていくことに気付く。行政が何をやってくれるのかではなく、住んでいる人たちに何ができるのかという議論へと展開したことは興味深い。何が景観をだめにしているのか、便利さも含め日常近視眼的に試みてきたことが、守り続けてきた風景構造にどのように弊害をもたらした可能性があるのか。歩いて感じ、議論して共有し、それぞれの人たち自身に問いかけるプロセスが重要な意味を持ちはじめた。寺院の万年塀が景観を配慮した塀に、無造作に建てられていた小屋が消えていたりする。ブロック塀が生け垣に変わったところもある。そこからはじまって行政は何ができるのかへと展開した。すなわち、この集落の本来持つ風景構造の価値が多彩な地形に寄り添ってきた地元の人たちの意志により、魅力的な景観を取り戻すきっかけとなった。

写真５　用水路の魅力を活かした道の整備

ともすれば、公共のできる外面だけが整備され、薄っぺらな景観がつくられる。整備の手法や試みた努力に見合った風景の厚みが備わっていないケースが極めて多い。それは、生きた歴史が景観に描かれていないからだ。

写真6　龍源水ホタルの公園

　環境整備が最初に試みられた場所は座間駅に近い、龍源院の森から湧き出る水辺周辺と、手前の鈴鹿明神社に挟まれた小路である。座間駅からは、なだらかな坂道を下り、主要地方道町田・厚木線を渡った七、八分のところにある（図2）。この小路の両側には樹齢数百年の巨木が昔から涼しげな木陰をつくり、道に沿った家々は生け垣が風景に溶け込むように手を加えている。湧水が小路に流れ出た場所には「龍源水ホタルの公園」が整備された（写真6）。小さな広場だが、初夏にホタルが舞い、数十年前まで見慣れたはずの環境が取り戻された。

2 河岸段丘と用水が織り成す宿場町——日野

第2章で取り上げる残り三つの場所は日野、桑折、吉井である。そのうち、日野は東京の郊外地にあたり、高度成長期以降鉄道沿線を中心にベットタウン化が進行した。台地上の比較的平坦な雑木林は工業団地となる。歴史的には、生活の場がまず河岸段丘下の微高地に成立した。斜面下から湧きでる豊富な湧水と河川を利用した用水の魅力は座間と共通する。日野は東京都心から直線距離で三〇㎞強の距離にあり、東京駅から快速電車に乗れば四五分足らずで日野駅に着く(図1)。

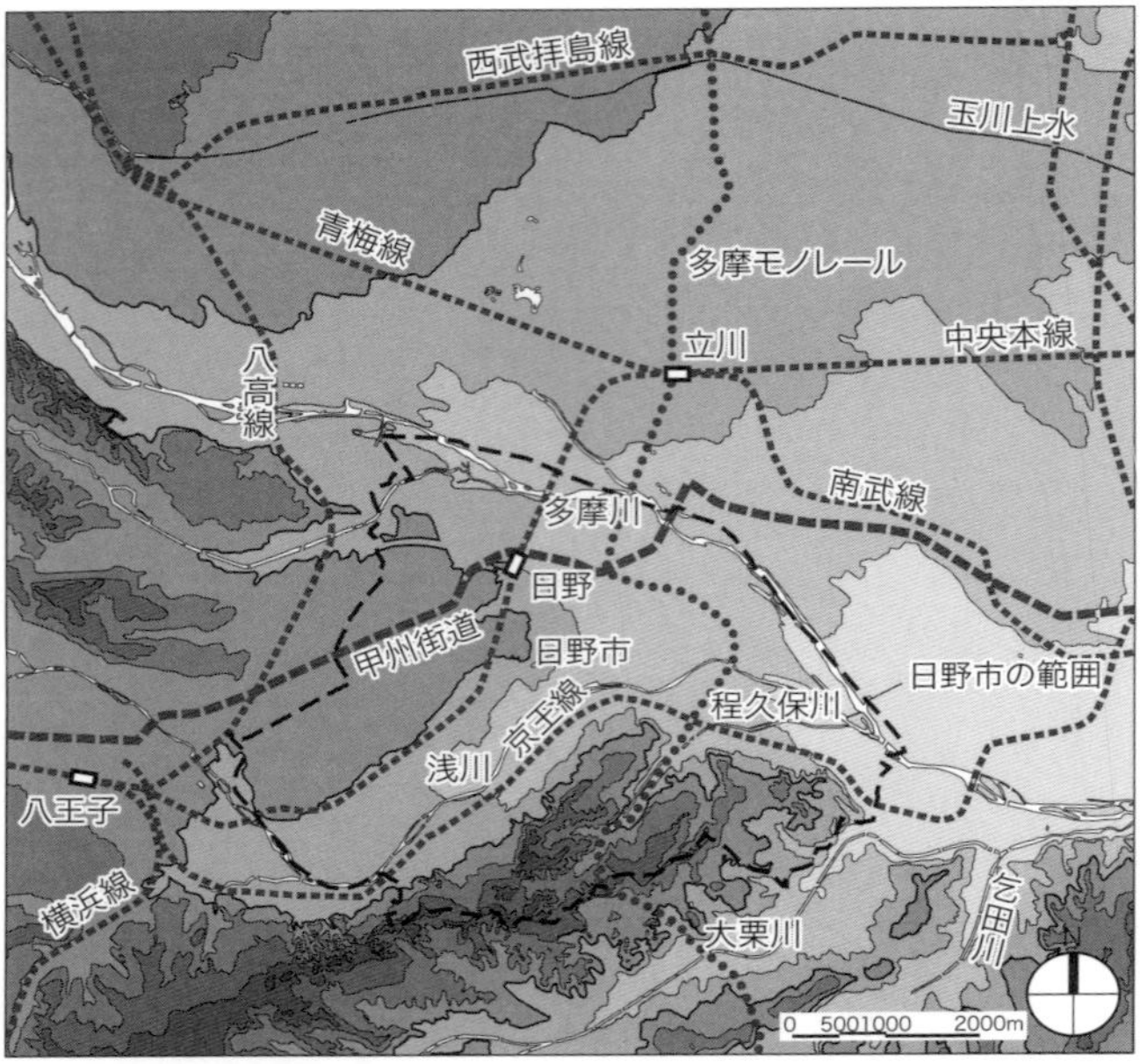

図1　日野市の範囲と地形

日野には、日野台地を挟むように多摩川と浅川、大きな二つの川が西から東に流れ、市の東部で合流する。それらの流れは、長い時間をかけ日野台地を削り取り、扇状地を形成した。現在の地形構造に安定するおよそ六千年前までは、多摩川や浅川の水の流れによる浸食作用が

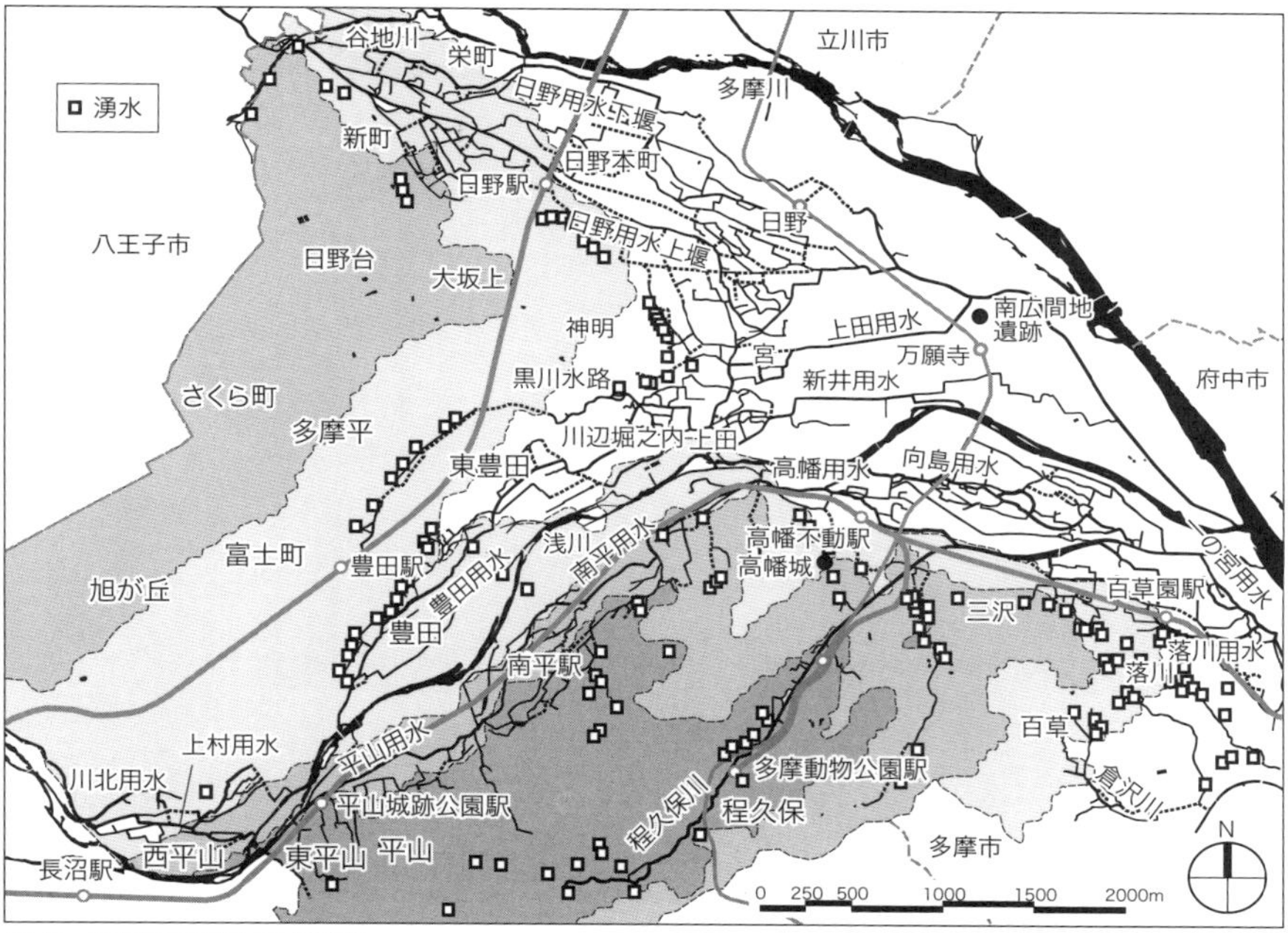

図２　日野の地形と用水路網

長期間繰り返され、主に沖積地の地形が変化した。日本の河川のなかでも比較的急流といわれる多摩川だが、青梅から下流では勾配が比較的緩くなる。一方日野付近の浅川は、多摩川よりも急流である。この河川勾配の違いが、用水路で結ばれた日野独特の風景を描いてみせる（図２）。

日野をめぐる用水路は、二つの異なる顔を見せ、日野の沖積地に広がるように広域にネットワークしてきた。一つは、日野用水が根幹をなす、都市と田園とが融合する地域の顔である。いま一つは、地形と用水による多面的な農村地域の顔である。地形を読み取ると、長い時が経過するなかで、幾筋もの用水が結び合い連鎖し、異なる空間構造を持つ多様な集落群を誕生させた。

(1) 都市と田園を結ぶ日野用水

江戸時代の日野は、多摩川右岸と浅川両岸の沖積地に集落が集中した。比較的平坦な沖積地一帯には、用水路をめぐらせた水田風景が広がっていた。もちろん、多摩丘陵の谷筋にも、豊富な湧水を頼って集落が分布したが、その数は沖積地に比べはるかに劣る。それは、多摩川側の水位が高く浅川側が低い高低差の違いからだ。多摩川側には豊富な湧水源を持つ段丘が少ない。湧水があっても水量が乏しく、小さな川の流れとはならなかった。沖積地への集落形成は土木技術が飛躍的に進展する室町時代末期ころまで待つことになる。

図3　日野宿のエリアと寺社配置

室町時代末期になり、日野用水は谷地川と合流する地点をさらに上流に遡った場所から多摩川の水を取水した。一五六七（永禄一〇）年の日野用水（上堰）である。高い土地に用水をめぐらせる斬新なアイディアが潜んでおり、記録に残るほどの画期的な事業であった。日野用水の開削は、後北条氏三代当主・北条氏康《うじやす》（一五一五〜七一年）の三男として生まれ、後に滝山（のちの八王子）城主となる北条氏《うじ》照《てる》（一五四二〜九〇年）が進めた開発の一つである。この事業では、美濃国（現・岐阜県）の住人である佐藤隼人が日野用水開削を引き受けた。彼の末裔が庄屋となり、書き記した上佐藤家の古文書が伝えている。多摩川側の沖積地一帯では、日野用水の整備により、宿場が整えられ、用水路周辺も水田耕作が可能となる。日野用水は、多摩川河岸の沖積地の微高地と低地を上堰と下堰に分かれて流れ、田に水を引き入れてから、宿場として栄えた日野宿を潤し、再び多摩川に合流する。

日野宿は一六〇五（慶長一〇）年に甲州街道の宿場として定められて以降大いに発展する（図3）。街道沿いには防火用の幅三尺（約九〇㎝）ほどある用水路が通された。短冊状に割られた敷地の南側と北側の背後に、日野用水の上堰と下堰が抜ける（写真1、写真2）。この計三つの水路が街道沿いに暮らす人たちの生活用水など多様に利用されてきた。

写真１　かつての宿場を流れる日野用水（上堰）

宿場には、本陣、脇本陣があり、問屋場が置かれ、旅籠屋が集まった。間口の狭い短冊状に割られた敷地には、街道沿いに商家が連続的に並び、近隣の農村風景と異なる都市的な景観が描かれた。短冊状の敷地割りだが、江戸市中の町人地と異なり、敷地が奥に倍以上長く延びる。その背後の土地は水田や畑地となる。農作物が植えられる農地であり、農村的要素も含んだ宿場町であった。しかも、その範囲は街道沿いに町家が並ぶ下宿、中宿、上宿だけではなく、万願寺などの周辺農村部の枝郷《えだごう》集落も含む広いエリアで

写真２　わずかとなった水田の脇を流れる日野用水（下堰）

写真３　よそう森公園の用水路

あった。用水で結ばれ、成立してきた日野宿は、周辺農村集落と共働するかたちを描いてみせた。

　用水は現在もわずかとなってしまった水田を潤して町中を抜ける。実際に多摩川の取水口から日野用水を歩くと、都市（宿場）と田園のいずれが欠けても、その魅力は語れないと強く感じる。先験的な市民と行政の意志で維持される「よそう森」公園内にある「素掘り」の用水路はこれからのあるべき姿のように思う（写真3）。

(2) 黒川水路と平山集落

湧水から川の水へ

　浅川は、八王子市西端にある高尾山などの山々を源流とし、それらの水を集めて日野台地の南側を流れる。江戸時代には、浅川から取水された用水路が数多く整備され、沖積地の広範囲をめぐる。浅川両岸の用水路群は、水の郷にふさわしく、多彩な風景を日野に描いた（図4）。

浅川両岸に展開する用水は、初期の形成段階が極めて古い。落川の一の宮遺跡発掘調査では、平安時代に遡ると推定される用水路の遺構が出土した。その調査によれば、初期段階は浅川の水を取水し

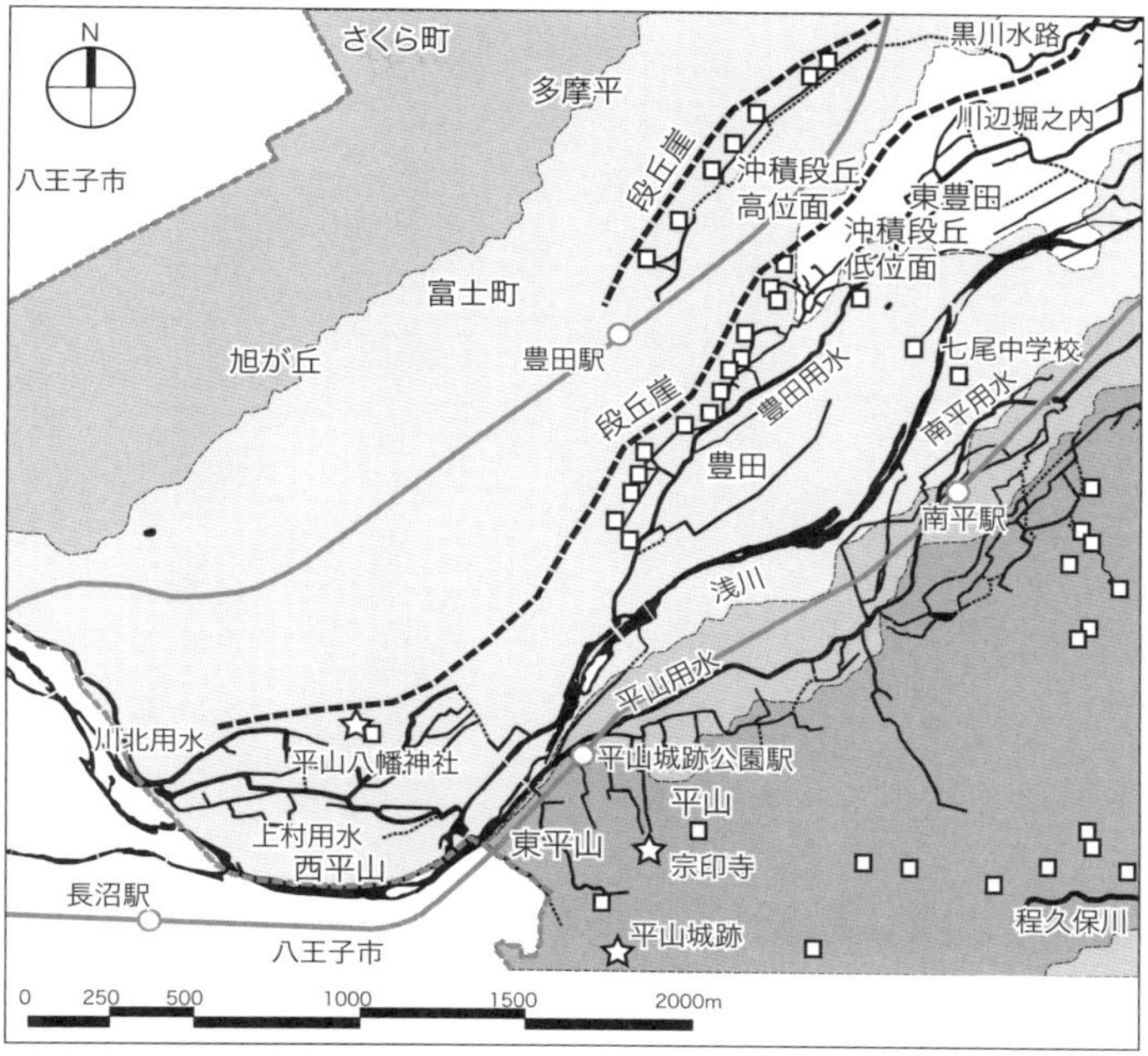

図4　平山周辺の地形と湧水・用水

たものではなく、段丘崖下の湧水を集めた小さな川がまず用水路化したものであった。近世に入ると、大規模な土木事業が一般化し、浅川の水を取り入れたいくつもの用水が広いエリアで整備された。湧水からの水と浅川の水を活用した用水とのネットワーク化が行われた。

一九五五（昭和三〇）年ころまで、浅川両岸一帯では段丘の崖下だけでなく、平坦な低地にも水の湧き出る光景が随所に見られたと聞く。限られた場所ではあるが、現在も自噴する湧水を目にする。南平にある七尾中学校の校庭奥には、湧水が自噴し、訪れる者を圧倒する（写真4）。中学校の周囲を

写真４　七尾中学の湧水

写真５　黒川湧水群

見わたしても、近くに丘陵があるわけではない。浅川はよほど豊富な伏流水に恵まれているようだ。

地下から豊かに湧きでる水の恵みは、段丘崖に顕著にあらわれる。日野台地南部の黒川水路は、今でも湧水群だけで成立する水路で、川から引水されてはいない（写真5）。ただ浅川の水を取水する他の人工的な用水路も、湧水を受け入れ、水量を保ってきた古くからの歴史がある。

中世に起きた平山集落の選択

日野の沖積地は、段丘化した明確な面が二つある。ここでは、沖積段丘の高位面と低位面としておこう。およそ一万四千年前から六千年前ころには、沖積段丘高位面が氾濫原ではなくなる。平山遺跡の発掘からは、縄文時代前期（約七千年前から五五〇〇年前）になると、段丘化した沖積段丘高位面のわずかな平坦地が生活を営む場に変化する。
時代が下り、約四千年前から古墳時代にかけての時期は、沖積段丘の低位面にも生活と生産の場が広がる。洪水から逃れられる、沖積地のうち丘陵裾部や微高地に集落が形成されていく。西平山と東平山では、台地から沖積段丘へと、段丘崖下の湧水を頼って居住の場とし、生産の場は近接する低地部にある。

西平山一帯には古い集落がないが、遺跡の宝庫である。現在、縄文前期から古代までの各時代の層には、居住の痕跡が発見されており、かつては農村風景をつくりだしていた（図4参照）。湧水源には神聖な場として神社が創建された。集落の安全とともに、豊富な水がいつまでも得られることを願ったに違いない。現在も西平山の段丘崖には、平山八幡神社が祀られており、近くに湧水源がある。現在もわずかに水が湧き出る。ただ不思議なことに、平山八幡神社周辺には江戸時代から続く古い集落が存在しない。崖上に畑地、崖下に水田があるに過ぎない。繰り返すが、西平山は縄文から古墳、さらに奈良・平安時代までの遺跡が発掘される遺跡の宝庫であり、居住にも恵まれた環境であった。それが中世以降、集落なき農村風景となった。今も低地には田園が広がるのみである（写真6）。

いま一つ不思議な現状がある。西平山の農地は、浅川を挟んだ向かいにある東平山の集落が管理し続けてきたことだ。一般的な見方からすれば、浅川のような水量もある大きな川を挟んで、集落と農地が分離することは考えにくい。あるとすれば、河道が大きく変化したことだが、地形形状にそのような痕跡はない。残念ながら、日野に残る史料からは平山の不思議な農村構造がまだ解明されておらず、ここからは推理の域に入ってしまう。

鎌倉幕府の成立に貢献した平山季重《すえしげ》（一一四〇〜一二二二年）が浅川右岸の平山を本拠地とした点

写真６　西平山の田園地帯

は、重要な手がかりの一つとなる。現段階で、宗印寺は平山季重と直接関係がないとされる。その宗印寺の背後にある丘陵頂部からは戦国時代ごろの砦跡が見つかっており、平山城の存在が明らかになった（写真７）。中世の城も平山城跡あたりの山の上にあった可能性は高い。

ここで、先に示した平山八幡神社がある西平山の地形と比較してみよう。集落を形成し、農村を維持するには、比較的平坦でなだらかな斜面地である平山八幡神社周辺が実に魅力的な場所に映る。しかしながら、中世の城下町を形成し維持させるにはどこからも攻めやすく、無防備な場所となる。さらに興味深いことは、「八王子道」と呼ばれる、浅川右岸を通る古道が平安時代末ころから重要視されてきたことである。南側の丘陵地は平山城や高幡城といった本格的な居住城を築く上で、逆に絶好の地形条件となっていた。しか

写真７　宗印寺の裏山から見た西平山の風景（写真撮影：石渡雄士）

も、湧水が豊富で集落規模を越えた大がかりな城下をつくる条件も備わる。

住宅が建て込む浅川右岸にある東平山を訪れると、等高線と直角に幾筋も流れ下る沢が現在も確認できる。宅地化が進む以前は沢の水が生活用水として充分機能していた。戦国時代を終えたころの東平山は、城下町の機能や役割が消え、農村集落に戻る。だが、集落の中心が農地のある対岸に再び移ることはなかった。戦略的な強いインパクトで構築された空間の構造は、集落にかたちを変えても維持され続けた。その結果、平山は浅川右岸が居住の場となり、左岸が生産の場となる。浅川という大きな川に挟まれた特異な農村集落の景観を示し続けた。

東平山の集落は、浅川に近い丘陵地の山裾に位置する。斜面地が多く、広い農地を確保することは難しい。日照の点からも、北側斜面に立地する不利な条件であった。ひな壇状の敷地は、どこも採光が取りやすいように、建物を南に迫る斜面側から離し、北側いっぱいに寄せて建てる特徴がある。他の集落より道空間に圧迫感があり、庭があっても密集度がやや高い印象を路上から受ける。

東平山は、沢の水を利用した中世的な集落構造を今ににおわせているわけではなく、城下町を下敷きにして再構築された農村集落の姿に他ならない。ただ、丘陵から下る水路は急で、灌漑としての利用は難しかった。東平山が農村風景の体裁を整えるには、近世に入り、浅川の水を取水した本格的な用水路である平山用水が集落の下に整備されてからとなる。用水整備に伴い、丘陵と浅川の間のわずかな平坦地が開墾され、水田耕作が可能となった。平山用水は、等高線に平行して、浅川の水位よりかなり高い所を流れる。一方浅川対岸の西平山にも、川北用水や上村用水といった、浅川から取水した用水がめぐる。これらの用水路整備によって、浅川により近い低地が水田耕作可能な土地となった。

(3) 沖積地に展開する多様な用水路と集落

用水網が広がる近世集落へ

江戸時代に数多くの用水路が張り巡らされた日野だが、多摩川から取水する用水は日野用水だけである。それに対し、浅川から取水する用水は左岸に豊田用水（写真8）、上田用水、新井用水などが開削されており、右岸に平山用水のほか、南平用水、向島用水、落川用水などがあった。

沖積地の微高地上に形成された集落の多くは、中世以前の居住の痕跡がある。多摩川と浅川が合流するあたりの浅川右岸には落川の一の宮遺跡があり、多摩川右岸では南広間地《みなみひろまち》遺跡などが発見されたことで、沖積低地の歴史に光があてられた。

写真８　豊田用水

江戸時代に整備された用水路により、沖積地のほぼ全域の水田化が可能になった。中世に成立した農村集落を基本にしながらも、江戸時代に水田の広がる風景へとダイナミックに変貌させてきた。

沖積地上に形成された江戸時代の集落は、用水路との関係の深さが刻み込まれている。浅川左岸は豊田用水を利用した集落の豊田村と川辺堀之内村がある。川辺堀之内村の近くから取水する上田用水は下の上田村、宮村、下田村が利用した。さらに下の低地を流れる新井用水は、上流の余り水を集め、万願寺村、新井村をめぐる。浅川の右岸を見ると、平山用水が平山村と平村、高幡用水が高幡村、落川用水が落川村といった具合に、浅川から用水を引き込まれ、その水が水田を潤し、集落を維持させてきた。

沖積地の集落（川辺堀之内、豊田）

沖積地上の川辺堀之内村は、一九世紀初期時点で集落規模が東西・南北それぞれ八町あり、四〇軒ほどの民家が集落を構成していた。江戸時代の川辺堀之内の土地利用は、田と畑が半々の耕作地であった。日野台地の崖下沿いに集落の家々が立地し、崖上に畑が広がる。集落のある沖積地には等高

図５　川辺堀之内の空間構成

線に沿って豊田用水と上田用水が流れ、分水しながらより低い集落や水田に水が配分された（図5）。

　段丘面に成立した集落のなかでは、川辺堀之内が現在もわずかだが農村風景の趣を残す。この集落は日野台地の南側に位置し、日照条件がよい。豊田用水沿いにある古くからの屋敷は水の湧く条件のよい崖下に土地を選び立地した。屋敷裏の斜面は鬱蒼とした木々で覆われ、集落を少し外れると水田を目にする（写真9）。かつては、集落の前面の低地にも水田のある風景があった。古くからの道は街道や用水路沿いの道のほか、段丘の上から用水路に向かう坂道が何本も通された。そのうち、浅川に通じる道には庚申塔などの石仏が辻に置かれた。用水が平行して通る場所には共同の洗い場が設けられ、人々が集まる場となった。

　川辺堀之内から豊田用水を少し遡った東豊田には、この豊かな農村風景に魅せられ、関東大震災以降に別荘地として移り住む人たちがいた。豊田用水に沿った道からは、生け垣越しの庭に池があり、

（上）写真９　水田を潤す豊田用水
（左）写真10　別荘地として利用されてきた屋敷の庭先

用水の水面と重なる。水に恵まれた風土であると実感する（写真10）。池からさらに奥の井戸まで、観賞用の水の流れをつくる。そこに住まわれている方に話を聞くと、戦前は一mの高さまで自噴したそうだ。井戸のイメージではなかった。きれいな水が絶え間なく池に注がれ、豊田用水に加水された。このような水がいたるところから加わる豊田用水は、現在より遥かにきれいで豊富な水がかつて流れていた。

微高地を利用した農村集落（落川）

落川の農村地帯に引かれた落川用水は、浅川から引水した平山用水、南平用水、高幡用水が程久保川に合流し、その水が利用された（図６）。浅川の最下流から取水する向島用水は、落川用水と合流することなく、落川用水に分水された残り水と合わせ、向島の集落をめぐった後に程久保川に戻される。増した程久保川の水は一の宮用水に引水され、途中落川用水の水を集め、さらに流下する。用水は上流から下流の集落へと単純に流れているわけではない。集落の存亡がかかった水だけに、川と上流の用水の両方の水が、下流の用水に引き入れられている。微細な地形を読みながら、精密機械のように水を量的に配分するシステムには驚く。

浅川の下流部に成立する向島、落川、一の宮の集落は、豊田、川辺堀之内と異なり、段丘面ではなく、段丘下の低地にできた微高地に集落が形成された（図7）。洪水に悩まされなければ、浅川両岸の低地は、水に恵まれ、生活する上でよい条件が整う。奈良・平安時代ころにはすでに人の住む場所として選ばれていた。低地より少し高い微高地に居住の場があり、周辺の低い土地が水田地帯として一面に広がった（写真11）。現在の落川は、水田がわずかに残る以外、新しい建物が建ち並ぶに過ぎない。ただ、注意深く歩くと、江戸時代からの集落構造の特徴が浮き上がり、歩いていて面白い。

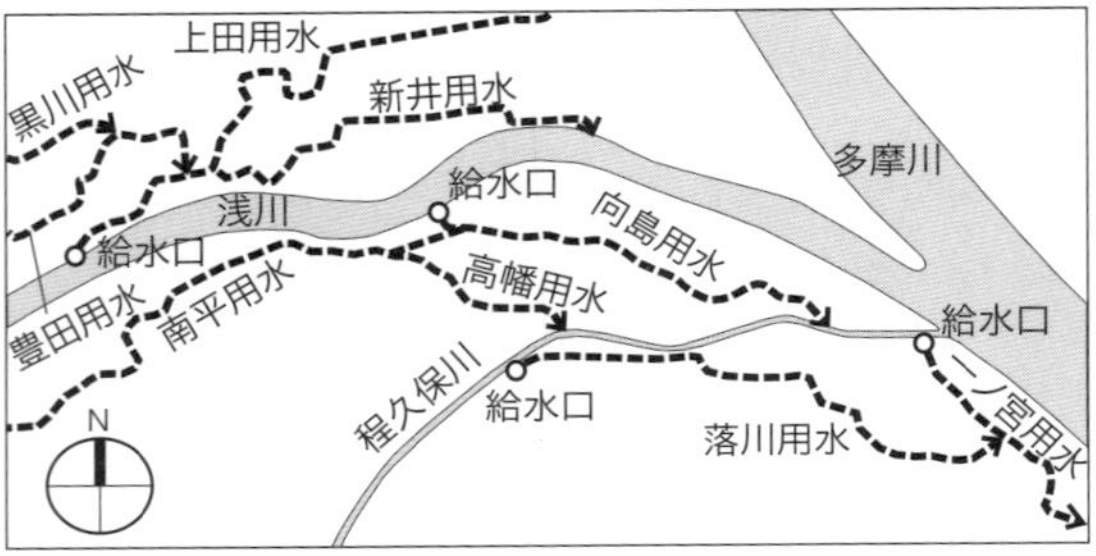

図６　川と用水の関係

日本は、長い歴史のなかで、稲作を主体とする社会構造を構築してきた。その最も根幹にあたるものが様々なかたちで水利用されてきた用水路の存在である。川に堰を設け、一定の水を水路から田に引き込む。流れの途中、集落や町を流れ、産業用、生活用として多面的に利用され続けた。水の流れが身近にあり、用水路とともに発展してきた多様な地域性が日野の基本風景といってよい。

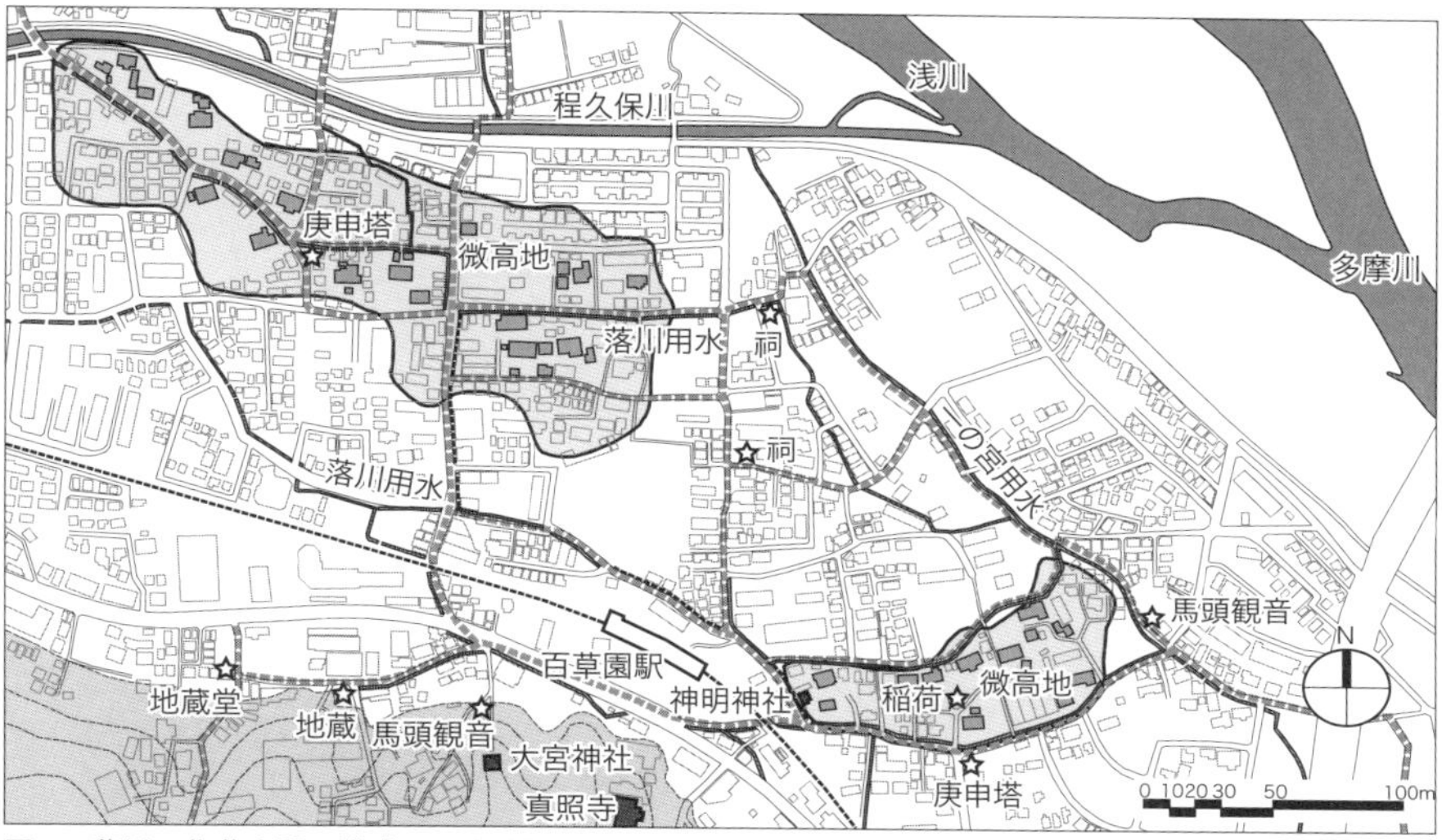

図 7　落川の集落空間の構成と用水路網

写真 11　黒川に残る水田と用水

3 複合する河岸段丘上の平坦地の宿場町——桑折

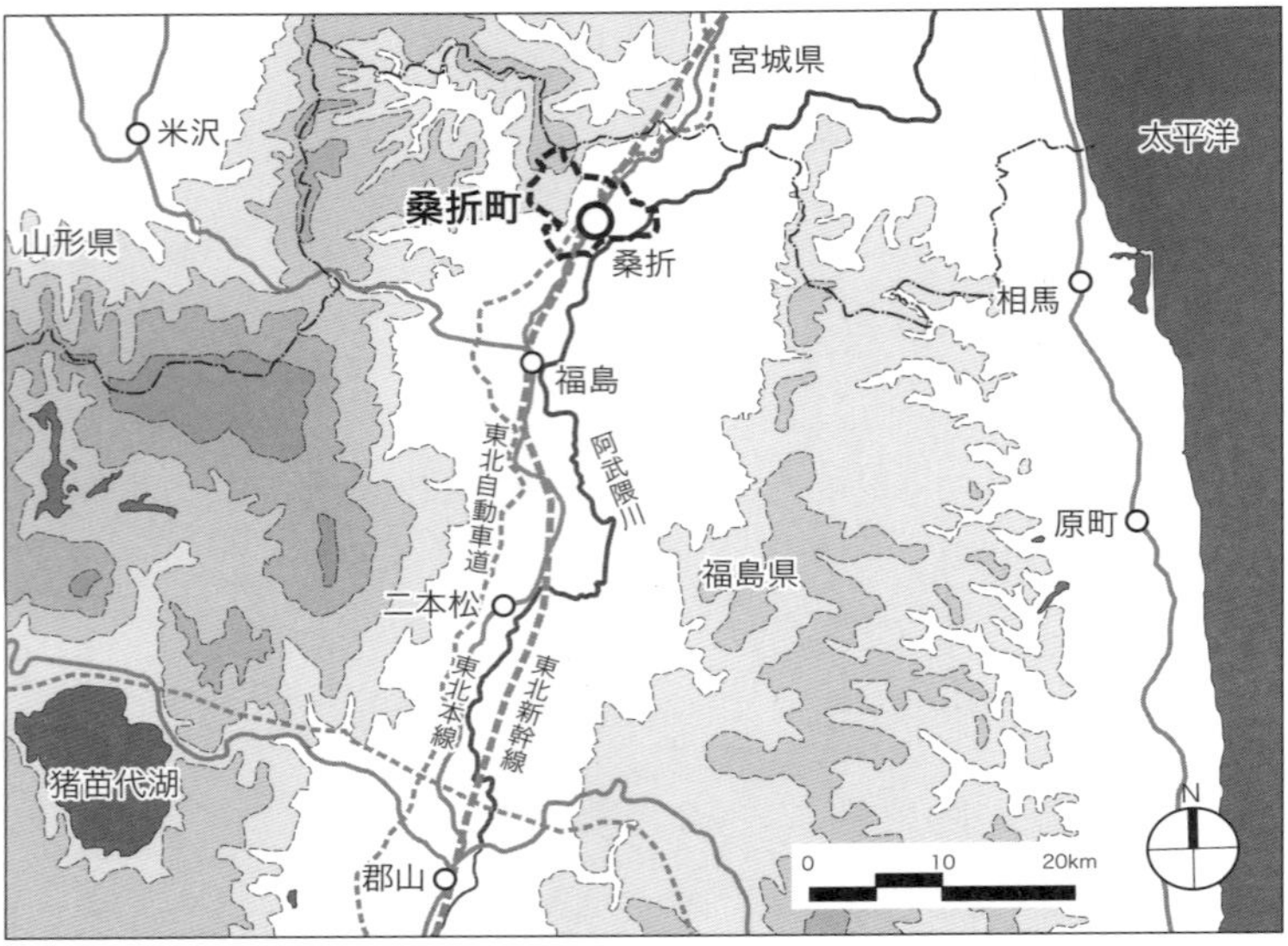

図1　桑折広域位置図

東京から桑折《こおり》（現・福島県桑折町）を訪れるには、東北新幹線の福島駅で東北本線に乗り換え、四つ目の駅で降りる（図1）。桑折は、桃の産地として業界では名の知れた町である。桃の花が一斉に咲き乱れる季節には、観光バスを連ねて多くの人たちが訪れる。ところが、訪れた人たちは歴史的建造物が残る集落や町並みに足を踏み入れ、この町の風景の巧みさをキャッチするわけではない。桃の花を愛でると、観光客はすぐに立ち去ってしまう。桃の知名度と町の歴史的資源とが全く関係していない。それは桑折だけが特別なわけではなく、むしろ日本の観光をよりリアルに代弁しているに過ぎない。ただ、桑折の歴史的資源が希薄かといえばそうではない。

桑折にはとっておきの歴史伝承がある。伊

達政宗（一五六七〜一六三六年）を系図に列ねる伊達氏発祥の地である。しかも、中世の城壁跡や土塁が山間の木々に埋もれてひっそりと残り続ける（写真1）。政宗が仙台に移った後の桑折は、田園を背景とする宿場の町として、近世以降は穏やかな時間が流れ、歴史的な空間の仕組みが生活の場としてしっかりと息づき続けた。これもまた桑折の魅力といえる。数百年の間華やかな歴史舞台に登場することもなく、戦後観光地として脚光を浴びることなく今日に至る。ただこれに関しては、桑折の人たちの気質からくるようにも思える。観光で儲けるより、日々の生活を大切にしたい気持ちが勝るのだろう。

阿武隈川流域の知られざる町を歩いてみると、驚くほど魅力的な風景に次々と出会える。山間、丘陵、台地、段丘、低地からなる自然地形の多様な変化と、そこでの人々の営みによって描きだされた生活風景は、多彩な地形に抱かれた日本の基本的な風土構造をつくりあげていた。しかも日本の近世において培ってきたきめ細かく張り巡らされた用水による水システムが今日においても読み取れる。用水の多くは現在も機能しており、水の構図に支えられた都市と田園の風景構造が健在な町である。また何よりも、自然と人々のいとなみが築きあげてきた濃密な空間と時間を贅沢にもコンパクトに体感でき

写真１　中世の城壁跡

ることはうれしい。桑折では日本の風景の美しさに驚きをもって接することができる。

(1) 地形構造に展開する風土性

多彩な地形構造

桑折町は、東西約九・三km、南北約八・三km、総面積四三・〇平方kmの規模を持ち、福島県の北部に位置する。江戸時代、奥州街道と羽州街道が分岐する重要な場所にあった。参勤交代する東北諸藩の大名は桑折を通り、江戸から領地に散った。桑折は近世の宿場として栄えたが、その姿はさらに古い歴史の上に成立してきた。

桑折町の地理的環境を知るために西から東に断面を切ると、北西に半田山を最高峰とする山地があり、そこを頂点に北東から南西にかけて台地や扇状地といった起伏に富む地形をつくりだす（図2）。中央に広がる扇状地は、福島盆地の北西部を占め、段丘面が上中下三段に分かれる（写真2）。上位段丘面は半田山地の東麓に位置する。北東から南西へ桑折西山城〜平沢・万正寺〜成田付近の盆地側に断層崖があらわれ、切断されたような断面地形となる。中位段丘面は、産ヶ沢扇状地を指し、比較的平坦な土地が広がる。南東には阿武隈川の流れがあり、下位段丘面は阿武隈川の浸食を受けた段丘崖が連なる。その氾濫原は、平坦な谷底平野をかたちづくる。

桑折の風土をかたちづくる水構造

桑折町には、福島県の母なる大河である「阿武隈川」のほか、いずれも阿武隈川に注ぐ三つの川がある。西側の山間地域を北西から南に流れる「産ヶ沢川」、北側の半田山方面から南東に流れ、産ヶ

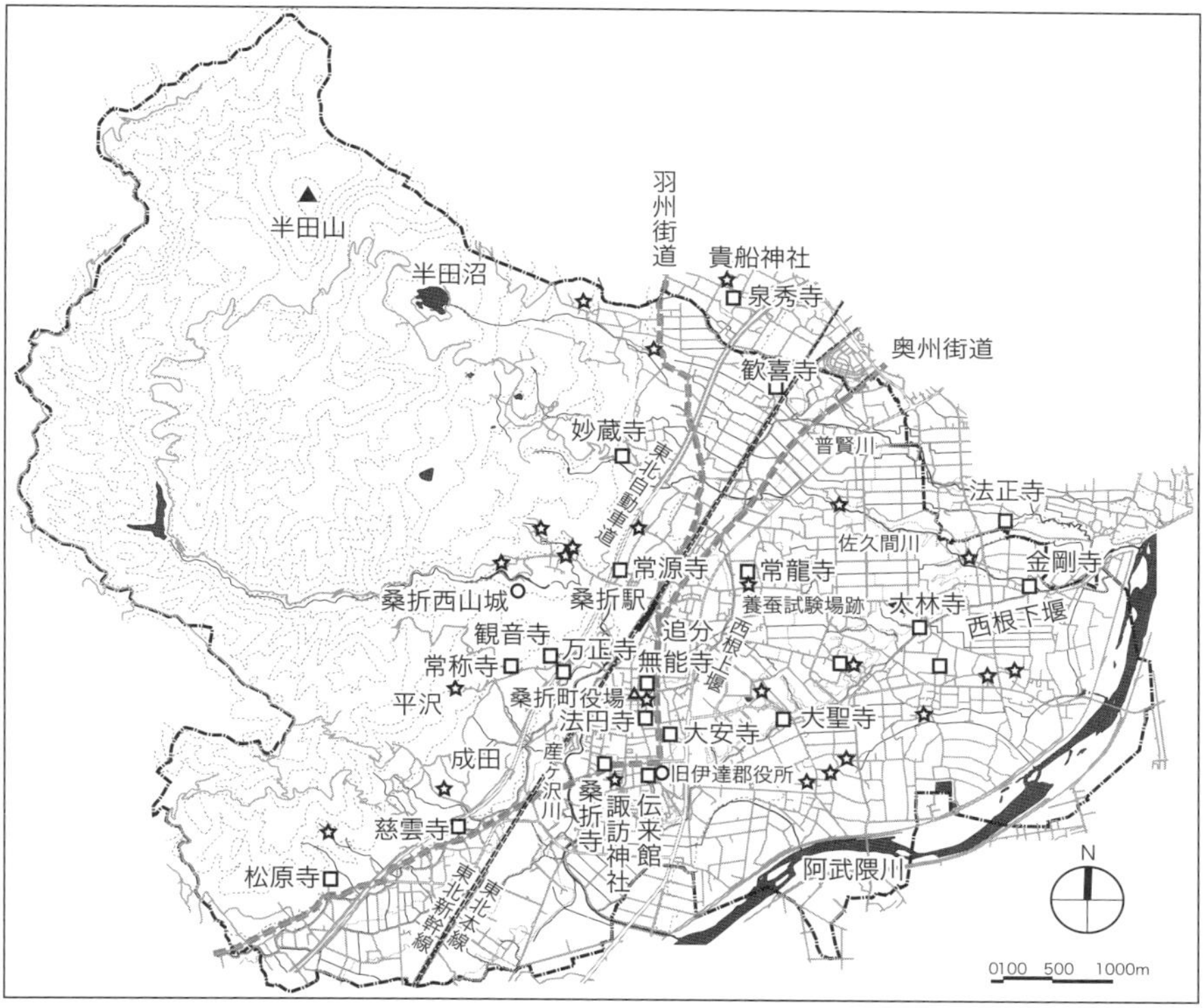

図２　桑折町全域と地形

写真２　段丘上から扇状地を眺める

写真３　豊富な水が流れる西根下堰

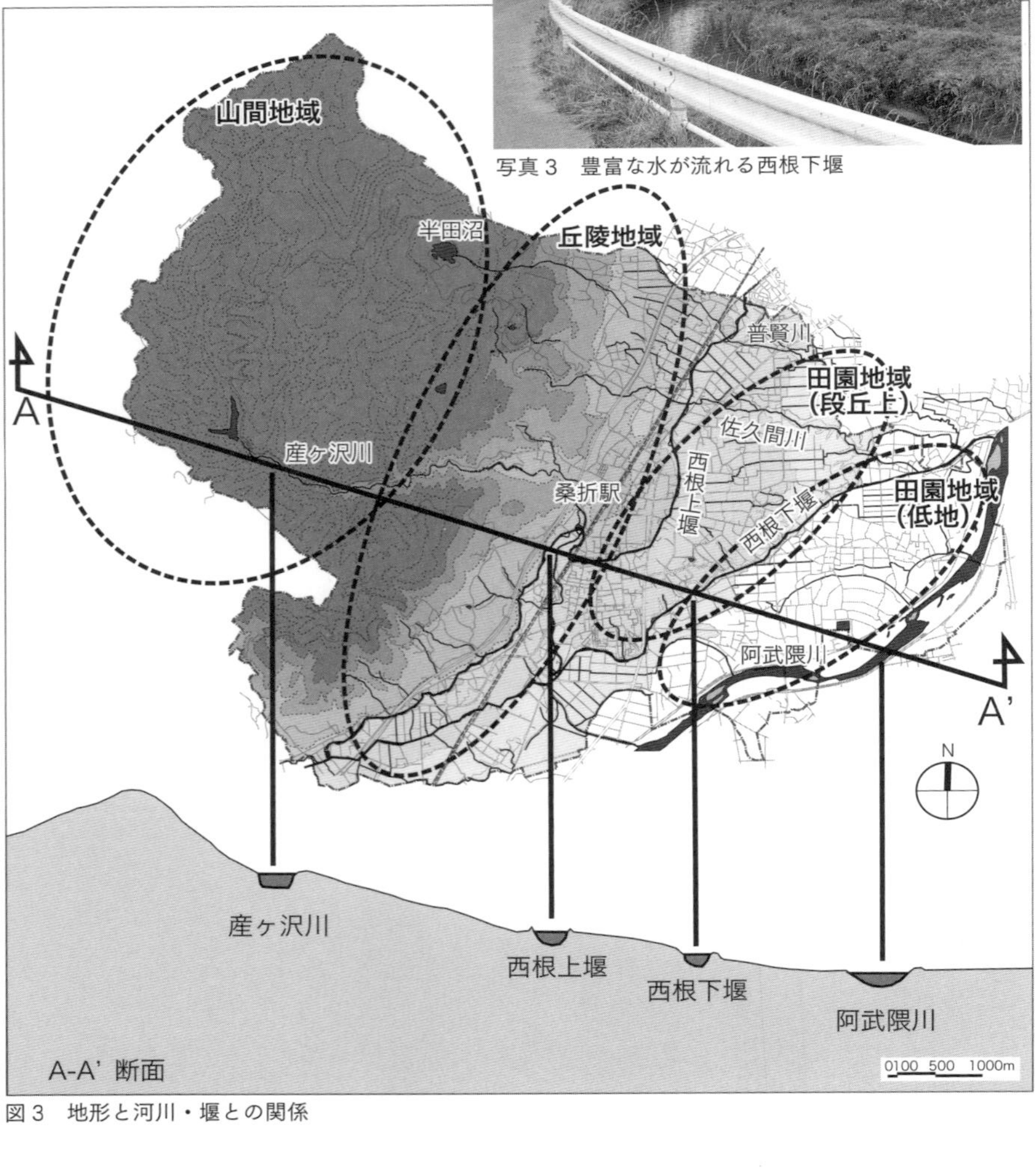

図３　地形と河川・堰との関係

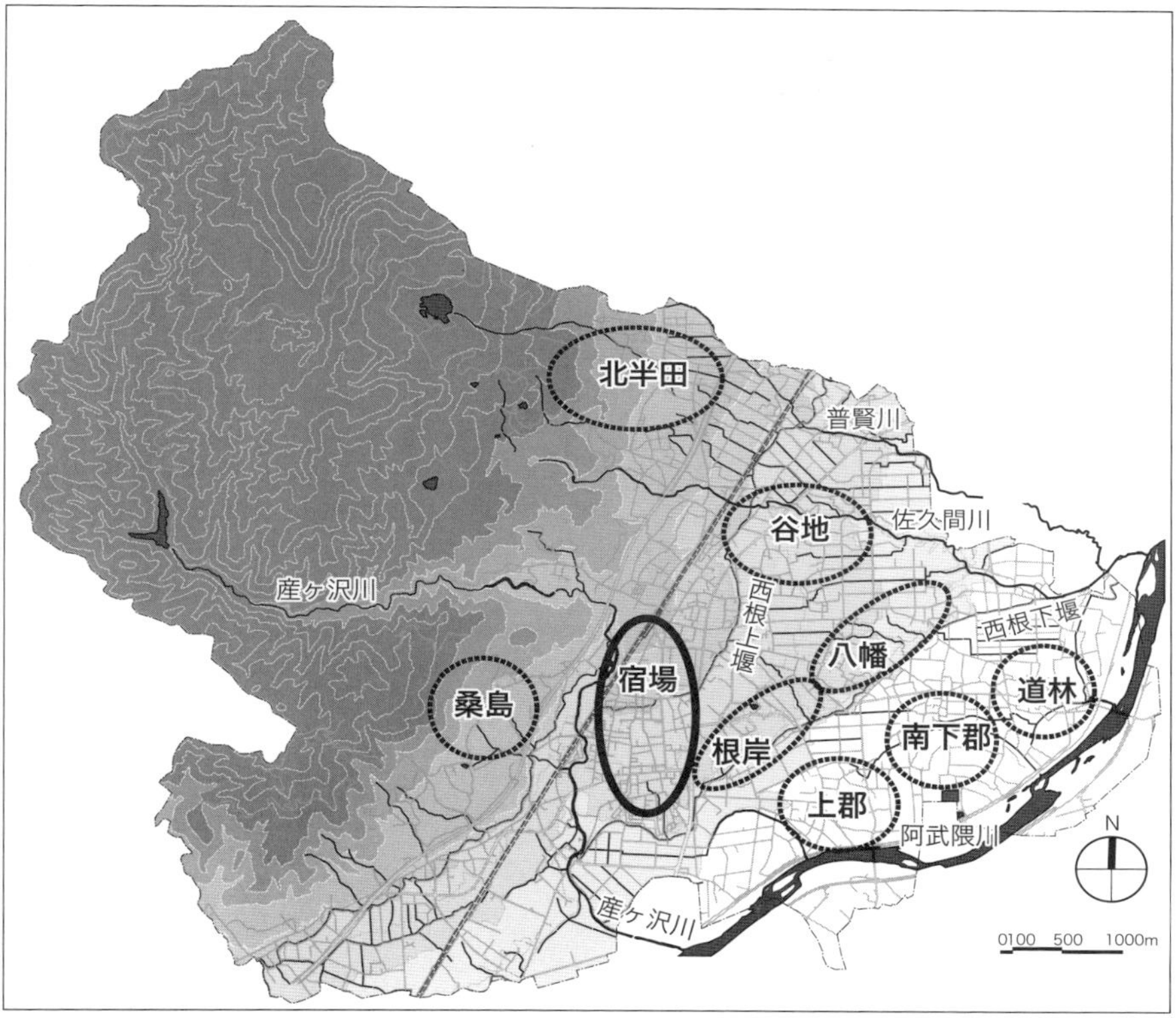

図4　桑折の特色ある八つの集落

沢川と源流を一つにする「普賢川」、普賢川と並行して流れる「佐久間川」である。この四つの自然河川に加え、一七世紀前半には二つの人工的な川、用水が整備された。西根堰と呼ばれる用水は段丘の上と下、上堰と下堰とに分かれ、水の得にくかった土地を潤した（図3、写真3）。

桑折町は主に特徴的な三つの地域、山地・丘陵地の「山間地域」、台地・段丘・扇状地の「丘陵地域」、谷底平野・氾濫原の「低地田園地域」に分けられる。それら三つの地域に特徴的な表情をもつ八つの集落と、一つの町場が立地する（図4）。八つの集落は、

写真 4　桑島の水田

山間地域の西山城周辺にある「桑島」、丘陵地域にある「北半田」、二つの河岸段丘に挟まれ、条里が敷かれた古い集落の「谷地」、河岸段丘上の平坦地にある「八幡」、河岸段丘下にある「根岸」、伊達崎と呼ばれる平坦地の三つの集落「上郡」「南下郡」「道林」である。特色を持つ集落がそれぞれ形成されてきた。

桑島は、山間地域に属し、主な水源として産ヶ沢川に下る沢筋の水を利用した。産ヶ沢川流域は、古代、中世を通じて領主の館やその関連施設が置かれており、産ヶ沢川の水を利用した農耕の発展はあまり見られなかった。だが、桑島では山間のわずかな平坦地に集住し、山間を水田化する棚田が古来からあった（写真４）。

北半田は普賢川を主な水源とし、桑島と同様に山間地域に属する集落である。古代以降の領主支配とは一線を画すように、普賢川の水を利用する独自の集落経営を永々と続けてきた。近世に入っても、西根堰（上堰）との関係は見られず、独特の風景構造をつくりだす。その近くを羽州街道が抜け、道が二股に分かれるアイストップの位置に豪農の屋敷が今も残る（写真５）。北半田の集落から半田沼に向かう山道が延びており、その先に半田銀山跡がある。

丘陵にある谷地は、佐久間川が主な水源である。北半田と同様に領主支配の影響をあまり受けず、豊富な水を活用して集落が維持されてきた（写真６）。谷地もまた、独特の田園風景をつくりだす。

写真５　北半田にある豪農の屋敷（早田家）

写真６　谷地の集落と水田

その他、低地集落である上郡、南下郡、道林は、西根堰が近世初頭に整備されてから水田耕作を主体とする場に変化した。そのなかで、「道林」だけは条里制が敷かれた古代からの集落である。

古代から中世へ移行する土地条件

中世の桑折には、白山神社（一一九五年）、桑折寺（一二九七年）、妙蔵寺（一三一八年）などの寺社が建立された（図2、図5）。地形に重ねると、中世の寺社は産ヶ沢川沿い、山間から山麓にかけて立地した。この産ヶ沢川沿いには、二つの中世の屋敷遺跡土井ノ内遺跡と坊ノ内遺跡が発見されており、この川沿いを起点に当時の支配者が桑折における土地経営に乗りだした。

伊達氏が拠点とした桑折西山城も産ヶ沢川沿いにあった。北側の産ヶ沢川の断崖と西側の河岸段丘を活かした城館が築かれた。自然の地形、水のあり様に即して、城も城下も自然地形の中に点在させてきた。中世伊達氏の城下町は道からは少し離れた東側の平坦地につくられた。

この城下近くには、広域を結ぶ古代の東山道が抜ける。駅馬・伝馬制により、連絡・物流・交通機関として整備されたこの街道は、近江から出羽に至る八ヶ国をほぼ直線で結ぶ。桑折町の付近では、成田宿〜産ヶ沢川〜万正寺村の村境に沿って西根上堰に至るルートを辿る。

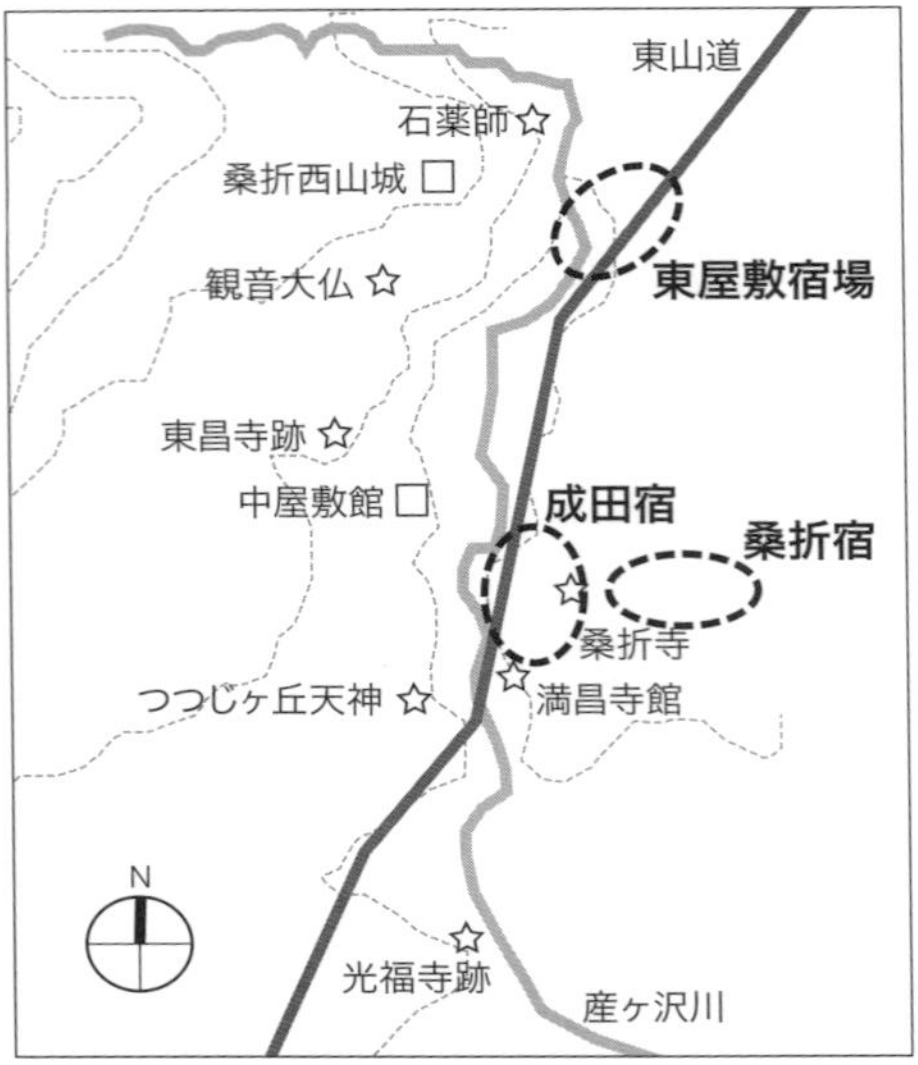

図5　中世の寺社・館と宿場の形成

東山道が直線路を採用したために山地・丘陵地の縁部分、あるいは谷を跨いで通過した。平坦な場所を選ぶ。道に沿って長く連なる宿の敷地を確保することが難しく、街道から少し離れたところに町立てが行われた。

宿場と街道の道筋の変化

桑折を通る近世の奥州街道は、一般に江戸から陸奥三厩《みんまや》（現・青森県津軽郡）までの里程を指す。参勤交代が制度化されると、街道の整備が本格化する。奥州街道の宿場となった桑折宿は、一五九〇～一六一五年の間に成立したとされる。その時、近隣にあった村落の民家を街道沿いに移し、宿駅が整備された。中世から近世にかけて成立した街道を現在辿ると、まず桑折寺に突き当たり、それを東に折れて西町に入る。伝来館からは北に折れて本町からのちの北町・上町の筋を北へ逆L字を描いて進んだ（図7参照）。

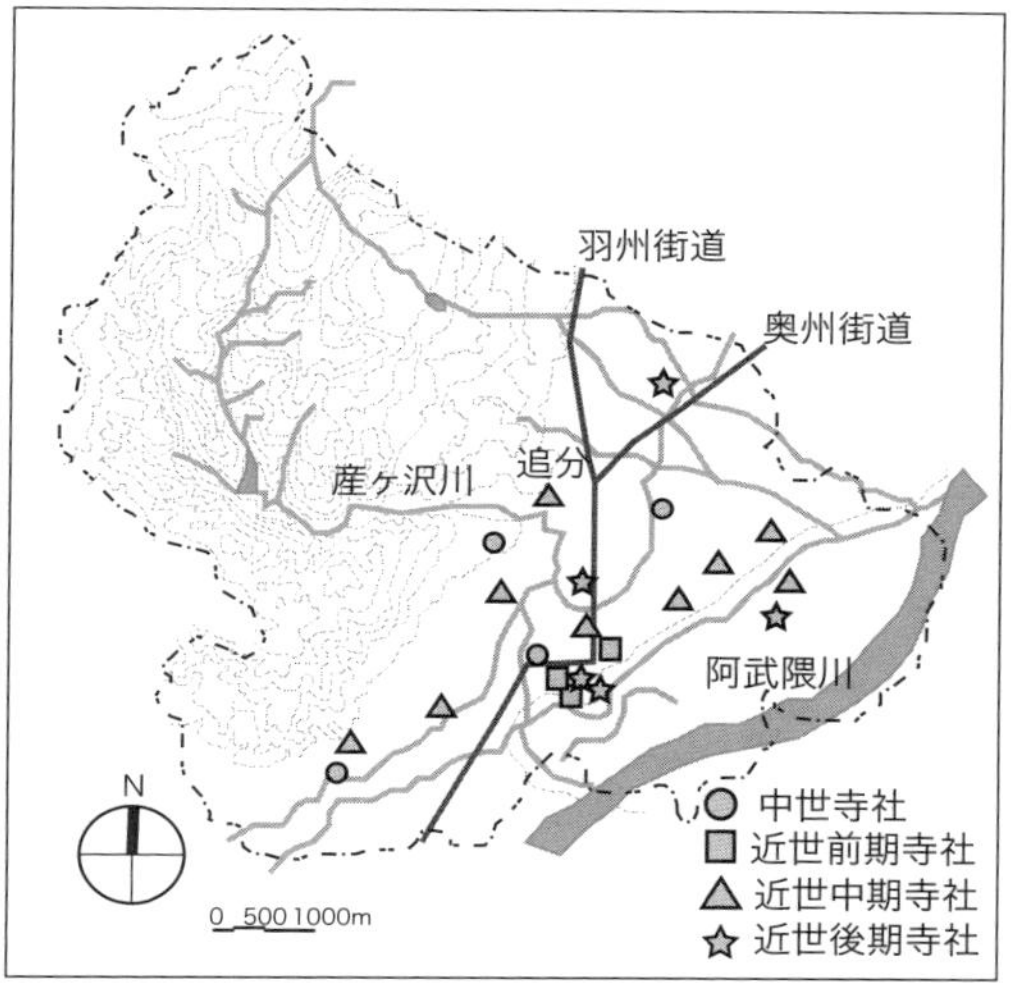

図6　創建年代別寺院の分布

近世に創建された寺社年代を見ると、街道を中心に建立された寺社と、東に広がる田園地域に建てられた寺社とがきれいに分かれる（図6、写真7）。田園地域では各集落の発展時期を確認する上で役立つ。堰の開発とともに、田園地帯の新たな展開と重なるからだ。近世後期から近代にかけ

写真７　無能寺

写真８　養蚕農家の建物

ては、中世・近世中期に見られるようなまとまりがなく、広範囲に創建された。さらに中世～近世～近代の寺社分布を重ねてみると、産ヶ沢川を源流とする山間地域を中心に扇形を描き、人々の生活の舞台も山から麓、低地、川沿いへ、地形の等高線をなぞるように低地へと広がったとわかる。

桑折を支えた養蚕・蚕種業

江戸時代の桑折を支えていた産業は、半田銀山による採掘関連の産業、年貢米と関連する米輸送の物流産業、そして養蚕・蚕種の産業があった。

養蚕・蚕種業は、京都への「登《のぼ》せ糸《いと》」の流通が明暦年間（一六五五～五八年）に開始された。育てた繭を売るだけでなく、生糸に紡ぐ技術が伝播され、西陣でも桑折の和糸・登せ糸が必要とされた。こうした生糸の需要増大を背景に、養蚕・蚕種業の中心地である川岸流域が洪水に見舞われない対策として、幕府によらない治水工事が進められた。元々暴れ川であった阿武隈川の治水によって洪水を防ぎ、その河川敷の荒地を開拓して桑を育てた。現在の産ヶ沢川沿いの桑折、阿武隈川沿いの上郡・下郡・根岸・道林周辺の桑折町、上流の伊達町、下流の国見町・梁川町が一大蚕糸業地帯となり、一六八八年ころには大きく発展する。養蚕にかかわった集落には今でも養蚕農家の建物が残る（写真８）。養蚕業は近代に入りさらに盛んとなり、駅に近い街道に面して蚕糸試験場が広大な敷地を占めた。

農村集落では桑の葉で蚕を育て、養蚕によって繁栄した。蚕糸試験場や周辺農村でつくられた蚕糸をもとに、町場では呉服が織られた。街道沿いの呉服商も栄えた。桑折の蚕糸は都市と田園を一体化させるものであった。

用水路の整備と水田の開発

阿武隈川を境にして東の方（保原、梁川）を「東根郷」、西の方（桑折、国見、飯坂）を「西根郷」と呼ぶようになった。西根郷は阿武隈川より土地が高く、水を引くことが出来ず、水の便が悪く水不足となりがちとなり、農民は日照りの害に苦しむ。しかも、領主である米沢藩は関ヶ原の戦いで敗れ、領地を減らされていた。そのため、領内開発の必要に迫られ、用水路の開削・整備が緊急課題となっていた。

米沢藩初代藩主・上杉景勝（一五五六〜一六二三年）の家臣・佐藤新右衛門（生年不詳〜一六三七年）が一六一八（元和四）年に摺上《すりがみ》川から湯野村（現・飯坂温泉付近）で取水し、延長一四㎞の用水路を建設した。これが湯野用水路であり、後の西根下堰となる。用水路の完成により周辺地域には新たな水田を開発できた。ただ、この用水により灌漑できる地域は段丘下にある西根郷の南側だけであり、その北側には用水の届かない地域が残された。それを解消するため、さらに上流の穴原から流水する用水路の計画がなされた。この計画の中心人物が佐藤新右衛門と古河善兵衛の二人である。一六二四

（寛永元）年から工事が開始され、一六三三（寛永一〇）年には穴原用水路（後の西根上堰）が開削され、段丘上の土地にも水が巡るとともに、宿場にも豊富な水がもたらされた。

(2)「水のみち」の仕組み

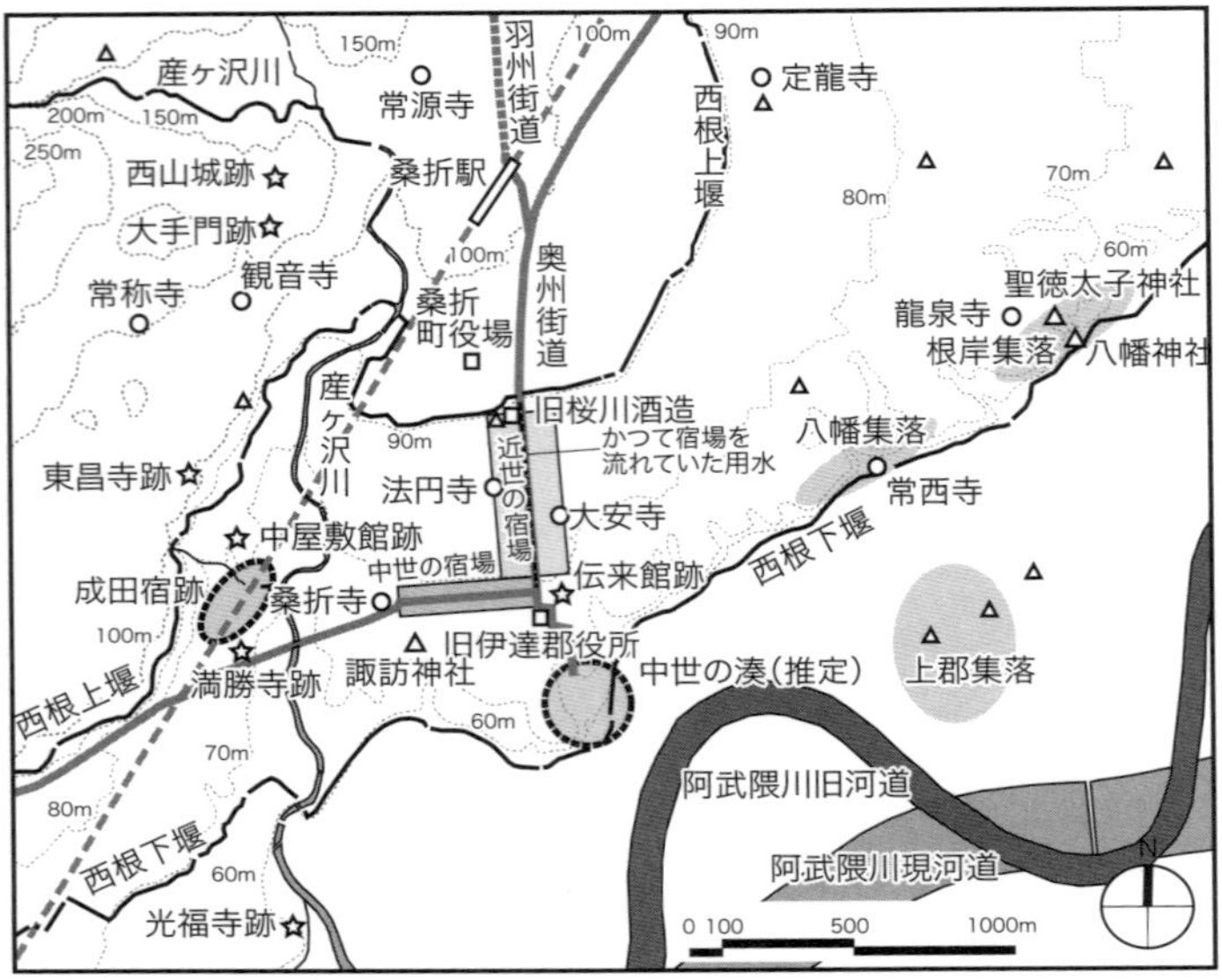

図7　桑折の構造変容の概念

水のみちがつくりだしたL字の街道

中世の時点では、西根下堰と上堰はまだできておらず、中世の水のみちは産ヶ沢川が主要な水源となり、北から南へ縦に流れていた（図7）。ところで、中世街道はどうして東西を軸にしたのだろうか。街道は南と北の都市間を結ぶ道であり、しかも川も街道と並行して流れていることから、街道沿いに宿場が成立しそうである。だがそうならなかった。それは桑折寺と伝来館の位置と、阿武隈川の舟運利用とが関係しているためであった。

桑折寺は、一八世紀に香林寺《こうりんじ》という表記になり、再び明治時代に桑折寺に改められたが、一二九七年に創建された古寺である。また、伝来館は桑折氏の居館として鎌倉時代に建てられた。桑折氏の力が強かった時期、桑折寺と伝来館を結ぶ東西のラインに道が引かれ、宿場が形成される。桑折寺はその道のアイストップの役割を担う位置に本堂が正面を向けて建った。さらに、阿武隈川の舟運を利用することで、広域との経済的なつながりを強化した。

中世を経て近世に入ると、街道は旧伊達郡役所で直角に曲がり、北上する。代官所の設置と半田銀山の発掘開始により北へ延び、産ヶ沢川に逆らうように成立した。それには代官所と半田銀山の存在だけでは説明不足で、他の要因があるように思える。その要素とは町場に流された用水である。町場の用水は中世まで主に産ヶ沢川の水を源にして引かれていた。その後、西根上堰が一七世紀にできてからは川と合流し、水量を増す。産ヶ沢川は縦方向に南下し、上堰は横方向に西から東へ流れることで、北西からの二つの水のみちが街道を潤した。

江戸時代に市街地を流れていた水路は上水路と下水路があった（図8）。上水路は三本に分かれて流れる。一つめの上水は街道の中央に配された。『桑折町史』によると、中央に堀があって常に水が流れており、防火用水として利用することが出来たという。この水路は上水路として、炊事のための生活用水・農業用水・防火用水など様々な用途に使われた。街道沿いに並ぶ民家の敷地は短冊状に長方形に割られ、それらの敷地の真ん中に二つ目の上水路が流れる。個々の敷地から利用できた。三つ目は街道沿いの民家を挟み、街道の一本裏側の道に沿って配された。

下水路は、一つは民家前面の敷地に沿って流れ、

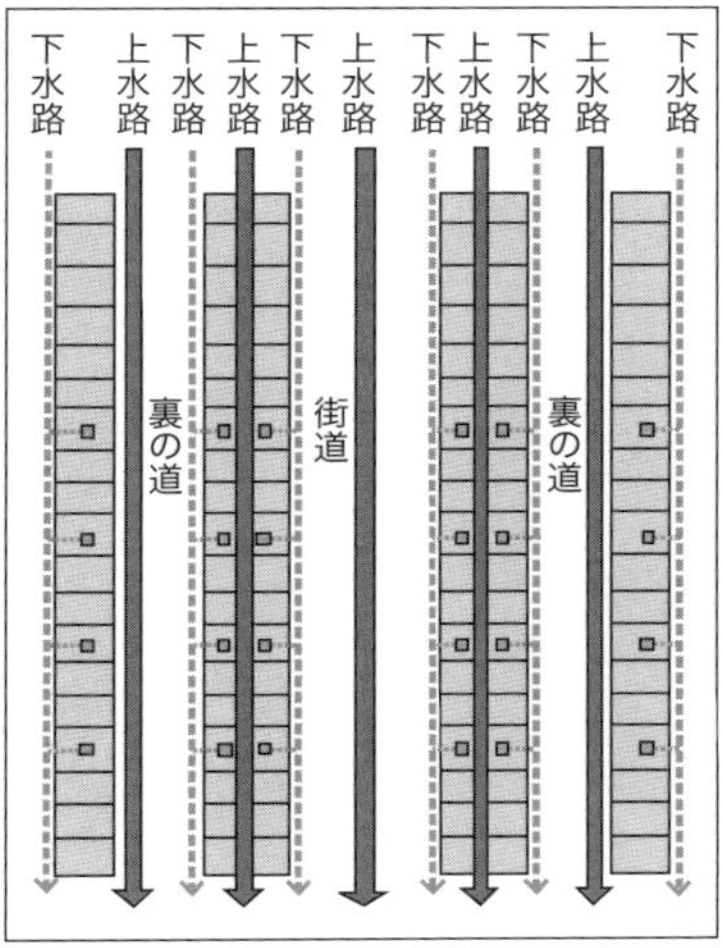

図8　近世に整備された町場の水路網システム

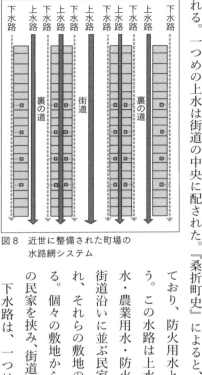

（右）写真９　旧郡役所から見た近世の街道
（上）写真10　町家と門

街道の両端で合流する。二つ目は裏の道の手前側に通された。市街は北から南に高低差があり、緩やかな斜面となっており、自然流下できた。

街道沿いの建物と敷地の関係

近世の街道沿いに建立された社寺をみると、大安寺（戦国時代の一五五八～六九年）、法円寺（近世前期の一六六二年）、無能寺（近世中期の一七三五年）と、南から北へ行くほど創建年代が新しくなる。近代の街道はさらに緩やかな上り斜面を北上し、奥州街道と羽州街道の分岐点である追分にたどり着く（写真９）。明治時代に鉄道開通により桑折駅ができ、福島蚕糸工場が新たに建設された以外、町並みには大きな変化はない。

街道沿いに分布する古い建物は、常に南側を開放的な空間にする工夫が見られる。街道の西側と東側は街道を挟み左右対称に建物配置がなされ、南向きに家屋を建てる原則があったと考えられる。日当たりがよいことや北の半田山から吹く強風から守るためであった。このパターンを基本に、南側に門を残しながら、内側に位置していた母屋が街道に面して立地

写真11　街道に面した店と蔵

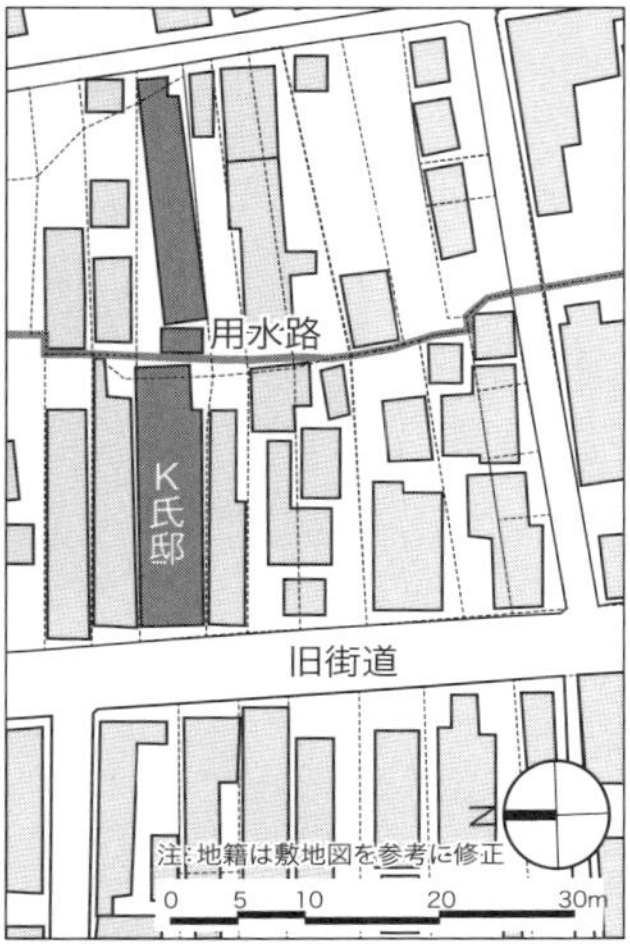

図9　町場の敷地と建物の関係

し、町家化する（写真10）。庭を縮小させて高密度化し、連続した町並みをつくりだす。さらに街道沿いの町家が高密化すると、門も消え、町家と蔵によって町並みの連続性が高まるようになった。

街道沿いは短冊状に敷地が割られた。『桑折町史』によると、街道の両側には間口の基準を三間とし、その倍数の六間、九間の幅で構成された。奥行きはその十数倍あり、そこに建物が奥に延びて建つと記されている。敷地内は、街道と直角に通路（路地）を設け、間接的に家に入る。町家の構成は街道に向かって店を構え、玄関から母屋に入る。さらに附属の蔵や物置が母屋の奥に建つ。敷地の中央を流れる水路を越えた先に畑があり、自宅で消費する野菜類を中心に農業をするスペースがあった。畑の一部を家作として長屋にしている例も見られる。

近世街道沿いに立地するK氏邸の住宅は、かつて蚕問屋を営み石田屋と名乗った。この家の屋敷取りは街道に面して平入の見世蔵と門があり、土蔵の奥に母屋が配された（図9）。母屋に並ぶように蔵や倉庫が配置され、その奥には長屋がある。長屋の前の残った敷地には畑が設けてある。母屋と蔵の間には水路が通っており、生活用水、農業用水として今も使われていた。水量は豊富である。敷地

写真 12　母屋と観賞用の池

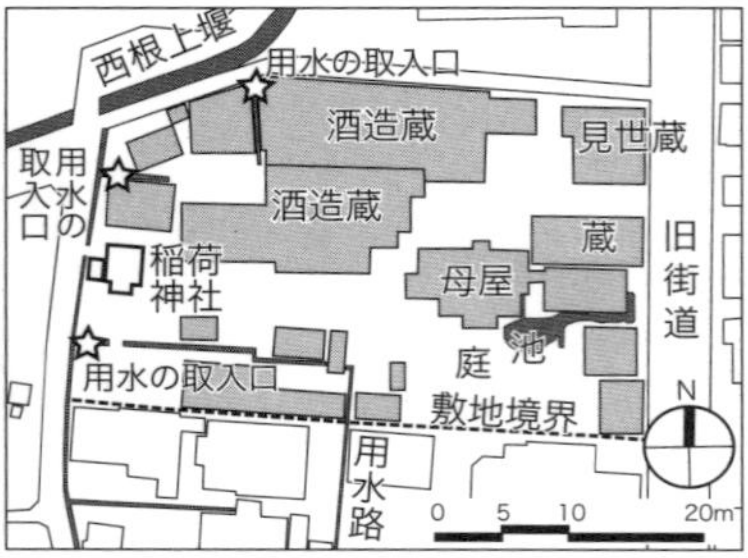

図 10　旧桜川酒造の屋敷配置と水路システム

内には井戸があり、水をふんだんに使える豊かな暮らしを想像できる。

街道に沿った西側にある旧桜川酒造は、街道筋に面して店と蔵が並び、その間の通路を入っていくと奥に酒を醸造する蔵がある（写真11）。敷地内に引き込まれた用水は様々な目的で使われていた（図10）。旧桜川酒造では、用水整備に巨額の金銭を工面しており、西根上堰の水利権を得て多くの水を引き入れることができたという。用水の取水口は三ヶ所ある。酒造の西側には立派な屋敷稲荷神社があり、その横を西根上堰の支流が流れる。神社の池を潤してから、敷地内に導水される。敷地の南西を屈折しながら流れる用水は石組みである。敷地内に引き込まれた用水は、池のある緑豊かな庭園をつくりだした。

他の二ヶ所は旧桜川酒造で個人的に取水する。敷地内には井戸があり、その水を溜めて敷地内に分配した。敷地内を流れる水は、炊事・洗濯に使われる生活用水のほか、田畑を育てる農業用水、稲荷神社の参道下を通る聖なる水、観賞用の池や庭園を潤す遊びの水など、多様な水の使われ方をする（写真12）。

4　起伏のある河岸段丘に成立した用水路が巡る町――吉井

写真1　用水で遊ぶ子供たち

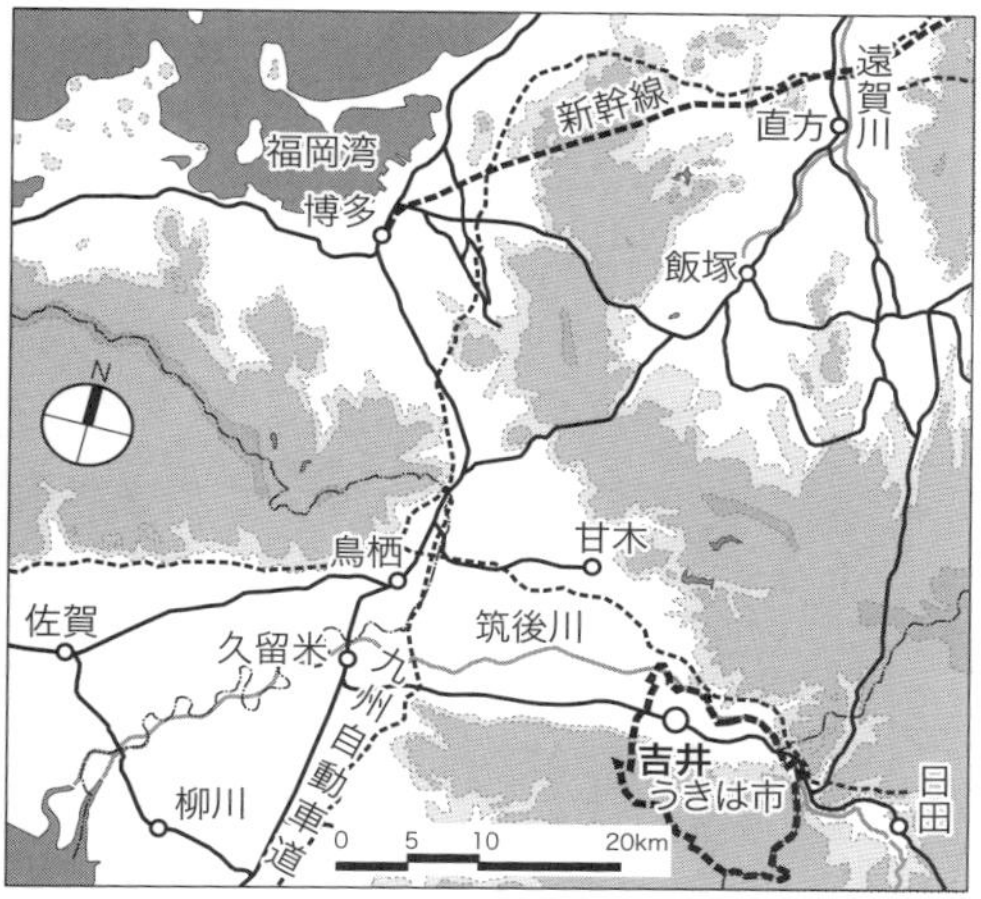

図1　吉井案内図

日本人は自然とうまく付き合い、水のある風景を美しくかたちづくる術を心得、実践してきた。ただ、「水のまち」と謳われた多くの都市や町は初めから水に恵まれた土地に誕生したわけではない。豊富な水が近くを流れているとしても、地形形状からその水を潤沢に使えない状況からの出発も少なくない。用水がめぐる町・吉井（現・福岡県うきは市）もその一つに数えられる（図1）。吉井は城下町・久留米と天領・日田に挟まれ、宿場町として江戸時代に発展した。土蔵造りの豪快な町並みを誇る。風土に馴染む水の流れと町並みは、今日まで訪れる者に感動を与え続けてきた。

歴史を積み重ねてきた町を旅する人にとって、土地に刻まれたその深部を瞬時に捉えることは難しいとしても、用水で遊ぶ子供たちの笑顔と歓声に、今も続く水との長い付き合いのパワーを直感させる（写真1）。最初に出会ったこのシーンは、吉井にのめり込むに充分なプロローグであった。

(1) 水の構図をつくりだす歴史

筑後川と耳納連山に抱かれて

写真２　吉井の町並みの俯瞰

吉井は、南に耳納《みのう》連山があり、北に筑後川が横たわるように流れる。筑後川の北側にも山並みが迫っており、これらの山々に包まれた比較的平坦な土地を選ぶように吉井の町がかたちづくられてきた（写真2）。耳納連山は熊度山《くまわたり》（九六〇m）、鈴ノ耳納《すずのみのう》（九三一m）、鷹取山（八〇二m）の八〇〇〜一千m級の山々からなり、それほど高い山並みではない。耳納連山に降った雨は、大地にしみ込み地下水となり、湧水からの水の流れが美しい棚田風景をつくりだす。中世までは人々の営みもこの山麓あたりにあり、豪族・星野氏の城下町が地域の中心であった。

眼下に横たわる水量豊富な筑後川は「筑後次郎」と呼ばれ、利根川、吉野川とともに「日本三大暴れ川」の一つに名を連ねる。現在の夜明《よあけ》ダムがある辺りからは両岸の丘陵が迫り、「獺の瀬《うそのせ》」と呼ばれる急流となる。その下流、筑後川流域の平坦地は三〇〜六〇ｍの差がある傾斜地で、三〇mの高低差が流れの所々に瀬をつくる。「獺の瀬」の渓谷の下流に位置する浮羽と吉井の平坦地は、大水《おおみず》のたびに濁流が流れ込み、それらの水が幾筋もの流路をつくりだした。地表が帯状に削り取られ、その繰り返しが複雑な微地形を大地に刻み込む。土砂を削り取られた低地部は水に浸りやすい不安定な場所となる。ただ、微高地には「日の岡」などの古墳が点在し、古くから人々の営みの場であったことを物語る。

筑後川の本筋は、大量の水が長い年月の間に川底を抉《えぐ》り、水位が低い。そのため、平常時は周辺の平坦地が乾く土地となった。戦国時代を終えるころ、中世城下町の商業機能が耳納連山の山麓から交通の便のよい吉井に移る。その周辺にあった浮羽・吉井の農村はほんの一部の水田と畑地を除けば、大半の土地が雑木林に覆われた未開地であり、その後の町の発展や豊かな田園への期待は薄かった。そのため、人々の営みの中心はまだ耳納連山山麓の山間に残り続けた。

寛文期の用水整備

浮羽・吉井の平坦地一帯が美しい田園風景となるには、多くの人たちの血の滲む努力を経る必要があった。「五庄屋」と呼ばれる旧江南に住む五人の庄屋と農民たちの協力によって、一六六四（寛文四）年に大石・長野水道が開削されてからである（図2）。大石と長野に堰を設けて筑後川の水位をあげ、開削された用水に流す方法が取られた。その後も拡張工事が一六六七（寛文七）年まで続き、大石下流の荒れ地に水が供給され、七五町歩（七五ha）の水田をつくりだすことができた。

一六七三年には現在の夜明ダム付近から一部トンネルを掘り抜いて整備された袋野用水が完成する。この用水整備では、大石水道の整備で恩恵を受けなかった大石堰の東側（現・浮羽町の山北、三春、高

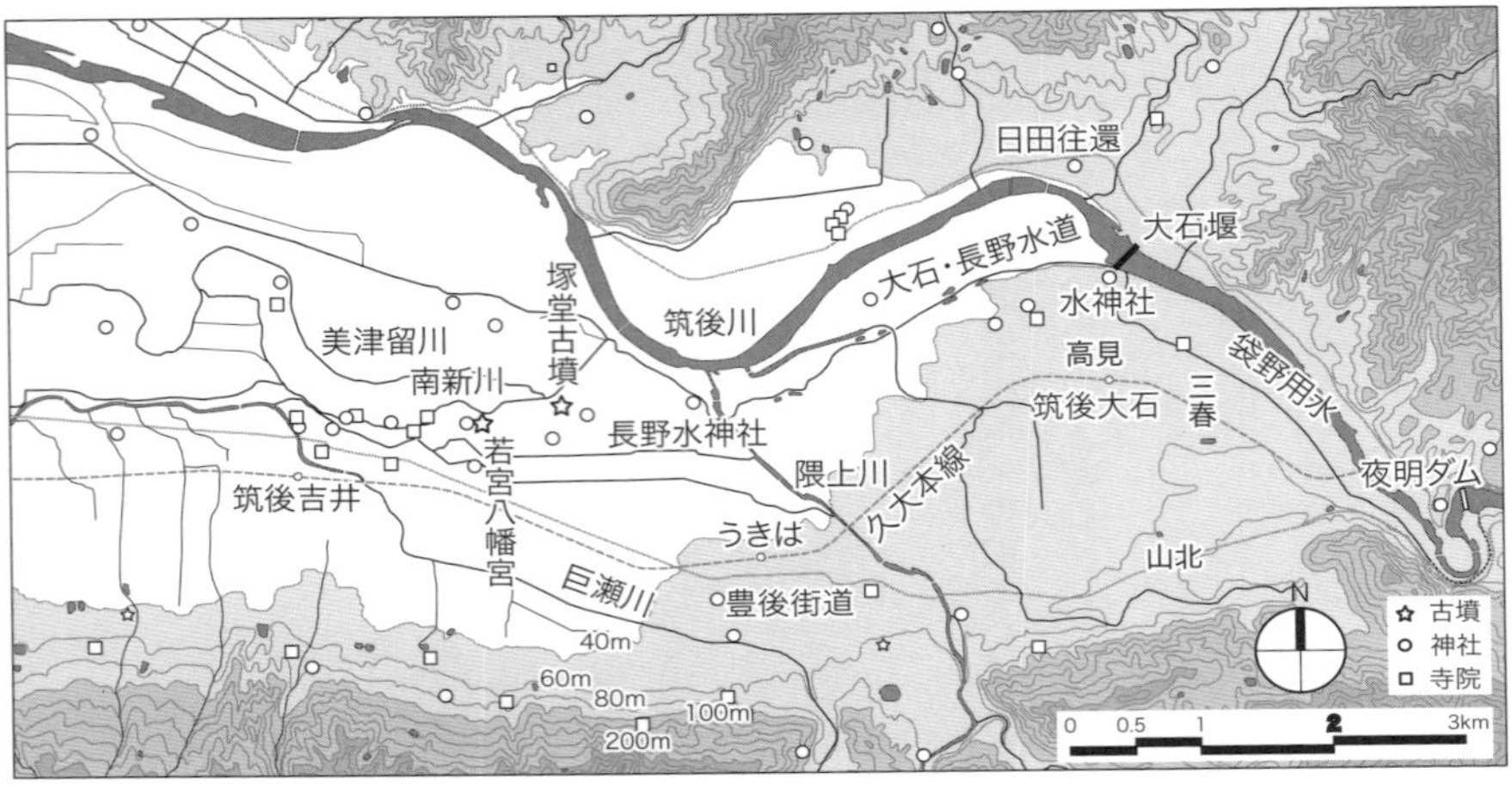

図２　吉井・浮羽の河川・用水の現状

見など）にも充分に水が供給された。七七町歩（七七ha）もの新田が新たに誕生する。

この一連の事業が吉井を日本有数の穀倉地帯にした。しかも、乾いた地表を潤す用水の水は田園だけを流れていたわけではなく、江戸時代に入り宿場町として発展する吉井の町場にまで満遍なく及んだ。

宿場町としての吉井

吉井町は、周辺の豊かな穀倉地帯を背景に米、野菜などの商品作物、酒造、製蝋、製油などの加工品を扱う、商品経済を動かす在郷町として、江戸時代を通じ繁栄した。そして、「吉井銀《よしいがね》」と称される金融活動にも積極的に乗り出す。

このような潤沢な経済環境は一七四八（寛延元）年、一七五五（宝暦五）年、一八六九（明治二）年に三度起きた大火を乗り越え、「居蔵屋《いぐらや》」と呼ばれる土蔵づくりの重厚な建物群を建てていき、美しい町並みを維持した。特に一八六九年の大火では茅葺きから瓦葺塗屋造が普及し、大正期にほぼ現在の町並みに整えられ

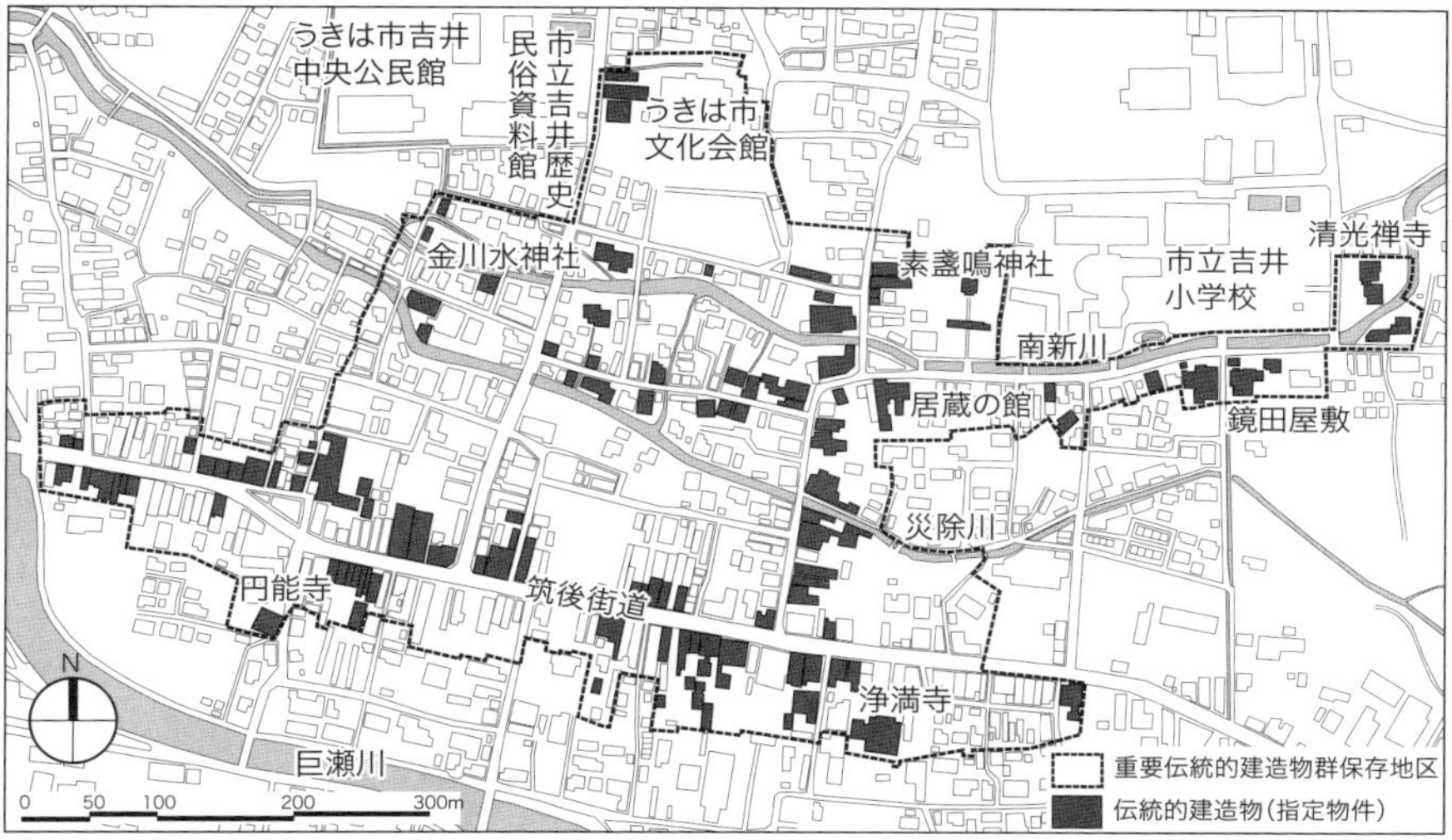

図３　伝統的建築群の分布

た（図３）。

吉井の伝統的建築の特徴的な様式は切妻面の一階と二階に庇を設けたことだ。正面ファサードは大きく三つに分類される。一つは、外側に木部を見せないように柱や軒裏まで漆喰で塗り込められ、腰壁をなまこ壁にした建物である。二階の開口部も鉄の扉にし、火災から完全に守られた。二つは、漆喰部分が減り開口部に格子がはめ込まれ、開放的なつくりとなった。このケースは完全な防火型の建物ではない。三つは、二階部分も漆喰で塗り込めることがなく、柱が見える真壁造りとなる。比較的延焼の恐れが少ない、隣棟間隔の開いた町家や屋敷に多く見られる。

(2) 町中を流れる用水の巧みさ

南新川とその周辺の水辺風景

町中を流れる吉井の用水は、主に筑後川から取られた。袋野用水、大石・長野水道に導かれた水

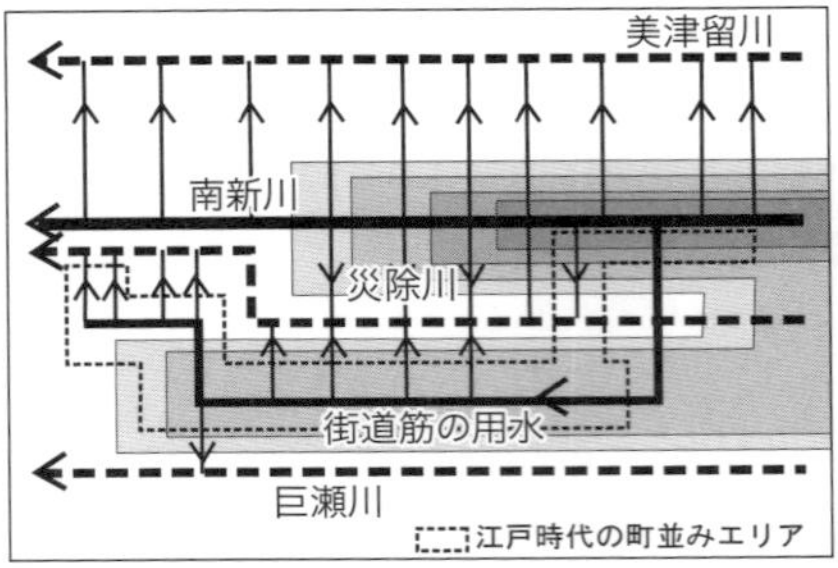

図４　町中を流れる用水システムの概念図

写真３　南新川から分水される用水

は、南新川、災除川《さいのきがわ》、美津留川などいくつもの用水に分水されて、吉井の町をきめ細かくめぐる（写真3）。分水の方法は土地の高低差のあるあたりが分水のポイントとなる。そこに堰を築き、分配する水の量が調節された。

南新川は最も高い土地を選ぶように開削され、その流れは真っ直ぐではない（図4）。何か生き物のように、緩やかに下る勾配を利用し、曲がりくねり、遠くへと水を運ぶ。中世以前からの道筋と戯れるように周辺や下流に水が送られる。微高地を流れる南新川沿いには、古墳時代中期（五世紀半ば）の月の岡古墳（若宮八幡宮境内）と古墳時代後期（六世紀ころ）の日の岡古墳が並ぶように位置する。その後は歴史を継承する若宮八幡宮など、多くの寺社が立地した（写真4）。

南新川の用水脇に沿う道が吉井にとって古くから人や物の行き交う重要な動線であったことも、水の流れに導かれて歩くとわかってくる。水を大切に保持する人たちの願いは一八四二（天保一三）年に金川水神社の建立となってかたちにあらわれる（写真5）。水神社がある周辺一帯は「金川」の地名がつけられた。一説によると「金を生み出す川」ということから名が付けられたといわれる。確かに、この辺りは高低差があり、南新川から分水さ

（上）写真４　南新川に面して立地する若宮八幡宮
（下左）写真５　金川水神社
（下右）図５　用水と水車

れた支線用水も多く、水の流れが早い。動力としての水車も江戸時代からこの辺りに多く分布していた（図5）。

写真6　用水沿いの緑地空間

三つの用水（南新川、災除川、美津留川）の異なる役割

微高地を選んで通された南新川は、浮羽・吉井の田園と町場に水を供給する基幹となる用水であり、最も重要な存在であるかのようにまとまった緑が川に沿って分布する。素盞嗚《すさのお》神社の境内は豊かな杜を維持し、護岸沿いの家々はつとめて木々を植える配慮がなされた（写真6）。緑の環境を維持するために、南新川沿いは道を通すことをせず、南新川と道との間はゆったりとした広い敷地が用意されており、江戸時代から大きな屋敷地が町並みをつくりだす。

南新川は塚堂古墳辺りで美津留川に分水し、さらに先では北と南にある支線用水に細かく分水された。現在ではこれらの支線用水が埋め立てられて機能していないものも多い。

南新川はその川幅を広げ、あるいは狭くすることで、自在に水の流れを早くも遅くもして流れのスピードに

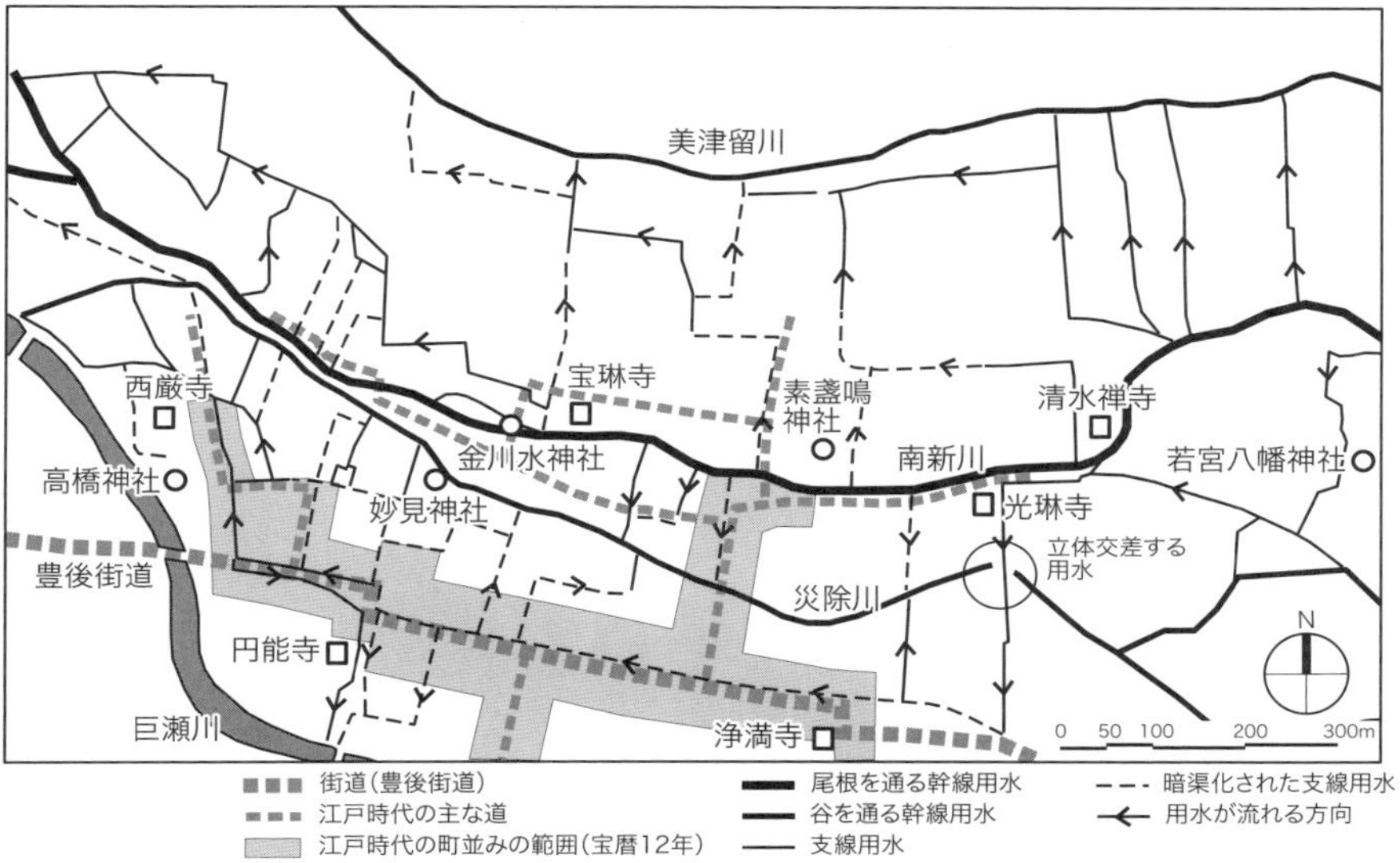

図6　三つの用水の役割と江戸時代の町場

変化をつける。水の流れに勢いをつけることで、水をより遠くへ送りだせる。水を動力源とする水車は水の流れが早いほど激しく回転し、機能がアップする。先人が知恵を絞ってつくりだした人工の川である南新川は、自然とうまく折り合い、自然の恵みを上手に配することで水を利用してきた。

南新川が分水嶺となり、高い場所から北側と南側にそれぞれ豊富な水が振り分けられ、町中を迷路のように抜ける。一方、災除川、美津留川は町中に入ると低い場所を選ぶ。自然の旧河道跡の低地をなぞるように整備され、南新川から幾筋にも分かれた用水の支流を受け止める（図6）。

吉井の町中を流れる三つの用水（南新川、災除川、美津留川）は明確に異なる役割を担って流れていた。南新川が水を供給する用水であるとすれば、災除川、美津留川は町中を巡った水を受け止める川である。ただ注意しておきたいことは、南新川が上水で、災除川と美津留川が下水の役割をしているわけではない。それは、あくまで現代都市の上水・下水の考え方であり、吉井を流れる水は単一機能を担わされ、管理された現代都市の水ではない。三つの用水は場所場所で使われる水の利用目的を多様に変化させながら循環し、役割の一端をそれぞれが担う。災除川、美津留川に流れ込んだ水も、捨てられる水ではなく、用水として田園を潤す水である。生きた水が災除川、美津留川に再び戻されたに過ぎない。最後に生きた水として、再び筑後川に返す考えが吉井の水システムにはある。

宿場町を潤す用水

南北に通された支線用水の一つは、光琳寺と鏡田屋敷の間を真っ直ぐ北から南に延び、途中災除川と立体交差して、さらに先にある近世に整備された豊後街道沿いの宿場町に至る（写真7）。災除川は、南新川より低い場所を東から西に流れることから、街道沿いの宿場に至るには小さな水道橋を架ける必要があった。用水は、商いで儲けた人たちがこぞって建てた「居蔵屋」と呼ばれる土蔵づくりの町並みに沿い、あるいは敷地内を流れ、町を潤す。今は蓋をされているが、水の流れる音は聞こえてくる。わずかな隙間を覗き込みながら流れを追うと、今度は逆に街道筋から北に向かい、何本もの水の道が災除川に流れ込

写真７　町場に向かう用水

む。町をくまなく歩けば、用水の流れは町が微妙な地形の起伏を上手く活かし、つくられてきた仕組みを教えてくれる。

豊富な水をたたえる用水とともに、各家に設けられた井戸がセットになって、吉井における水の構図は完成する。耳納連山にしみ込んだ雨水は地下の水みちを辿り、吉井へと至る。この町の地下には豊富な伏流水が自然の恵みとして仕込まれており、町場の人たちが充分に使えるだけの飲料水を井戸から得られた。そのことが水のまちの魅力をさらに昇華させる。

町を巡る用水は幅も水量も異なる。各々が別の役割を担いながら、町の細部まで用水は水を供給する（写真8）。この毛細血管のような細部の水路こそが、現状の町の文化度のバロメーターとして表現されていると感じる。

写真8　町の細部まで運ばれる用水

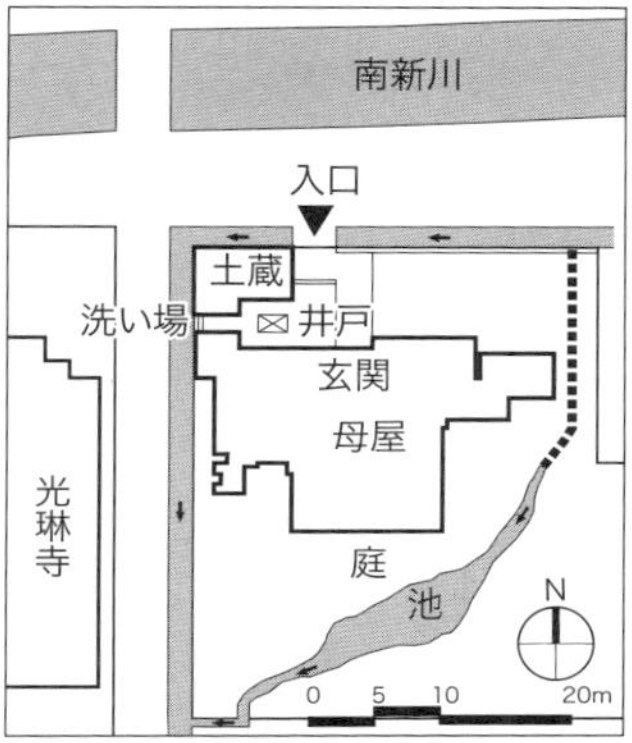

図7　鏡田屋敷の略図と用水の流れ

(3) 井戸と用水が織りなす水辺空間の創造（鏡田屋敷）

南新川沿いにある鏡田屋敷は、一八六三（文久三）年に建てられた屋敷型の「居蔵屋」の建物である（図7）。吉井では、唯一現存する江戸時代の屋敷型の建造物となる。一八九三（明治二六）年に、郡役所の官舎として奥が増築され、今日に至る。

写真９　鏡田屋敷の敷地に沿って流れる分水された用水

写真10　鏡田屋敷への入口

屋敷の塀に沿って分水された水は、北側と西側を巡って流れ、魅力的な水辺風景を演出する（写真９）。玄関は北側にあり、南新川沿いの道から入る。敷地割りの基本は東西に短冊状に割られた。道に沿って南側に位置する敷地は道側に屋敷を寄せ、南に面する奥の敷地が庭として充分に取れるように配された。鏡田屋敷も同様である。

入口からは、玄関に真直ぐアプローチしていない。一度左に折れてから玄関の前に立つようになる。また、用水が敷地に沿って流れていることもあり、井戸や洗い場は玄関脇に配置された（写真10、写真11）。本来、井戸などの水廻りは玄関から離れた屋敷の奥に置かれるのが一般的であるが、鏡田屋敷は特殊なケースである。ただ、水とのかかわりの面からいえば、吉井らしさをあらわしているように思う。

水路を辿り邸内に引き込まれた南新川から

写真 11　玄関脇に置かれた井戸

写真 12　用水を引き入れた庭園の池

の水は、自然の地形の微細な高低差を利用して流れをつくり、動的な景観要素として庭を彩る（写真12）。このような光景はどの家の庭にも見られるわけではない。分水された用水が脇を流れているからこその工夫だが、微細に高低を変化させる土地の特徴をうまく水の演出に変えていく。水の流れを追うと、旅する水は再び水路に戻り、別の役割へと移行する準備を始める。

　敷地の外を流れる水路は屋敷に沿って直角に南に折れ曲がり、吉井のどこでも見かける階段状の洗い場の脇を通り抜ける（写真13）。表からは見えづらい景観上の配慮がされた場所で、かつては日常的な生活風景が繰り広げられていた。表と裏の異なる舞台が角度を変えることで無理なく同居する。その水が庭園内を巡った水と後に合流し、街道沿いの宿場町を目指す。

　吉井の用水は、幾度も異なる役を演じ、旅

写真 13　階段状の洗い場の脇を通り抜ける用水

する水を使いこなす。それぞれの場所での配慮が町と田園の一体感を生みだす。なかでも、枝葉として町に延ばされた小さな水路たちが、田園との共同作業として吉井の町の魅力を表現し、個性を培う原動力となっていたことに気づかされる。今は見過ごされがちなこれらの空間が日本の都市文化を察知するバロメーターの一つであることに気づきたい。

第3章 港町

1 地形と港町のかたち

「津々浦々」といわれるように、日本の港町は海岸線にきめ細かく立地してきた。江戸時代中期にはそれらの湊（港）がネットワークされる。港町がどのような場所に成立し、地形上の制約条件を克服して発展してきたのか。それらの成立過程を調べるとその多様性に驚かされる。ただ、そこには港町を立地させた共通の基本条件がいくつかあることにも気づく。港町の風景を思い浮かべると、背後からの風を避けるように、山に囲まれた小さな入江の奥、小さな沢が海に流れ込む地形を描ける。わずかだが平坦な土地に港町の原型となる集落が成立する。海に近く、潮が混じった強風に曝《さら》される悪条件から、この自然の基本地形に加え、港町の立地条件を良好にする地形のあり様が港町の選定条件に加わる。船が出入する入江の奥に成立する港にとって、よりよい地形形状とは、海側からの波風を和らげてくれる入江を取り囲むように海に向かって延びる自然の波止《はと》、あるいは前島の存在だ。これがよりよい港町の環境を生みだしてくれる。

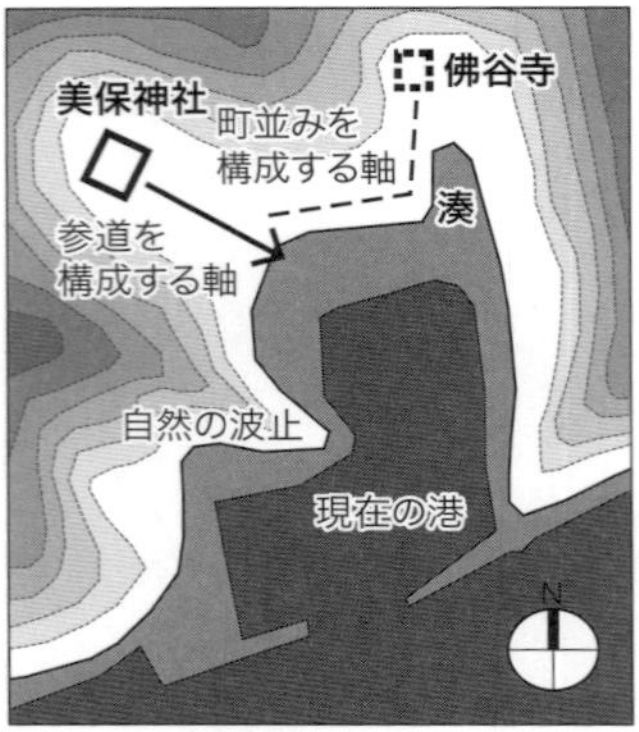

図１　古代美保関の空間イメージ

(1) 古代港町の地形状の立地条件

湾を波から守る自然と人工の波止

自然の波止が海に突き出し、小さな湾の奥に湊が形成される港町のケースとして、『出雲國風土記』に記載される古社、美保神社のある三保関（島根県三保関町）が思い浮かぶ（図

（右）写真１　入江に向けられた三保神社の参道
（左）図２　自然の波止に守られた真鶴の港
〈大正期の絵葉書〉

1）。港町の歴史が古ければ古いほど、津波、高潮などの自然災害を克服し得る立地環境の基本が自然の波止である。美保神社の位置を確認すると、自然の波止に守られながら、直接海からの波風を受けないように、左側に折れ曲がった少し高い場所に位置する。自然の脅威を千年以上の間幾度も体験してきた知恵が空間配置としてあらわれる。三保関は、港町の持続的な維持という面では基本のかたちとなろう（写真1）。自然の波止の内側に小さな入江をつくりだす地形形状で守られた港町は、他にも佐渡島にある宿根木《しゆくねぎ》（現・新潟県）、真鶴半島の根元に位置する真鶴《まなづる》（現・神奈川県下足柄郡真鶴町）、雄勝《おがつ》半島の先端近くにある熊沢浜（現・宮城県石巻市）などがあり、これらも古くからの歴史を紡いできた（図２）。

　自然の波止と小さな入江は、海進海退を繰り返すなかで海岸線のかたちを変え、港町が立地する場所も変化させるケースがある。その一例として鞆《とも》（広島県福山市）を挙げることができる。近世初頭から、土木技術の飛躍的な進展とともに、江戸時代中ごろには石を組み上げた人工の波止を築けるようになる。人工の波止を海側に延ばすことで、波静かな人工の湾をつくりだし、浅瀬となり機能しなくなった古代・中世の

（右）図3　江戸時代に築かれた鞆の波止〈昭和初期の絵葉書〉
（左）写真2　尾道市街から見た向島と水道

湊と町を移動させる（図3）。築かれた人工の波止は、江戸時代に新たに港町を拡大成立させる重要な要素であるとともに、現代の港湾整備にもつながる。

前面からの高波を阻止する前島

背後からの強い風を避けるために、丘陵の斜面地に港町を立地させることが基本としても、それを補強する自然地形としては、前面からの強い風を遮断してくれる前島の存在がある。前島を持つ港町として、尾道（広島県）、牛窓（岡山県）、御手洗（広島県）、室津（兵庫県）、伊根（京都府）などが挙げられる。自然にかたちづくられた前島は多様である。一つ一つのかたち、大きさ、位置などが異なる。前島は風や波を遮ってくれるだけでなく、港町の空間形成にも大きく関わり、港町独自の空間をつくりだしていった。

尾道は、前面に巨大な向島が横たわり「水道」として安全な航海を保証してくれる（写真2）。牛窓は最初に港町を形成した本町、西町の向かいに前島が位置する（写真3）。港町として発展し、朝鮮通信使を迎える港町として繁栄する江戸時代、牛窓の市街は主に西側に拡大した（図4）。前島の恩恵を受けられない新市街には新たに人工の「一文字波止」が一六九五（元禄八）年に整備され、町

写真３　牛窓と前島

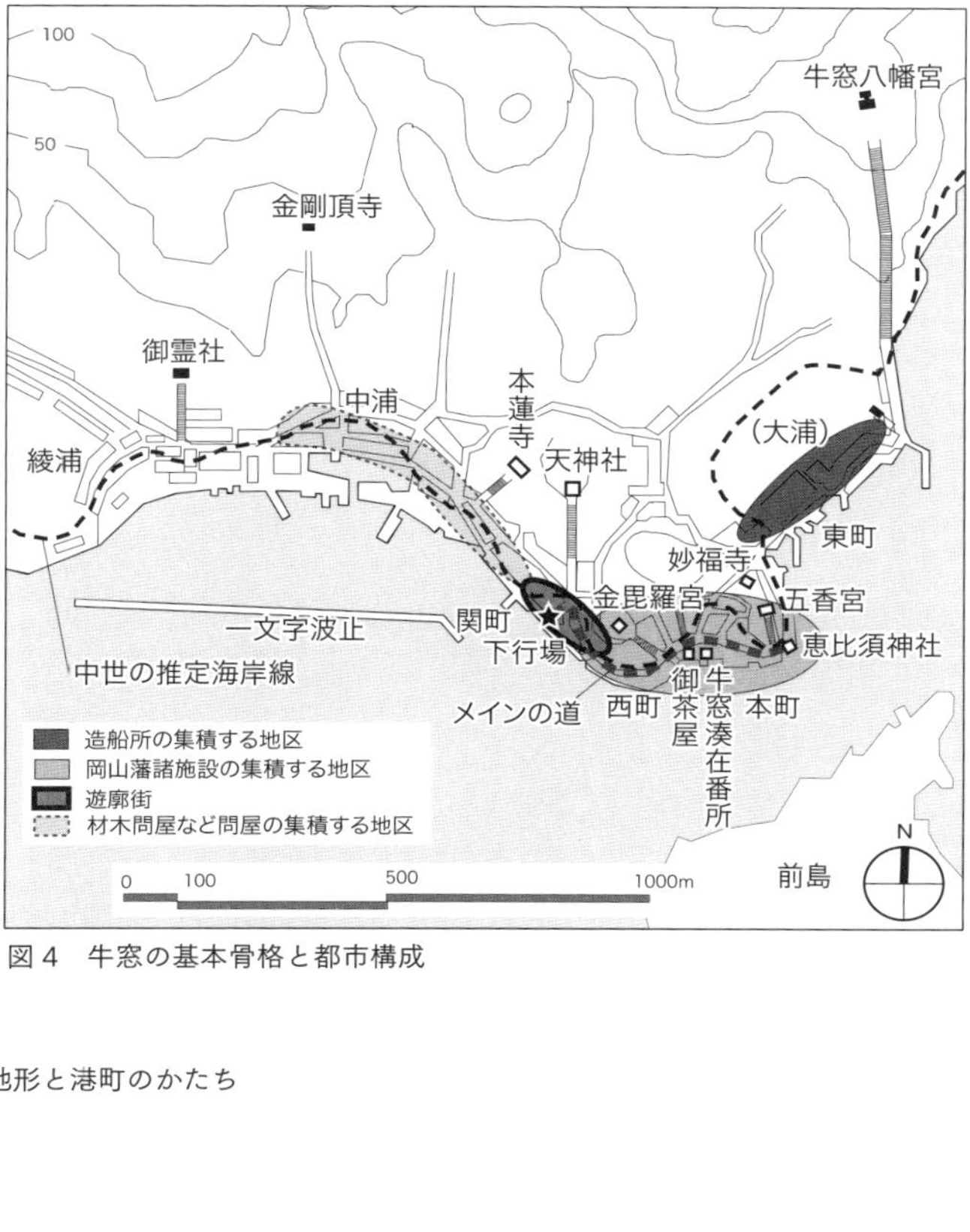

図４　牛窓の基本骨格と都市構成

写真4　伊根の青島

写真5　室津の賀茂神社

の繁栄を支えた。

前島は、自然の猛威を回避するだけでなく、信仰の対象でもあった。室津と伊根の前島は、神が降臨する神聖な場所となっていた（写真4）。伊根の前島である青島は現在もその聖域としての存在を保ち続けるが、室津の場合は前島が時代とともに変化した。

前島と波止が織りなす室津の原風景

室津は、朝鮮通信使の日本来訪、あるいは江戸に赴く大名の寄港地として、江戸時代に大いに繁栄する。近世には水際を埋め立てて短冊状に規則正しく敷地割りがなされ、家々が連続して並ぶ町並みを色濃く描きだした。一九六〇年代後半から、宮脇檀が率いる法政大学宮脇研究室がデザインサーベイを試みる。室津の江戸時代そのままの町並みを図面化した。現在は、半世紀の間にほとんどの建物が建て替えられ、江戸時代の面影を残す建物はわずかとなった。

七一三（和銅六）年に編纂された『風土記』（播磨國風土記）には「室原《むろふ》の泊《とまり》」の名があり、中世以前からの重要な港町を示す「泊」の名で呼ばれた。古代から、京の都から九州の太宰府に向かう瀬戸内海の航路にもあたり、船の寄港地として室津が重要な役

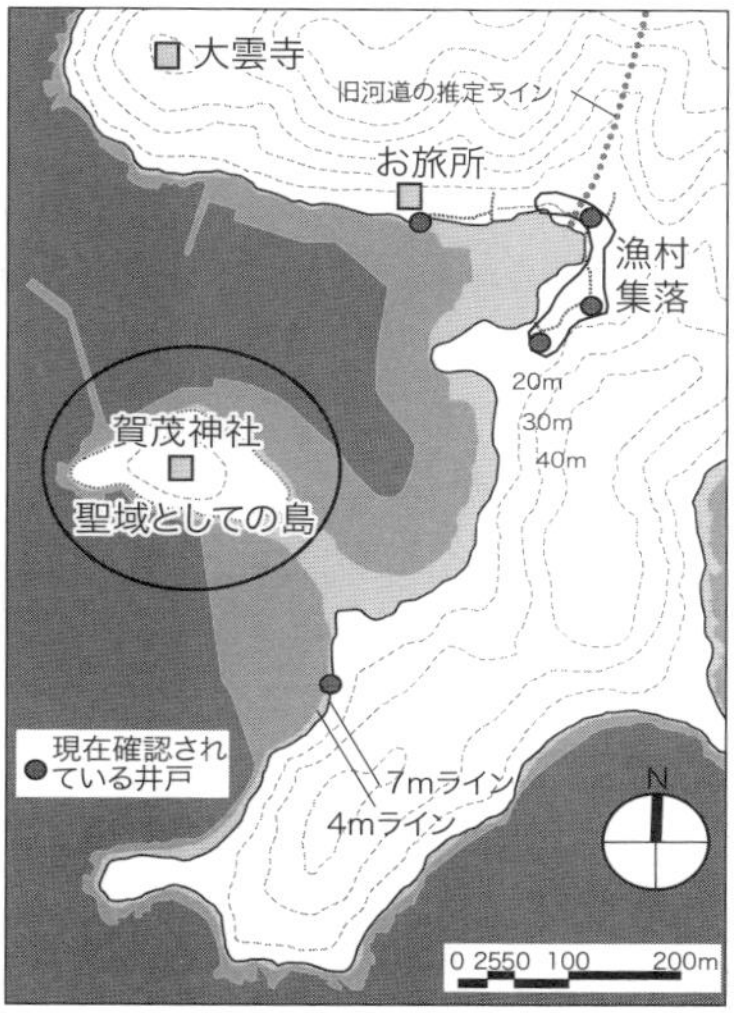

（右）図５　聖域の島だった前島（縄文中期の室津）
（左）写真６　神社からかつての前島を眺める

割を担う。

室津の地形は、海に突き出た半島が西側にあり、先端の小山に賀茂神社が置かれている。かつて聖域としての島だった所だ。今からおよそ一千年以上前、上賀茂神社の御厨《みくりや》となった時に、室津の賀茂神社が創建された（写真５）。社伝では「賀茂建角命が室津開港の祖として祀られたときに始まる」と記されており、室津に賀茂神社が創建される以前から神社が置かれたとされる。その時集落もすでに形成されていたと考えられるが、神社の置かれた場所が現在の賀茂神社のあるあたりにあったのかは不明である。

縄文期で最も温暖な縄文中期は海水面が現在より七m以上高かったといわれる。仮に海水面を縄文後期の七mと設定した時、室津の風景は現在と比べ大きく変化する（図５）。その時、現在と異なる三つの環境が見えてくる。

一つは、現在賀茂神社が位置する半島状の小山が完全に島となる（写真６）。小さな島であることから、日常的な水の自給が困難であり、人が住む場とはなり

写真7　初期の漁村集落があったと考えられるあたり

にくい。

二つは、浅瀬の砂浜を持つ入江が室津の北側にできる。ここだけが砂浜に船を乗り上げる中世以前の港の環境を整えており、漁撈に携わる人たちの集落を形成する恰好の場所といえる。それ以外の海岸線は、ほとんどが切り立った斜面の崖となる。

三つ目として、北側の入江には室津で唯一の川が流れ込み、気軽に真水が手に入れられた。生活用水としての真水に事欠かなかった。この三つの環境条件から、北側の密集した市街の辺りは、縄文時代からすでに漁撈を営んでおり、室津の民の歴史がここから始まった可能性が高い（写真7）。

現在賀茂神社のある場所が縄文期には島であったことから、賀茂神社が建立された時点とは環境が大きく異なる。日本の土着信仰は山や島などを聖域とする自然崇拝からはじまる。島は侵すことのできない場所として位置付けられていた。また、聖域のような島に、土着的な神社がすでに成立していたとも考えにくい。この島は伊根の青島のような特別な時以外入り込むことのない聖域であって、そこに降り立った神をこの世にお迎えする場として、漁村集落の近くに神社が置かれたのではないかとの推理がはたらく。

「小五月祭り」と海中渡御に見る室津の神社

平安中期ころから始められたとされる「小五月祭り《こさつき》」が室津にある。明治期まで船渡御が祭の時には行われていた。賀茂神社に祀る神を神輿に乗せ、船で現世にお迎えする船は、賀茂神社のある南側の岸辺から船出し、北側の対岸に着き、お旅所に安置された。そのお旅所は北に位置する漁村集落、室町時代に創建されたと伝えられる大雲寺参道下にある鳥居近くにあった。室津漁協の裏手あたりにあたる（図10参照）。

写真８　庵治の皇子神社

現在大雲寺は無く、参道も存在しない。ただ、かつては空間を演出する構成については、賀茂神社より大雲寺の境内にあった神社（スサノオノミコトを祀る祇園社と菅原道真を祀る住吉社）の参道の方が軸としての象徴性があった。ただし、神社が山に上がるのはそれほど古い話ではない。例えば、香川県にある庵治の皇子神社は、水戸光圀の兄・松平頼重（一六二二～九五年）が高松城主となった一六八一（元和元）年に港や町の整備がなされ、その時に江の浦の浜辺に鎮座していた皇子神社が小山の中腹の海や港から一望できる象徴的な場所に移された（写真8）。室津の場合も、もともとは海岸近くにあり、その後に神社が山に上げられたのではないかと思われる。

江戸時代に入る前、入江を隔てて神社と集落が対置する港町は他にもある。神奈川県の真鶴には一二〇〇年の歴史を

写真9　真鶴の貴船神社

写真10　真鶴の船渡御

保持する貴船神社が港町と離れた場所に鎮座する（写真9）。この神社もはじめ斜面上ではなく、現在の参道下に置かれていた。室津ではすでに明治期に船渡御が廃止されてしまったが、真鶴の貴船祭りでは現在も七月に船渡御が盛大に行われる（写真10）。

古代後期から古墳時代にかけて見られた室津の神社と漁村の関係は、平安初期から室町初期に大きく変化する。聖域の場（島）に賀茂神社が建立され、古くからの神社は賀茂神社が置かれた島の対岸の丘陵に上がる。大雲寺のあった位置である。対置した二つの場所に神社が誕生し、土着信仰の場であった神社はお旅所に変化した。それは室津が上賀茂神社の御厨《みくりや》となり、都との深い結びつきが誕生してからの変化である。そのことは同時に海水位が下がることによる、島から波止としての半島への変化でもあった。

(2) 入海と岬から、中世の港町を探る

入海から発展した庵治

中世は、二つの特殊な港町のかたちが新たに展開する。一つは、自然の猛威を避けるように入江の内側に集落を形成さ

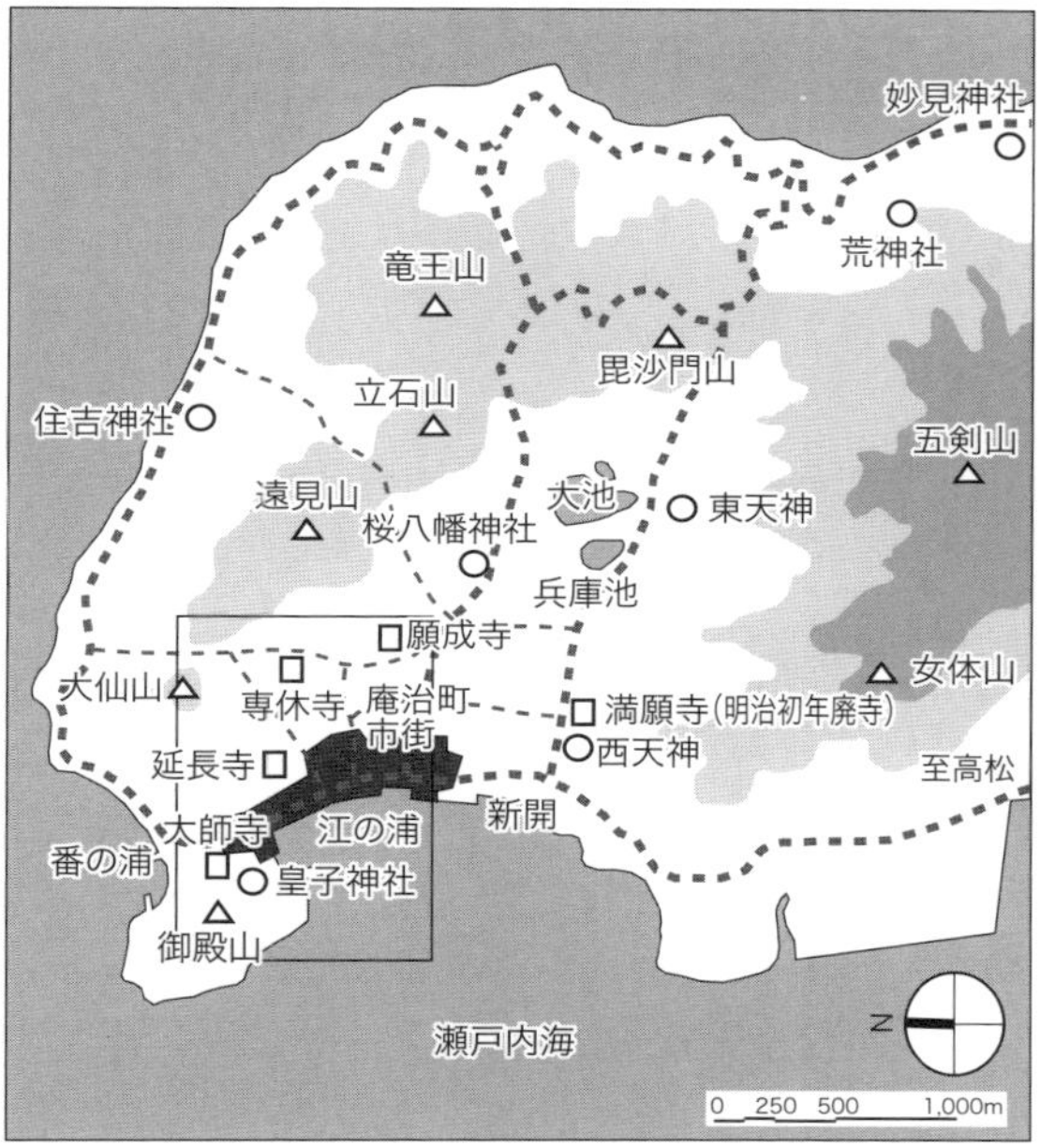

（右）写真11　桜八幡神社
（左）図6　庵治の広域図

せたケースである。いま一つは、舟運による交易活動の活発化にともなって、より海に近い、入海と外海に挟まれた岬に新たに港町を形成するケースが挙げられる。

一つ目の入海の奥に散在して成立する港町のあり方は、庵治（現・香川県高松市）が思い浮かぶ。入海内の水際に湊を分散立地させるケースである。瀬戸内海に面する庵治は、「庵治石」と呼ばれる良質の花崗岩の産出地として名が知られ、高松の市街から東北方向に車で三〇分ほど走ったところにある。弘法大師（空海、七七四～八三五年）が生きた時代の庵治は、海から奥に入った場所に溜め池がつくられ、農耕を中心とした集落が中心であった。庵治にあるすべての神社は桜八幡神社の摂社、末社という（写真11）。奈良時代以前からすでにあったといわれる桜八幡神社を中心に農耕によって生計を立てる人たちの長い歴史が刻まれてきた（図6）。庵治は南東側で比較的良質の水が得られた。現在港のある北西方面に行くに従い塩分が混じる地下水となり、農耕にも、生活にも不利な土地条件となる。

海上交通の発展に伴い、庵治は中世・近世と港町としての歴史を刻む。桜八幡神社から海に向かう古道沿いには、真言宗の願成寺（創建八一四年）と専休寺（創建年不明）といった平安初期からの古社が低地に広がる水田を見守るように北側の斜面地に建つ。水田の標高は海面とそれほど変わらない。数百年の歳月が中世以前の入江を水田の風景に変化させてきた歴史が潜む（写真12）。

現在の庵治には、明治期に廃寺となった満願寺を加えても四ヶ寺と少ない。それは、一六世紀後半

写真12　かつて入海だった水田風景

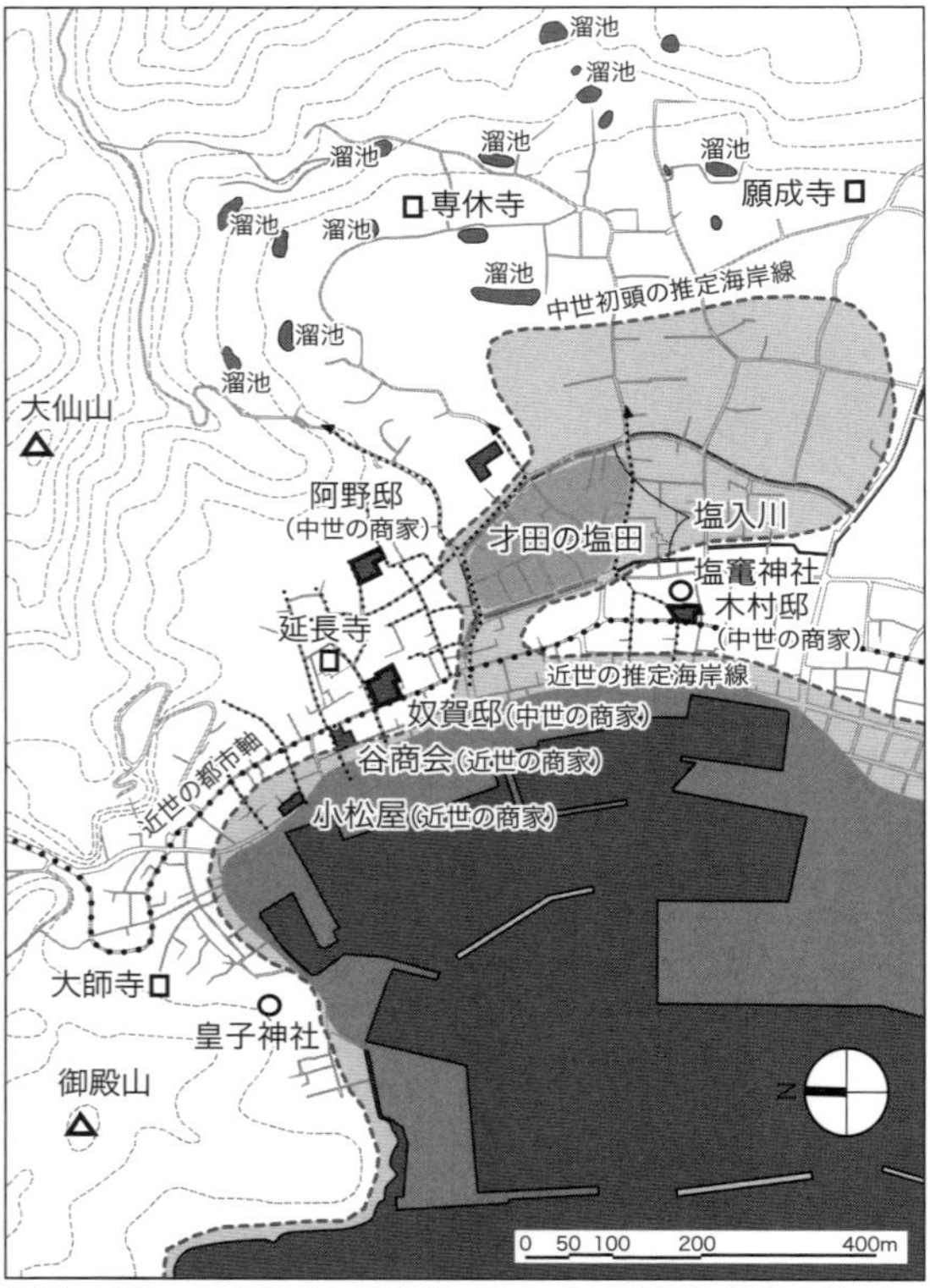

図7　庵治の都市構成と海岸線の変化（中世初頭・近世は推定）

に長宗我部の兵によって十数ヶ寺あったといわれる寺院すべてが焼かれ、その後多くの寺院が再興せずに廃寺となったからだ。再興した四つの寺院がより内海に近い場所に限定されたことは興味を引く。古くは、水田地帯にまで潮が入り込み、入江が広がっていた。その入江に沿って寺院を核にした港町が散在した可能性をうかがわせる。

入江には、才田《さいた》と呼ばれる塩入の塩田が近世にあった（図7）。現在も残る人工的な二筋の川が海から海水を取り入れる塩入川となり、塩田に海水を溜めて塩を採った。塩田は海水が流れ込むほど低い土地である。塩田跡と海とに挟まれた微高地には、現在も塩田跡を見下ろす位置に塩の神様を祀る塩竈神社が建つ。その脇には廻船で財をなした旧家・木村家の屋敷がある。

庵治の中世から近世への変容

今日の庵治で、中世港町の空間構造をよく残す場所に延長寺周辺がある。延長寺は、長宗我部の兵乱以降、天台宗から真言宗に変わるが、天台宗時代から海や舟運の神様である弁財天が祀られており、中世に遡る。しかも、延長寺の本殿は現在の港の方ではなく、入江に正面を向けて立地する。

イレギュラーな狭い道は、中世の集落から海に向かい何本か通り抜ける。それだけでなく、かつての入江に向かう道も現在確認できる。寺院の向きが海ではなく、入江に向いていることを考え合わせると、かつては入江側にある湊に通じる道だけだった可能性が高い。その後海岸沿いに近世港町が形成され、湊に通じる道も次第に整備されていった。

近世に登場した港町は、海岸線と平行してメインの道が通され、それに沿って連続的な町並みを形成する。個々の町家の入口は道に面して取られ、有力商家もこれらの町並みに組み込まれるように

写真13 「農家型」の町家

「町家型」の建物を建てた。庵治は古い港町である。中世からの有力な商家は南側に正門をもつ傾向が強く、ここ庵治でも奴賀《ぬが》家の屋敷がそれにあたる。メインの道路から路地を一本引き入れた奥に正門がつくられる「農家型」の町家である（写真13）。そのために、近世に整備されたメインの道沿いは、通りに建物の表を向ける商家が連続する町並みではなく、ここだけ土塀が延々と続いている。

舟運による物流経済が飛躍的に発展する近世中期以降には、有力商家も「町家型」の建物を建てる港町のケースが多いが、庵治では「農家型」の商家が立地し続けた。寺院は衰退したが、有力商人は残り続けた。港の場所が入江から海に移る時、中世の構造に割り込むように近世のメインの道が整備され、中世と近世が共存する港町として発展した。

岬に集約化された中世港町・津屋崎

二つ目として、岬の突端に中世港町を形成する流れがあった。それは、九州にある津屋崎（福岡県福津市）である。本来、自然の猛威に対してリスクのある環境に、経済性を優先させた港町のかたちといえる。岬といっても、三陸のリアス式海岸のような切り立った山がつくりだす地形ではない。このような岬に成立する港町は、高低差が一〇mにも満たず、背後に丘陵を持たない地形条件に成立する。そのなかで、津屋崎に配された寺社の立地は面白い（図8）。

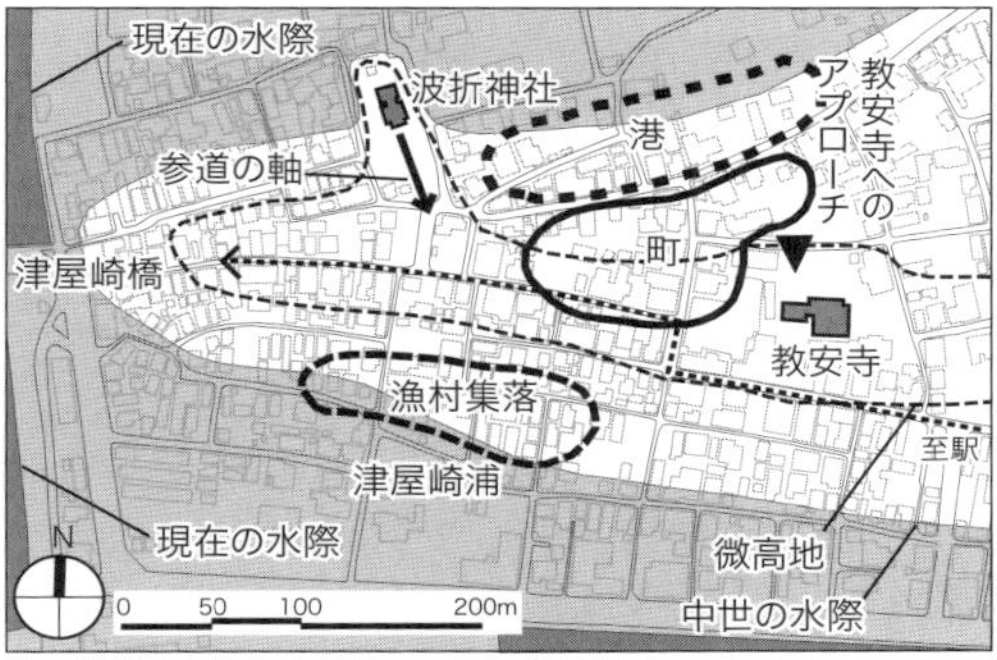

（右）図8　津屋崎における中世港町の概念図
（左）写真14　波折神社

津屋崎は中世に栄えた港町として「津屋崎千軒」と呼ばれ、歴史の表舞台で活躍した時代がある。ただ単線の宮地岳線の終着駅、「津屋崎」から繁栄を極めたはずの旧市街に足を踏み入れても、瀬戸内海の鞆や笠島、日本海の伊根と比べ、誰でもが納得する歴史的な建築群や港の遺構、水際に展開する港町独特の風景構造に出会えるわけではない。それは、久しく港町であることを消し去ってきた歴史が津屋崎にあるからだ。

それでもわずかな記憶として、中世に建立された波《なみ》折《おり》神社（一二二一年）と教安寺（一二三一年）がある（写真14）。中世から同じ場所に位置し続けてきたが、いずれも現在地が創建の場ではない。波折神社は津屋崎浦の河原が崎に祀られていた産土神を移したものである。教安寺は古代からの集落、奴《ぬ》山《やま》の東の山麓で開山した。鎌倉時代の中ごろ、港町の栄光の座を得るために、これら神仏が高低差一〇mにも満たない岬の突端に移され、津屋崎が港町として新規開発された。自然の山を背後に持つことも出来ずにである。

この神社と寺院は、建物や参道の向く方向をまったく異にする点が興味深い。波折神社が南西の海に表を向け、その参道は真っ直ぐ玄界灘に浮かぶ志賀島に延びる。一方の教安寺は波折神社と一八〇度異なり、中世まで内海であった北東側に正面を向けた。これまで

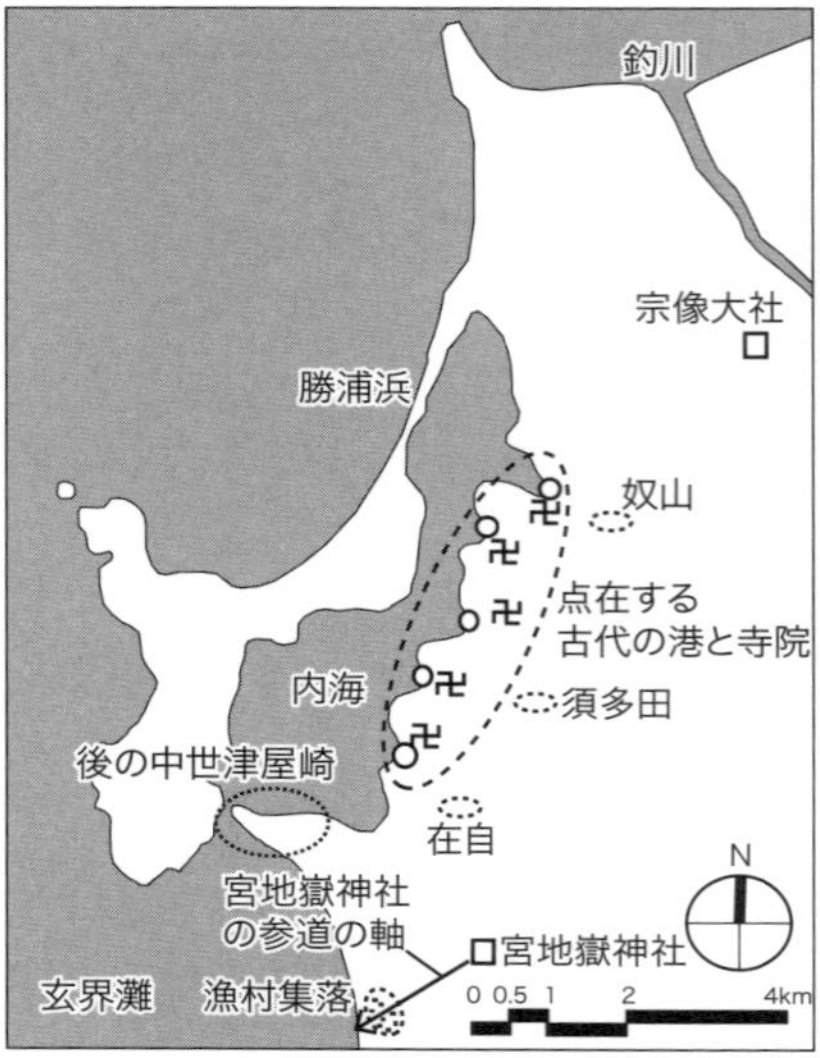

（右）写真15　現在わずかとなった内海
（左）図9　古代後期の津屋崎周辺の概念イメージ図

多くの港町を見てきたが、このような場面に出会うことは、北九州の若松の他極めてまれである。

波折神社は背後の聖域が緑豊かな山ではなく、おのずと水をたたえた海となるが、この位置と方角に鎮座した理由がもう一つある。宮地嶽神社（図9）の本殿に至る最後の参道の軸が志賀島に当てられており、それと同じ島で波折神社の参道の軸は結ばれる。古代の志賀島は大陸へ赴く泊地として重要な場所であり、神聖地化されていた。波折神社が古代から続くこの地域の繁栄を願う象徴として津屋崎に移された時、宮地嶽神社との深い関係を浮かび上がらせた。そのことに、津屋崎に対する当時の期待の大きさがうかがえる。

一方、教安寺が向く方向にある現在の水田地帯は、もともと海であった（写真15）。わずかに盛り上がった尾根筋を山に見立て、開かれた内海に向けられた。その海岸線沿いには、宗像大社と、その分身である宮地嶽神社の二つの聖域に挟まれ、古代から中世初期に栄えた湊が点在していた（図9）。先に見た庵治のような港町の形態である。この辺りは、後に湊の前面が少しずつ陸化し、内陸に取り残されたかたちで今も古い集落が存在する。

教安寺前には、津屋崎最初の湊がつくられた。陸化する内海沿い、寺院が立地する在自、奴山、須多田の古集落に散在していた湊は津屋崎に結集するかたちで舟運の時代の転換期を迎える。すなわち、教安寺の向きは内海の海岸線の変化からきており、波折神社の聖域の象徴性に対し、変化させてきた湊の営みの俗域を見守るように位置した。

津屋崎は、朝鮮半島との古い交易の歴史をもつ宗像大社に後押しされて中世の表舞台に踊り出たが、さらに塩田業が港町の繁栄を強力にサポートする。古い集落が湊を失う代償であるかのように、塩田は水田とともに内海に広がった。船の長い航行には水とともに塩が必需品である。その塩の生産を得た津屋崎は、古代から日本有数の港町として栄え続けてきた博多の外港としての役割を一部で担う。あるいは対抗する立場にまで成長する。その繁栄は、近世に入ってからも衰えることがなかった。湊は突き出した小さな半島の水際を教安寺から反時計廻りに拡大させていき、稜線をなす道の先端（現在津屋崎橋の辺り）が近世の湊として最後の繁栄の場となった（図8参照）。

写真16　尾根を通した道

津屋崎は一番高い土地を選ぶように、尾根に骨格となる道を通した（写真16）。駅の方から歩いてくると、道は右に折れ、少しして左に折れる。後は真っ直ぐに津屋崎橋まで延びる。この道を稜線として、左右の海に向かってなだらかに土地が傾斜する。だが、右と左とでは空間をつくりだす趣が異なる。橋に向かって右側は現在港町としての機能がすでに失われているものの、微妙な起伏を選び、かつての海岸線に沿うように道が通されており、そこには繁栄した時代の湊があった。一方左側は、路地が細かく通され、海に向かい何本も延びる。古い町名からもここが漁村の集落を形成していたことをうかがわせる。聖域を守り続ける漁師たちの生活があった。このわずかな高低差で稜線の道が聖域と俗域を分ける境界となる。

(3) 短冊状から格子状へ、近世の水際再開発

近世港町のかたち

近世初頭、日本の国土が安定し、物流が活発化する。そのことで、港町の空間の仕組みに大きな変化が見られた。江戸時代に描かれた港町の絵からは、共通した水際の風景を確認できる。それは弧を描く水際に面して切り妻屋根の建物が連続的な景観をつくりだしていた。これらの光景は、多様で複雑な地形を受け入れて成立してはいない。水際の海面が埋め立てられ、その新たな土地に整然と町割り（都市計画）がなされた。室津、庵治、鞆、尾道など、地形形状や歴史的な成

図 10　室津の空間発展プロセス

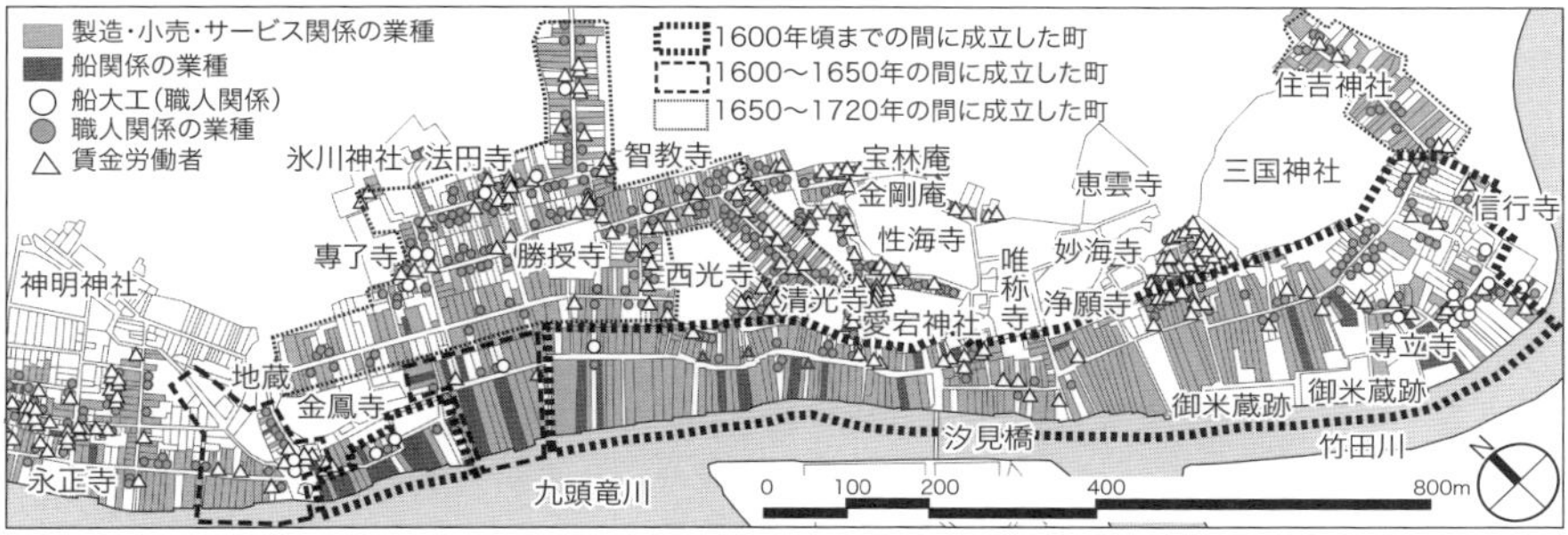

図 11　三国の都市発展段階と明治初年の主な職種分布

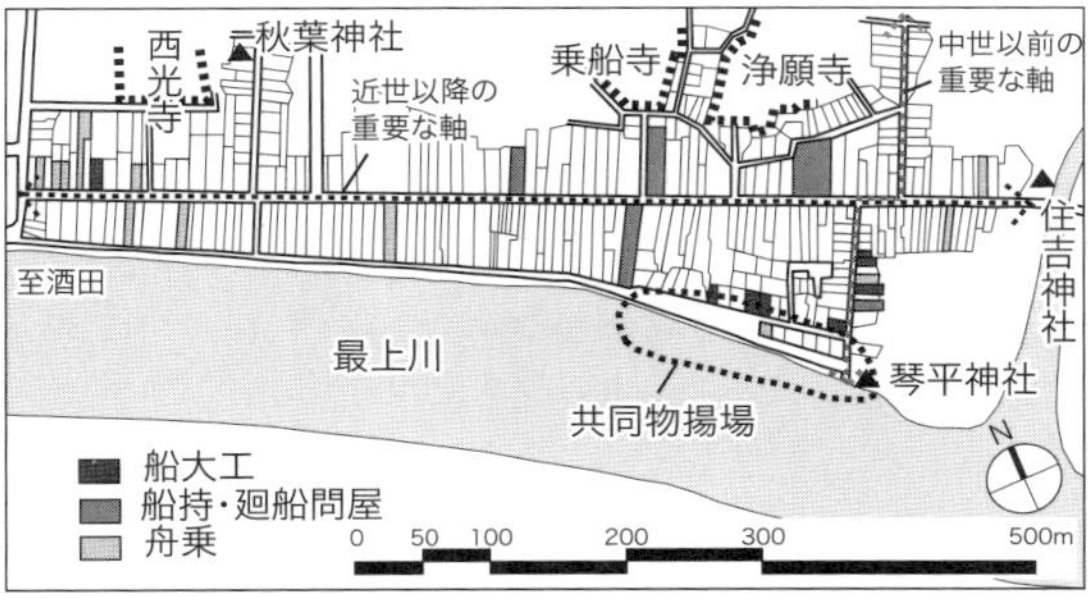

図 12　大石田の都市構造と舟運関連業種（明治初期）

り立ちを異にする港町であるにも関わらず、水際は共通の風景を描く。海側は蔵がリズミカルに連続し、出入する多くの船と相まって活気ある風景を描きだす。ただし、いずれの港町も、短冊状の町並みの背後、山側に中世、古代が生き続ける。それぞれの地形の違いによって、水際の近世空間と背後の中世以前の空間の関係性は独自性を持つ（図10）。

三国（福井県）は大陸との交流をしてきた古い港町である。海上交通だけではなく、九頭竜川での舟運による内陸との関係から大いに発展した（図11）。中世までの三国は、三国神社の門前と竹田川沿いの水際にかけて港町を形成していたと考えられ、三国神社を起点として、九頭竜川沿いに河口に向けて市街が発展してきた。さらに山側にも職人の町を拡大させる。こうした河川河口の他に、河川沿いの大石田（山形県）、湾内の海に面した亀崎（愛知県）といった港町との空間形態の類似性が見えてくる（図12）。それらの発展形として、格子状の空間形態を持つ酒田（山形県酒田市）へと結びつく。

丘陵を背に砂州の斜面地に成立した短冊状の近世港町・亀崎

短冊状の空間を描いてみせた近世港町に亀崎（愛知県半田市）がある。船上から眺める亀崎は、丘陵が西から東の突端まで長く横たわり、こんもりとした森で締めくくる（写真17）。小高い丘には中世の城・亀崎城があった。そのふもとにある神前《かみさき》神社の参道は海まで延びる。神前神社は、一六一二（慶長一七）年の棟札があり、少なくとも江戸初期から出入りする船を見守っていた。この神社を基点に、市街は江戸時代になると西に向けて発展する（図13）。

写真17　海から眺めた亀崎

江戸時代には町の軸となった東西に延びる道を西に向かわせ、海側にも丘陵側にも細い道が延びる。特に、小道の数が海側に多く、海と深く関係してきた町の姿が感じられる。一方丘陵側は、神前神社に近づくにつれて多くなり、背後にある丘陵との関係が密になる。

中世に亀崎城があった高台からは、海の方向へ小道が延びる。途中幾筋かに枝分かれし、東西の広い道にぶつかり、さらに海岸まで達する。この道をかつては多くの荷車や人が行き来した。東端の道は、大店坂といわれ、田戸《たど》の渡しから三河まで結ばれていた。一番西側の道は、道幅が一定ではなく二mから三mの幅で狭くなったり広くなったりする。この道が折れ曲がるあたりに「寺山井戸」と呼ばれる共同井戸がある。上水道が普及するまで周辺民家二〇軒あまりが利用していた。井戸を核にした居住の場と、海に面する港とを結ぶ小道に沿うゾーンが中世の都市空間であり、第一の発展段階の

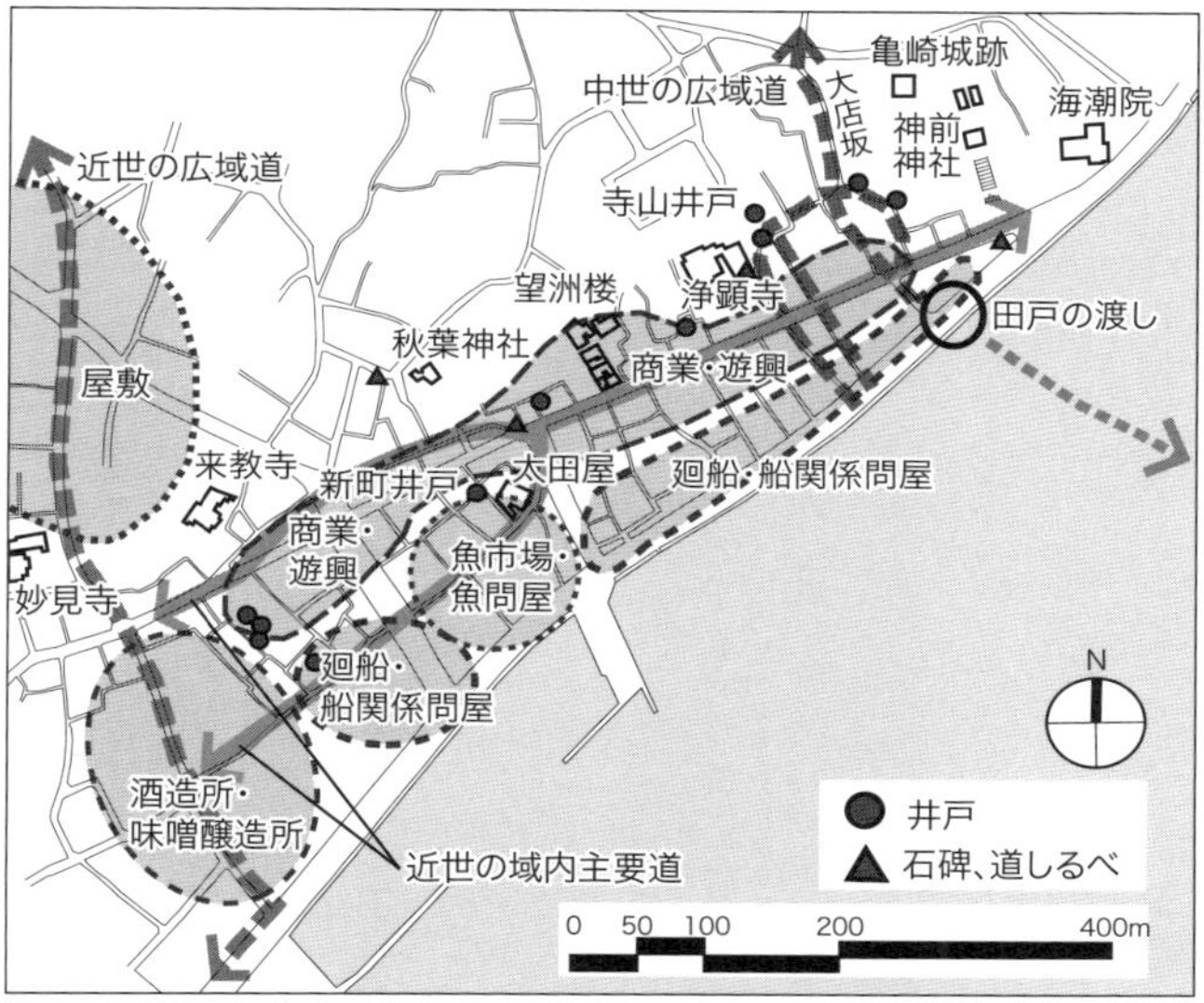

図13　亀崎の都市構成

亀崎を描いてみせる。

渡しのあった辺りは江戸時代に廻船問屋や鍛冶、船大工など、船に関係する業種が集まっていた。都市発展の第二段階となり、短冊状に敷地割りされた町並みが西側に拡大する。さらに、西端の新開地が第三段階として開発され、東西の道が二股に分かれた。一八世紀中ころの町場の空間構成は丘陵側と海側とで異なる。丘陵側の道沿いは短冊状に敷地割りされているのに対し、海側は魚市場や醸造業が広い敷地を占める。さらに背後の台地に商いに成功した旦那衆が住まう。

亀崎では神前神社と秋葉神社が東西道路沿いに立地する。秋葉神社の創建が一八一五年と新しく、神前神社とは二百年以上の差がある。神前神社周辺にある二つの寺院、浄顕寺（一四六八年）と海潮院（一五四五年）はいずれも戦国時代以前の創建である。秋葉神社以西は最も古い妙見寺（一八〇四〜一八一八年ころ）をはじめ江戸後期から明治期に創建されたものに限られた。

亀崎には井戸が多く、現在でも一一件を数える。亀崎の場合、東側の井戸はあまり良質の水が出ず、西側へ行くほど良質の水が出た。井戸は、東西の軸となる道から少し入った場所につくられた。亀崎の第二段階の町の発展よりもより海岸線に近づいた場所に第三段階の井戸が設けられた。その一つが「新町井戸」と呼ばれる共同井戸である。「新町井戸」は、水質も水量も申し分のない井戸だったといわれる。井戸周辺には、蒲鉾など水を大量に使う魚関連の業種が集まっていた。現在は魚市場も、魚や蒲鉾を扱う業者の姿も見当たらないが、井戸周辺の道の空間構成は大きな変化をしておらず、想像をたくましくさせる。

格子状の空間構造を持つ近世港町・酒田

戦国時代が終焉するころ、全国規模で舟運による物流が拡大し、拠点となる港町の都市規模も巨大化する。中世以前の港町に見られた海への垂直軸と、近世の水際と並行する軸とが格子状に組み合わさり、面的な空間構成となる。豊臣秀吉が築いた大坂の船場、掘割が巡る内港都市となる以前の新潟（新潟県新潟市）がそれにあたる。北前船の寄港地であり、最上川流域の物資の集約地であった酒田（山形県酒田市）も、丘陵に配置された寺院から海に伸びる軸線と、水際と並行につくられた道とがグリッド状の都市骨格をつくりだす。水際線と並行した道は、水際から順に港、商人町、職人町といった層ができ、大量の物資を合理的に捌く近世港町の空間構造を描きだす（図14）。酒田は江戸時代に最上川舟運と、北前廻船の海上航路が交差する要所として、最も繁栄した近世港町となっていた。

河口や海に面する港町の地形上の共通点として、海を航行してきた船が安全に入港できるように、港町の背後に風除けの丘陵が必ず位置する。加えて、海上からの目印となる突起した丘、あるいは海に近い小山が港町成立の地形条件として重要となる。日和山《ひよりやま》と呼ばれるこの高台には、風の向きや潮の動きを知り、航行の安全を陸から確認する場が設けられた。酒田にも日和山があり、江戸時代の方角石が置かれた。そこに立つと最上川の河口付近や海が一望できた。当時の寄港する船や天候を見る人たちの様子がイメージできる。

酒田の市街は、寺院が立地する帯状の緑の丘に包まれるように、その下に計画的に港町がつくられた。しかしながら、酒田は日本海からの風が強く、昔から火事の多いことで有名であった。戦後では、

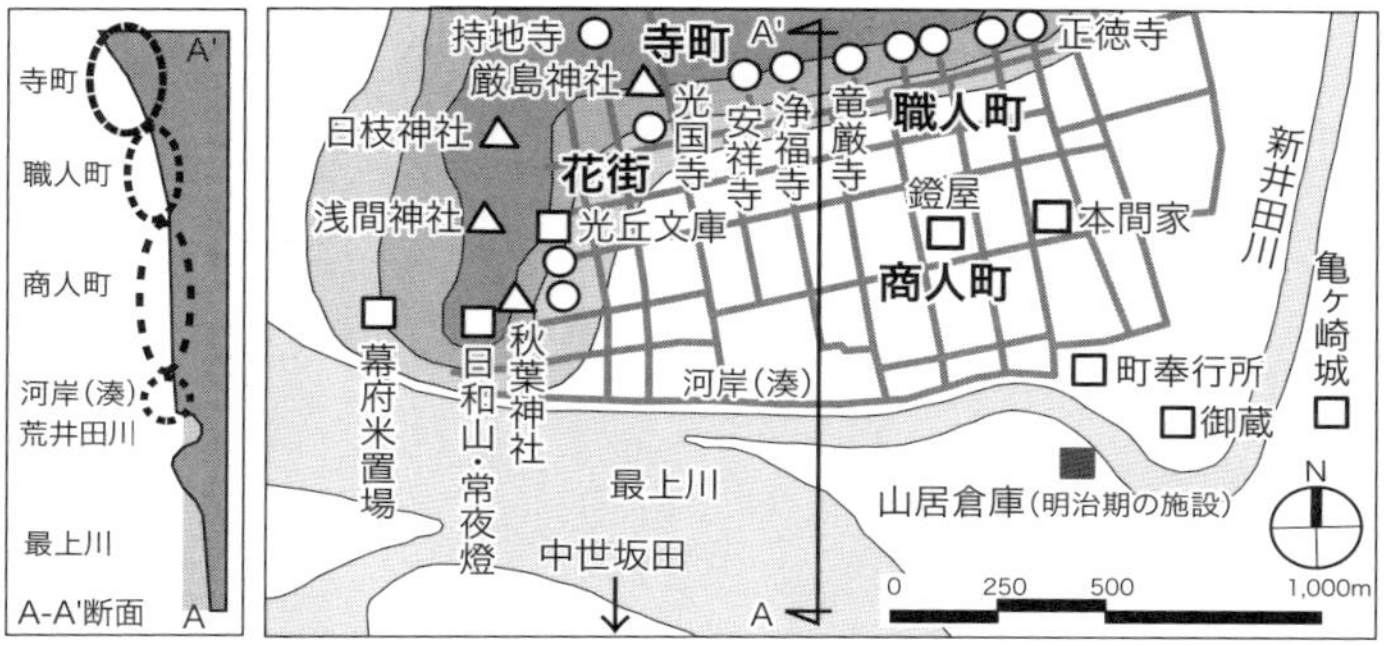

図14　近世酒田の都市構造概念図

一九七六（昭和五一）年一〇月に二千戸近い建物が焼失する大火に見舞われた。最上川の対岸にあった、日本海から吹き込む風に背を向けて成立した中世の「坂田」の方が、新潟に似た港町の立地にかなう条件であった。新潟は、酒田と逆に日本海からの風の対策を考え、北側の砂州に港町を新しく建設する大きな要因となった。新天地酒田は、町に吹き込む風を除けば、港として絶好の立地条件を備えていた。そのことから、最上川の北側に場を求めたと考えられる。

酒田は、港町の成立が近世以降ということもあり、三国など、イレギュラーな形態で都市を発展させた中世以前の港町とは異なる。全体に計画性が極めて高く、縦軸と横軸が交差する明解なグリッドパターンである。横軸は同業種のまとまりあるエリアを構成する。水際は船で運ばれてきた物資を荷裁きする物流関連の業種が占め、その内陸側は横軸の道に沿って商業の層ができた。さらにその上が職人の住む層となり、丘陵の高台に寺

院が並ぶ。縦軸は、異なる業種を串刺すように、港から丘陵まで延び、湊を多くの人たちが共有できる構造をつくりだす。

現在、江戸時代の商家の様子を酒田で知る建物に鐙屋《あぶみや》がある。近世初頭から廻船問屋として広く知られ、井原西鶴の『日本永代蔵』にも登場する。一六五六（明暦二）年の酒田町絵図には、表の通りから裏の通りまで抜ける鐙屋の広大な敷地が記されている。建設当初の酒田の町割りは、縦軸方向が京間六〇間（京間一間＝一・九七m）、横軸方向が京間四〇間の街区を基本骨格にして計画された。

鐙屋が立地する同じ本町通り沿いには、江戸中期以降酒田の港町をひと回りも、ふた回り大きくさせた人物の商家が残る。「本間さまには及びもないが、せめてなりたや殿様に」と俗謡に謳われた本間家である。もともと酒田の豪農であった本間家は、一七六〇年頃から相場の神様と呼ばれた初代本間宗久と、本間家中興の祖と呼ばれた三代当主本間光丘の二人によって財力を急速に拡大させ、全国に名を馳せる豪商となった。中心部の市街に現存する旧本家の建物は、一七六八（明和五）年に、光丘が幕府巡検使一行の本陣宿として藩主酒井候に寄進したものである。約五〇〇坪の敷地には、表の通り側の杉柾や欅の見事な木材が使われた武家の造り、裏の全て板目の木材が使われた商家の造り、それらを建物中央の襖一枚で隔て、合体させる珍しい建築空間となっている。武士を立てながらも、相容れない商人の空間を共存させてしまう本間家のしなやかな力強さを感じる。

現在まで火災で焼け残った本間家ゆかりの建物はこれだけではない。丘陵の裏側につくられた回遊式庭園のある旧別邸をはじめ、重厚な切り妻屋根が連続する山居倉庫、厳かな山王日枝神社、一九二一（大正一〇）年につくられた銅板葺きの鉄筋コンクリートの光丘文庫の建物など、現在の酒田市の観光スポットの多くは本間家の資金投入でつくられたものだ（写真18）。しかもこれらは、グ

写真 18　山居倉庫

リット状市街の外周、川と丘陵にいずれも位置する。火事に見舞われやすい酒田の土地柄が、中心と周縁の二重構造をつくりだし、別のかたちで火災のリスクを回避する環境を整えてきた。

2 凹地に潜む中世のラビリンス空間——真鶴・宿根木

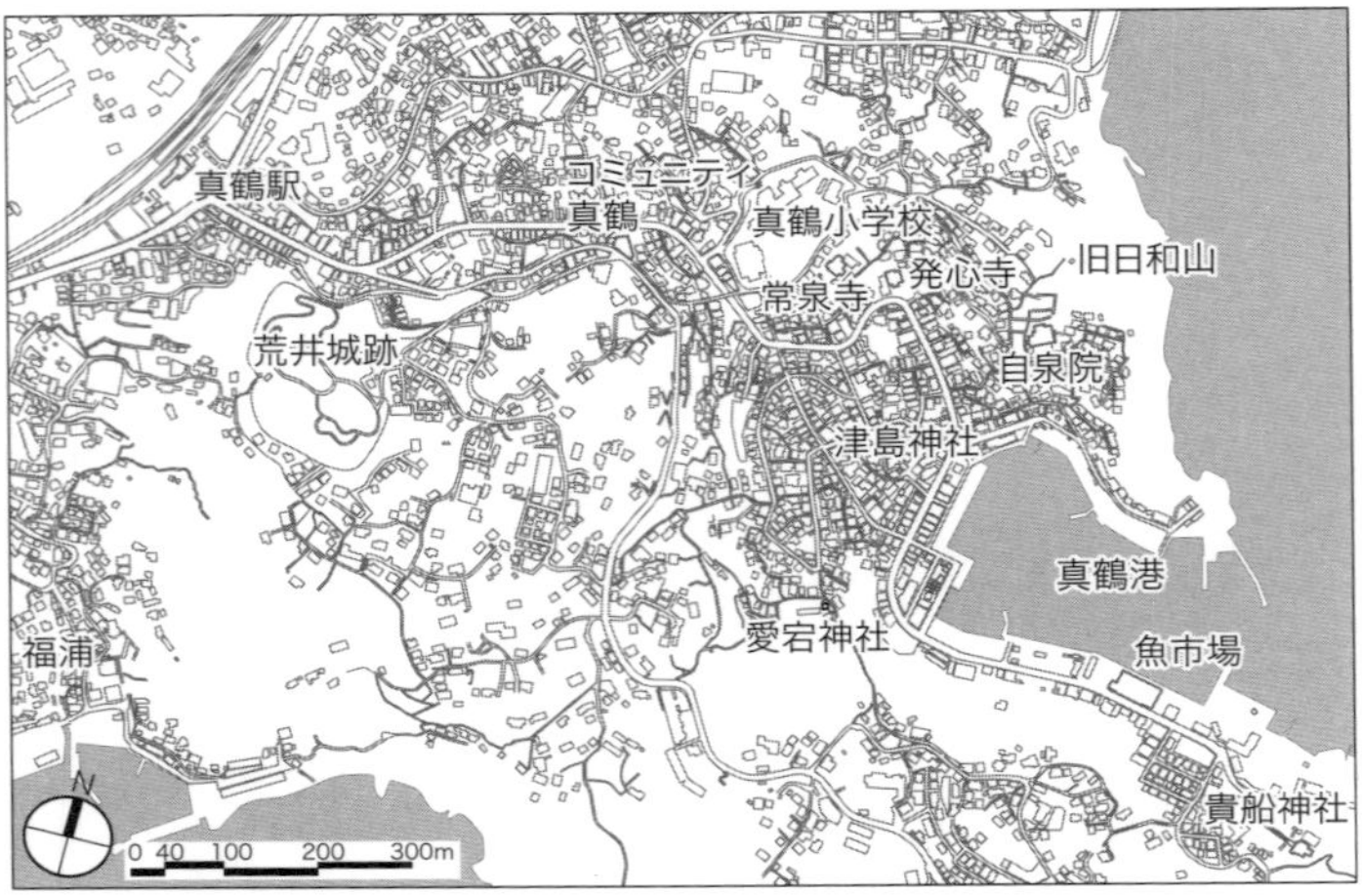

図１　真鶴広域現況図

(1) 真鶴の空間変容と原風景

真鶴は東京から二時間程の距離にあり、漁業と石材業が主な産業である。衰退しているが、かつては蜜柑栽培も主要産業だった。伊豆半島、箱根が至近距離にありながら、熱海のように大規模な開発による観光地化がなされずに今日まできた。その要因の一つに、温泉が出ないことが挙げられる。観光開発の影響を強く受けることなく、歴史的な風景構造を大きく改編せず、独特の雰囲気を保ち続けた（図１）。

真鶴駅から程ない距離にある見晴らしの良い高台に立つと、真鶴が馬てい形をした小さな湾を囲むように、斜面地に市街が形成されてきた様子がよくわかる（写真１）。

真鶴の歴史は古い。海中渡御する貴船祭で全国に知られる貴船神社の創建は西暦八八九年である。市街にある津島神社は鎌倉時代の創建とされる。現存する

写真１　小さな湾を囲むように、斜面地に形成されてきた真鶴市街

寺院、発心寺（一五五五年）、西念寺（一五七三年）、自泉院（一五八二年）はいずれも戦国時代後期に創建した。また、源頼朝が平家方の大庭景親と石橋山の戦い（一一八〇年）で敗退した時、退路の途中真鶴に一時隠れ、そこから船で千葉の安房方面に落ち延びた頃、すでに真鶴は漁村集落としての基盤を整えていた。

今日の真鶴は、古い歴史を持ち、独特の風景構造を形成しながらも、新たに道路が通され、新しい建物に建て変わっている。水際も現代的なふ頭に整備された。現状に頼るだけでは、歴史的な都市構造を読み解くことが難しい。

地形がつくりだす風景

真鶴の地形は馬てい形をした水際線を持つ湾に沿うように、内陸に向かい等高線が描ける（図２）。ひな壇状の土地の上に建物が建つ景観が真鶴である。だが、地形形状をあらわす等高線が湾に沿ってきれいに弧を描いているわけではない。津島神社の辺り

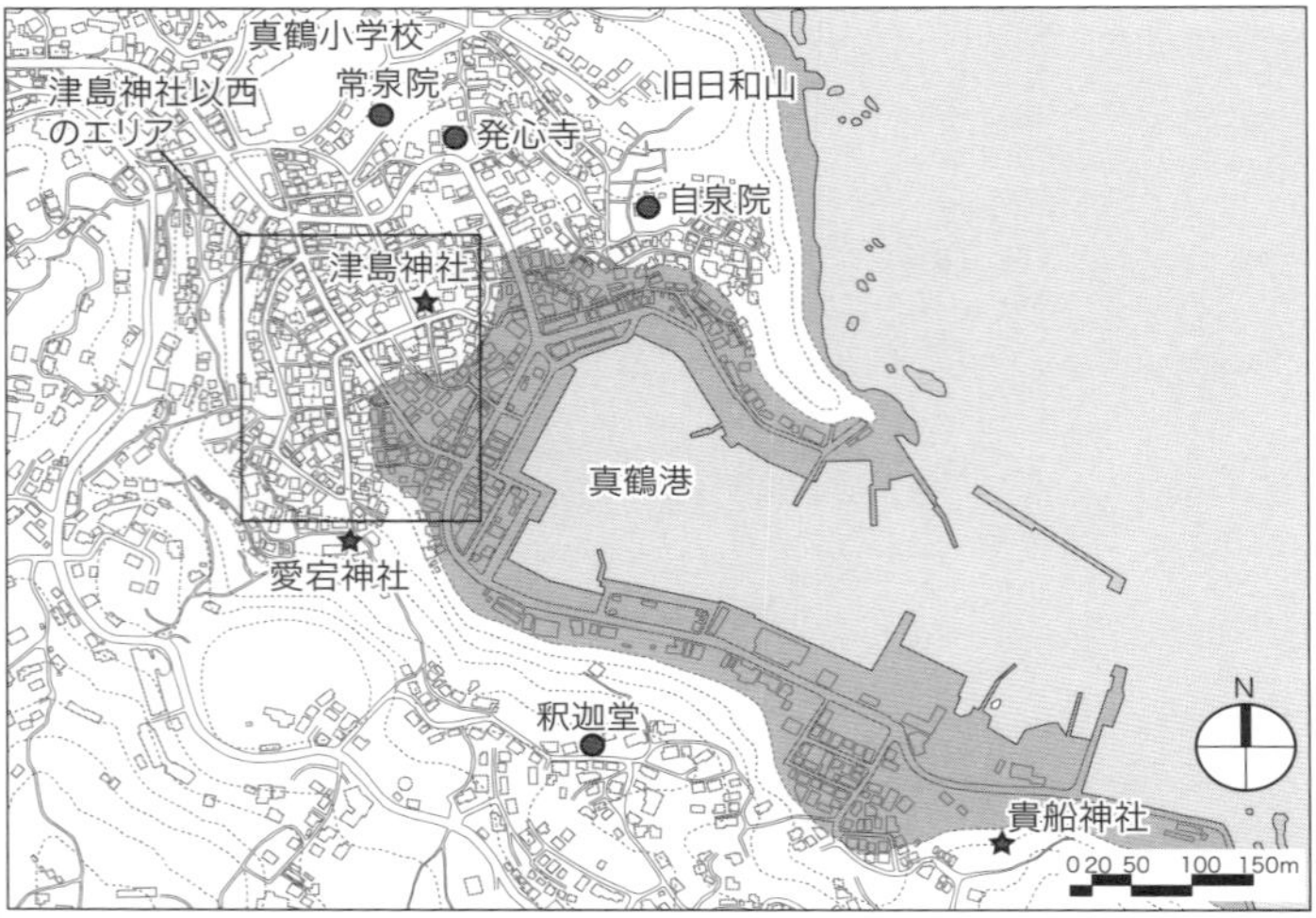

図２　真鶴の現在の街路構造と古代の推定海水面

写真２　堤防としての役割を担う石垣

の土地が海側へ迫り出しており、西側が少し内陸側に窪む。等高線の密度は海抜四～五mの辺りが急な斜面となり、これらのラインに沿って石垣が多く築かれた（写真2）。鎌倉時代初期の水位が二～三m現在より高く、石垣が築かれたラインは真鶴が港町として成立するころの水際線となる。当時は、石垣ではなかったとしても、これらの水際が防波堤の役割を果たしていたと考えられる。このことから、真鶴が集落を形成する段階においては、弧を描く水際全体が砂浜となっていなかった可能性を示す。

貴船神社が市街から離れて立地する他、寺社は町並みに同化するように場所を占める。これら多くの寺社は眺望のよい場所を選ぶように立地しており、そこからの見晴しはよい。海上からも、寺の屋根が確認できる（写真3）。

津島神社は現在の町並みに飲み込まれるように、小さな社があるだけだ。だが、かつては小さな岬状の中腹に位置することから、背景の鎮守の杜とセットになり、シンボリックな景観をつくりだしていた。海からの来訪を意識した景観のあり方が強く感じられる。

写真3　海側から見た真鶴の市街

土地の履歴から見えてくる古道

真鶴の都市構造を読み解く手掛かりとして、地籍図が大いに役に立つ。真鶴の場合は、道路新設のために敷地を割譲された枝番（一筆の土地が分割され、同じ地籍番号が複数存在する）の土地が多い。津島神社以西のエリアでは、等高線に沿い、弧を描くように新設された道路用地に特徴があらわれる。新設道路と古道を階段で結ぶことで、山側の土地が港との関係をつくりだし、斜面地も市街化できたからだ。その結果、真鶴には階段が多い印象だが、これは新しい風景である（写真4）。もともとの真鶴の特徴的な道の構造は袋小路であった。

地籍図と現在の地図を重ねると、古道も浮かび上がる（図3）。津島神社の参道となる道が古くか

写真５　参道と港に通じる道

写真６　海へアプローチする道

写真７　旧来の海岸線近くにある共同井戸

写真４　袋小路だった古道と階段

図３　真鶴の推定古道

ら存在した（写真5）。商店街を形成してきた弧を描く、勾配の少ない道も真鶴にある多くの袋小路の路地を結びつける重要な役割を担っていた。海に通じるいくつかの道は古くから設けられた。勾配も急である（写真6）。古道には、祠や屋敷神を祀った小さな鳥居と社があり、井戸も町の重要な場所に位置する。特に、旧来の海岸線近くにある共同井戸は港との関係が深かった（写真7）。

「ツリー・コミュニティ」で構成された原風景

津島神社以西のエリアは、道の構造がツリー（木）の枝のように、中心的な道を幹とし、そこかしこへ枝分かれをし、最終的には袋小路に至るようになる。その袋小路を小枝に例えると、葉っぱや実がつらなるように、敷地が寄り集まり、まとまりのある単位を構成する（図4）。この単位をここでは「ツリー・コミュニティ」の単位と呼ぶことにしたい。「ツリー・コミュニティ」が組織の最小単位となる。真鶴の敷地割りの基本は、この「ツリー・コミュニティ」の単位を構成しながら、増殖することで集落空間を拡大させた。

太平洋に直接面する厳しい自然条件のなかで、真鶴が選んだ集住空間のあり方といえる。このシステムは「袋小路」の道をつくり、木の枝葉が延びるように、しかも自然の猛威を回避するために内側に強固な集合体をつくりだした。こ

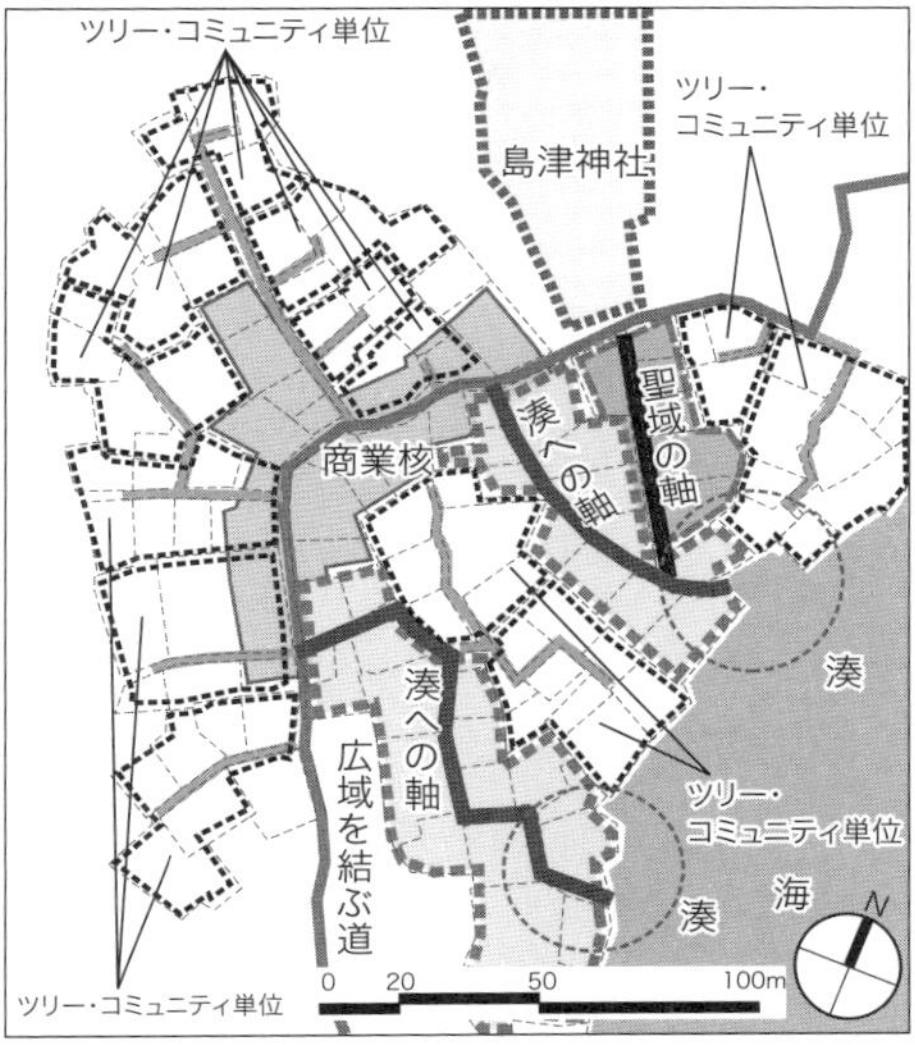

図4　真鶴の原風景としての空間構造

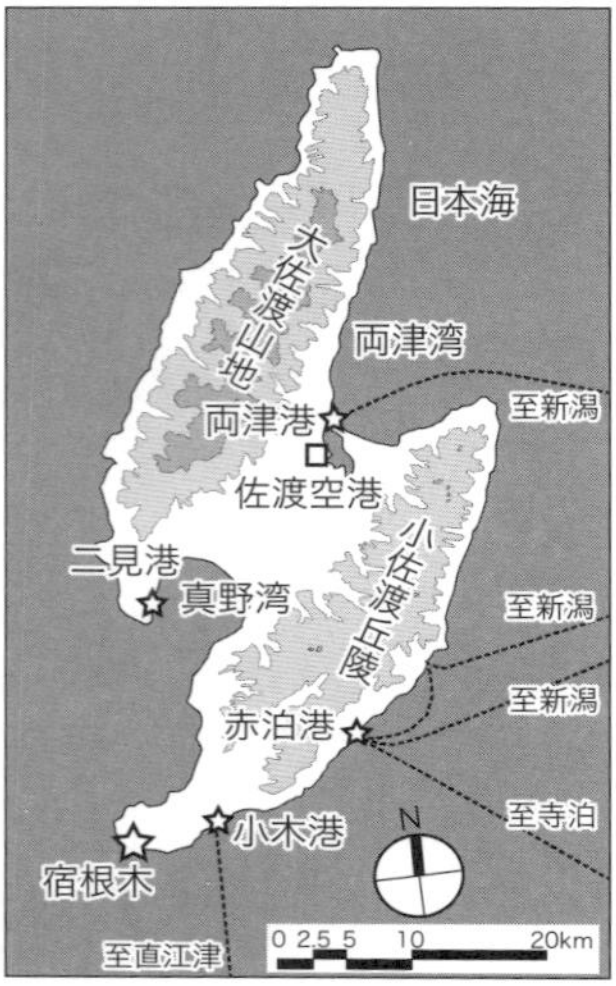

図５　宿根木の位置図

図６　地理的環境がつくりだした宿根木の空間構成

れがまさに、真鶴の原風景の構造である。

(2) 船大工がつくりあげた港町・宿根木

宿根木《しゅくねぎ》（現・新潟県佐渡市）は、日本海に浮かぶ金山の島として知られる佐渡の南西に位置し、小木半島先端の小さな入江の奥に成立した（図5）。直江津からフェリーに乗ると一時間ほどで小木港に着き、そこからバスで一五分ほど揺られると宿根木に着く。

集落を形成するすり鉢状の谷地には、一〇〇棟以上もの総二階建ての主屋、あるいは蔵、付属屋が隙間を無くすかのように建て込む（図6）。港町としての宿根木の歴史は古く、一三世紀中頃には史料にその名が登場する。中世の宿根木は、小木半島の要港として台頭した。ただ、河村瑞賢が一六七二（寛文一二）年に西廻り航路を開拓すると、小木が幕府の公的な寄港地となり、宿根木は地元船の基地にとどまる。宝暦年間（一七五一～六四）ころには佐渡産品の島外移出が解禁され、再び頭角をあらわす。港がおおいに賑わい、遠く松前から下関まで宿根木の廻船が行き交った。谷間に閉ざされたように成立する集落は、開かれた外界の世界と結びつき、繁栄し続ける。

一九九一（平成三）年、宿根木は重要伝統的建造物群保存地区に選定された。雨ざらしの家、空き家を復元公開し、入江側の鉄筋コンクリートの建物を木造に建て替え、集落全体の景観が整えられた。宿根木が新たな歴史を刻みはじめる。

不思議な町並みとの出合い

集落内の細い道に入り込む。目にする光景は日本の都市空間とは異質の不思議さがある。川や地形にあわせて割られた不整形な敷地いっぱいに、建物の外壁がせり出す（写真8）。まるで強い雨風を集団で守るかのように、道に面して塀や庭がない。厳しい環境に置かれた港町の特異な環境を徹底して表現している。密集したそれぞれの建物の外壁は、どれもが竪板を張っただけの簡素な印象を受ける。だが、常に水に接する船の船体に共通するものが何かあるように感じる（写真9）。舟大工が活躍した港町だからこその風景と思える。

写真8　狭い通りと密集する建物（写真撮影：石渡雄士）

総二階の屋根から庇はほとんど出ていない。そのためか、石畳の細い道は思いのほか空が

写真９　竪板張りの蔵（写真撮影：石渡雄士）

広がり、解放された空は道幅の狭い外部空間を明るくさせる。両側を開口部の少ない壁面だらけの住宅がびっしりと囲う道の環境は集落全体に及ぶ。

外部空間の輪郭をはっきりとさせる道。そのあり方は、石の文化によって描きだしたヴェネツィアの路地空間を体験するような気持ちにさせる。さしずめ、宿根木は石の文化に移行せず、木の文化を辿りながら、石の文化と類似する表現をしているかのようだ。それには、厳しい自然環境と対峙する舟大工の技がぶつかり合い、港町として最高の立地環境へと磨き上げたといえよう。

外部とは異なる豊かな内部空間

建物の内部に目をやると、光を最大限取り入れる工夫が見受けられる。外部空間からの印象が一変し、別の魅力が増す。展示空間として解放されている「清九郎」の住宅の中へ入った時の驚きは大きい。土間から上がった「オマエ」と呼ばれる居間は、二階部分が吹き抜けた大きな部屋である（写真10）。天井下には十字に組んだ梁が船体の構造体のように力強さを伝える。中央には囲炉裏が切られ、そこに座ると、吹き抜けの高い位置にある窓からふんだんに光が差し込み、開放感に浸れる。生漆で塗られた鴨居、帯戸、床板。それらに光があたり、光沢を放つ。住宅内部の空間には、仕組まれた技

（右）写真 10　別世界をつくりだす豊かな内部空間
（写真撮影：石渡雄士）
（左）写真 11　三角の家（写真撮影：石渡雄士）

で厳しい環境を瞬時に遮断し、暖かみのあるゆったりとした時間が過ぎる。これは船大工の手がけた大胆で精巧な家なのだ。

「三角家」と呼ばれる曲線を描く建物は、船を造る船大工の意気込みが伝わる（写真11）。厳しい自然環境においても、持続可能な空間のあり方を探求した建築のかたちである。現代では、どれもこれも似たり寄ったりの表現しかできない緊張感のなさに、宿根木の建築群は時代を乗り切りながらメッセージを発する。

都市空間の仕組み

集落内を貫くように称光寺川が流れる。その両側の護岸は石積みで、所々に洗い場が設けてある。生活と密接に関わり続けた川とわかる。一方一八四六（弘化三）年には、洪水で死者五人、家屋の損壊五〇軒の大惨事が起きる。この二つのことから、自然のリスクを背負う宿根木の都市空間のあり方が少し見えがくれする。

宿根木には、一四世紀前半から続く古い寺社が現在も残り続ける。古い石橋が架けられた川の奥にある白山権現は一三〇四（嘉元二）年開基とされ、社殿に一六六一（寛文元）年の棟札が残る。棟札は、河村瑞賢が一六七二（寛文一二）年に西廻り航路を開き、小木が公式に幕府の寄港地として定められ、繁栄する以前の時代である。江戸時代初期に、廻船で繁栄した時代の証人である。寺院は、称光寺川を挟んだ東側に位置する。称光寺の開山は、遊行七祖他阿《たあ》上人が一三四九（貞和五）年に本堂を建立したことにはじまる。佐渡四国七番札所でもある。この寺には、三九歳で亡くなった地理学者・柴田収蔵が永眠する。医学も習得した英才だが、地理学への志を捨てきれず地図づくりに没頭した。港町である宿根木の風土が人格を育てたのだろうか。

写真 12　崖下につくられた共同井戸（写真撮影：石渡雄士）

井戸のあり様からも見える自然の厳しさ

称光寺近くの崖下に、共同井戸が置かれている。海側からは、密集する集落群の一番奥に位置する。江戸中期以降の繁栄では、集落から溢れた建物が崖周辺に建ちはじめると、彼らの貴重な水資源がこの共同井戸だった（写真12）。他に、集落の外部には共同井戸が見当たらない。港近くに共同井戸の痕跡がないことは、いくつもの港町を調査した経験から気になる。多くの廻船が水を求めて寄港する港町にしては少な過ぎる。ただ、公開されている建物内には立派な井戸がある（写真13）。これも、自然条件の厳しい宿根木独特のあり方だろう。貴重な真水は屋外ではなく、個々の家が室内で管理してきたと考えられる。

塩の混じった雨や風、波を防ぐ方法として、外壁は開口部を極力つくらないようにしている。集落全体が寄り添う、町全体があたかも巨大な建築群のようにも見えてくる。長い年月を経て工夫されてきた表現なのだろう。港に向かう通りと、そこから引き込まれた細い小道とを比較すると、面白い。通りに面して閉鎖的だった外壁は、一挙に開放的な開口部をつくりだす（写真14）。道にいくつかのヒエラルキーがあるというより、町ぐるみで全体をつくりだしている。まるで町を船に見立てているかのようだ。

写真13　室内に設けられた個人井戸（写真撮影：石渡雄士）

写真14　通りから小道に入った開口部の多い町並み（写真撮影：石渡雄士）

宿根木は、広い世界と結びついてきた歴史がある。車社会である現在は、どうしても船は二次的、三次的交通手段に追いやられてしまった。ただ、今一度船で宿根木を訪れる試みがなされるべきだと実感する。船影のない港は、港町としての空間の本質を宿根木から感じ取れないからだ。日本の都市空間において、宿根木が計り知れない意味と価値を持つだけに、海から訪れたいと願う気持ちがより強くなる。

3　潮位差の少ない環境がつくりだす水際景観—伊根・成生

(1) 山の稜線に包まれた内海に成立する伊根

日本海側の潮位差

日本海側にある漁村や港町には、水際に舟屋を配する集落が多く見られる。日本の沿岸を見渡すと、潮位に違いがあると気づく（図1）。最大潮位差は、有明海の住ノ江が六・〇m。日々起きる潮位差が平屋建ての建物の屋根をゆうに越える。瀬戸内海も潮位の差が大きく、広島で四・〇mとなる。太平洋側は東京と鹿児島が二・三mである。日本海側は新潟と境港が〇・三mとなっており、太平洋側に比べ七分の一にも満たない。日本海側の沿岸に住む人たちは、波穏やかな時まるで大海が湖であるかのように潮位差をほとんど感じることがない。舟屋のある風景はこのような自然環境からつくりだされた。その代表的な例として伊根（現・京都府伊根町）がある。

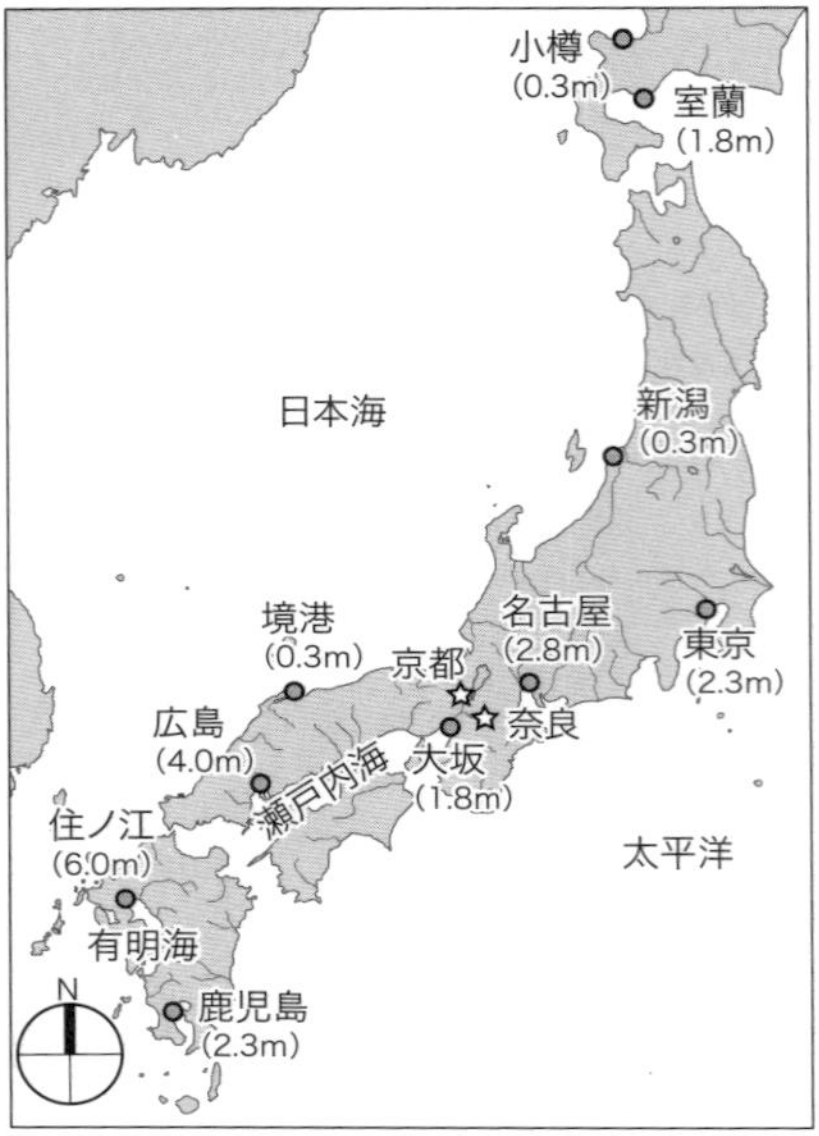

図1　日本沿岸の潮位差

伊根は、日本三景の一つ、天橋立から車で小一時間ほど西に向かった場所にある（図2）。伊根に近づくと、まず濃い緑で覆われた椎の森、青島が見えてくる。内海と外海を隔てるように浮かぶこの島は、古くから樹木の伐採が一切ゆるされていないと聞く。深い海の青さと島が一体となり、深遠な風景を今も描く。海岸線に沿う道が曲がりくねり、水際に連続する舟屋の家並みがまだ確認できない。海にせり出す山の斜面を削り取ってできた道を車で行くと、このあたり一帯が人の住む地形ではなかったように思える。

伊根を目指して車を走らせてきた道は、昭和に入り拡幅整備されたものである。それまでは海岸近くまで迫り出した崖が行く手を拒み、唯一の交通手段が船だった。その体験を肌で感じ取りたい思いがあり、まず地元漁師の漁船に乗せてもらう。

図2　若狭湾一帯の広域図

自然に抱かれた人々の営み

海から見た青島は椎の森が海に影を落とす。この辺りが魚の宝庫であることを実感する。集落が立地する水際は大地が深くえぐれてできたかのように内海をつくりだす。前島である青島は外海の高い波をいつの間にか静寂な水面に変化させる。青島と海、背後の山々、それらの自然と掛け合うように、人のいとなみの場となる連続する舟屋のパノラマが内海の水際に沿って展開する（写真1）。伊根の集落は南に海、北に山を配することから、日を浴びた明るい風景となる。船の移動とともに、日の光をたっぷりと浴びた幻想的な風景を体験すると、やはり海からが伊根の表玄関へのアプローチだと知らされる。

伊根には質の異なる二つの道が現在同居する。一つは、舟屋と母屋の間を縫うように、八つの地区をくまなく通り抜ける一九三二（昭和七）年に整備された新しい道である。伊根に入る途中、不審に感じた道がそれにあたる。この道を地元では「ニワ道」と呼ぶ。どうしてなのか。それは、山にも海にも開くことが難しい自然環境と関係がありそうだ。

写真1　海に面して舟屋の並ぶ風景

写真2　慈願寺から見た伊根の集落と青島の風景

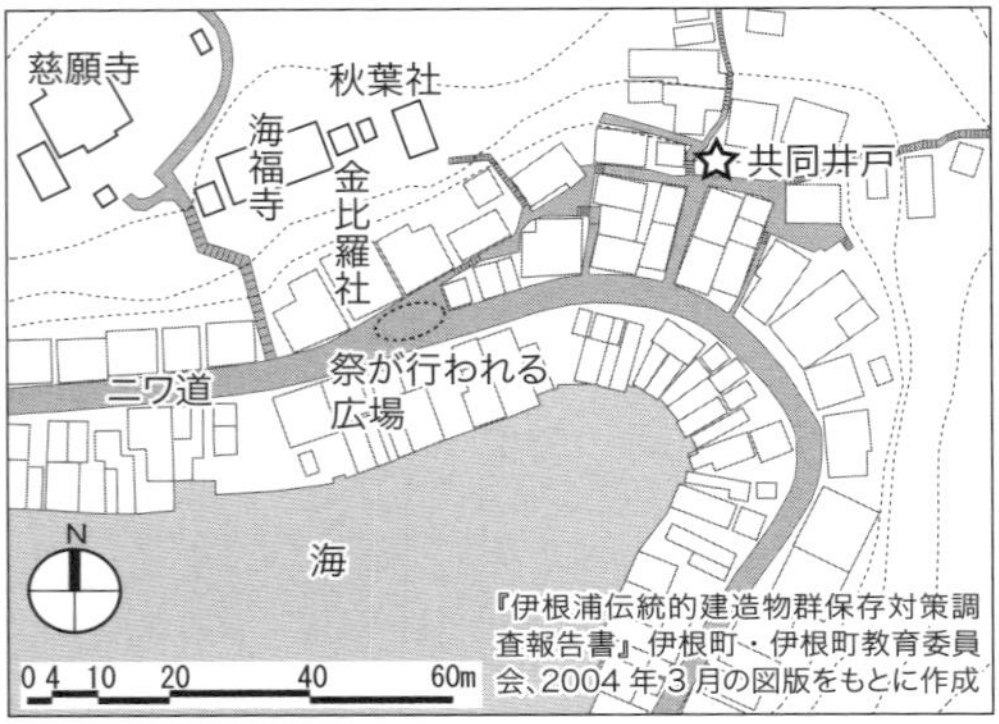

図3　道の役割〈耳鼻〉

いま一つは、急な斜面に山側から海に向かって、あるいは等高線に沿って延びる道である。こちらの方は古くからあり、海が荒れた時集落と集落を結び、集落から寺社へアプローチする道でもある。海からのランドマークを誇示する寺社の方向へ階段状の急な坂が延びる（写真2）。内海から見えた坂の途中には、山へと入り込む路地が枝別れし、要所に今も使われている井戸が確認できる。井戸のある場所から海の方へ振り返ると、内海に向かって通された路地の先に、海の青さが目に飛び込む。旧道は路地を延ばし、山と海を結ぶ。祭の時は参道から檜舞台の海に出てパフォーマンスする道筋となる。

地上では、「ニワ道」を辿ることで各戸が身近に祭と一体化する。山からの旧道の出合うちょっとした空地で祭のクライマックスが繰り広げられる（図3）。単に車がすれ違える広い道路を整備したわけではなく、変化のなかで伊根独自の仕組みが甦る。

共労するくらしのペイジェント

八つの地区で構成される伊根のはじまりは、高梨（亀島村）とされる。だが、亀島村と平田村は、一二三二（貞永元）年の創建とされる八坂神社を祭礼の場とする。最も古い歴史を凝縮した村境が中心的な場になる。神社の共有は奇異に感じるが、村が隣接して分割されたのであれば無理からぬことだ。江戸時代の初めころまでには、亀島村（高梨）と平田村、そして八坂神社を村社として分社した日出村が「伊根三ヶ村」と総称されるようになった（図4）。

亀島村は、後に高梨から内海対岸に立石、耳鼻、亀山の三集落を拡大させる。明治期の小学校の成立経緯は村々が分散していく履歴と重なる。伊根では、一八七二（明治五）年の学制発布を受けて、翌

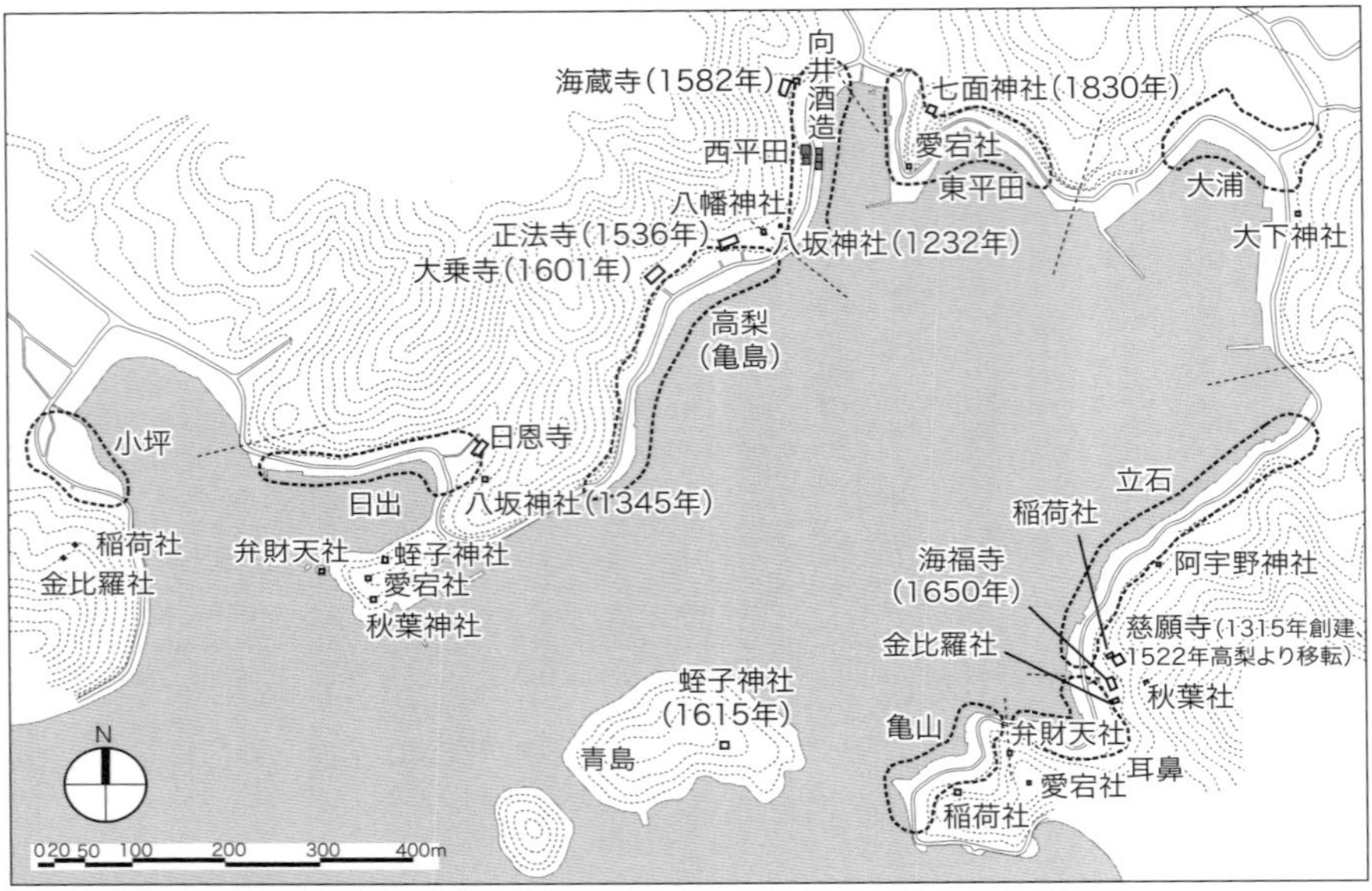

図４　伊根の集落構成と寺社の分布

七三年に高梨・平田・日出が連合し、八坂神社に隣接する高梨の大乗寺（一六〇一年、真言宗から日蓮宗に転宗）を校舎とし、近代の学校教育がはじまる。小学校は後に三つに分かれ、高梨の他に、日出と合同して平田に、後に立石・耳鼻・亀山に置かれた。

伊根の海では、江戸時代から鰤《ぶり》漁が中心であった。昔の漁法は麻縄の刺網を使い、各戸が個別に漁をしてきた。一六世紀の終わりころには、「鰤運上」のはじまりと共に、丹後を制圧した越中を支配する細川氏から越中網を使った集団漁撈の手法が伝えられた。その時に漁撈も個から集団に変化した。高梨と内海を隔てた立石、耳鼻、亀山の四地区は独自の集落群を形成する一方で、漁撈を介した共同体を構築する。漁の集団化により、内海に迷い込んだ鯨を四集落の漁民が総出で囲い込んで外海への逃げ道を絶ち、追い詰めるダイナミックな漁法

写真4　生活がにじみ出るニワ道

写真3　海側に位置する舟屋と蔵

が見られた。

町並みの進化

伊根は、一九三二年に道路拡幅工事の時、土蔵、米蔵、舟屋を海側に移動させた（写真3）。戦後になると、母屋と舟屋の半数近くが建て替えられた。地元の人が「ニワ道」と呼ぶ不思議な名前の拡幅された道は、単に敷地内の生活空間の中央を貫いたわけではない。山側から海側へ、母屋、庭、蔵、舟屋で構成される敷地内空間のあり方は健在だった。

日の光をたっぷりと浴びたこの道は、網を干したりする私的な「庭」のように、あるいは集落内でのコミュニケーション伝達のツールとした。お互いの敷地内の庭を連続的に結びつけたイメージがあり、「ニワ道」と呼ぶようになったと思われる。この道を歩くと、今も小魚や畳などを干す風景に出会う（写真4）。敷地内で完結する、同じ日本海に位置する三国の通り土間とは異なる。山裾がすぐ海に迫り、平地がほとんどない、厳しい自然条件から発想された独自の道空間である。しかも、「ニワ道」があることで、母屋から水際にある蔵と舟屋を連続させることも可能にした（写真5）。

写真５　ニワ道を挟んで建つ母屋と蔵

伊根を訪れると、舟屋のある風景にあまりにも心を奪われがちである。一戸一戸が独立する舟屋の存在だけでなく、海に向けられた建築群の一体感、村を支える神と水に誘う旧道の存在感、個と全体を有機的に結びつける「ニワ道」の自在感があったからこそ、伊根がより伊根らしくあり続けたと感じる。そこには、厳しい自然と暮らすともに、人間と折り合う共同体のやわらかな根が組み込まれていた。伊根は、近代という猛烈な波に飲み込まれて個性を失ってきた多くの都市や町の生き方とは違う。変化しながらも空間の魅力をさり気なく、それでいて力強く維持し続けてきたからだ。

(2) 舟屋のある漁村集落・成生

成生の俯瞰から

成生《なりゅう》（京都府舞鶴市）は、中世以前に成立した港町である。近世には集落空間を大きく拡大させなかった。明治後期から大正期にかけても、ほぼ近世の集落規模で極めて緻密な集住空間をつくりあげた。拡大を拒む地形条件があったが、それをうまく利用した。

大浦半島先端付近の東側に位置する集落で、成生の人たちは若狭湾の豊富な魚を捕る漁業で生計を立ててきた。舞鶴から車で曲がりくねる山道を進み、辿り着いた道の終着点が成生である。目的の集落に入る手前には見晴しのよい高台がある。そこから成生の風景が眼下に一望でき、集落の魅力を充分に堪能できる（写真6）。

明治末期から大正期にかけての鰤漁が盛んであった時代に、成生は素晴らしい集落景観をつくりあげた。このまとまりは、単に小さな漁村集落であるから成し得たというだけでは言い尽くせない、完成度の高い「都市集落」といえる（図5）。ただ、成生は都市ではなく、数十戸（現在二一戸）ほどの

写真6　成生の全景

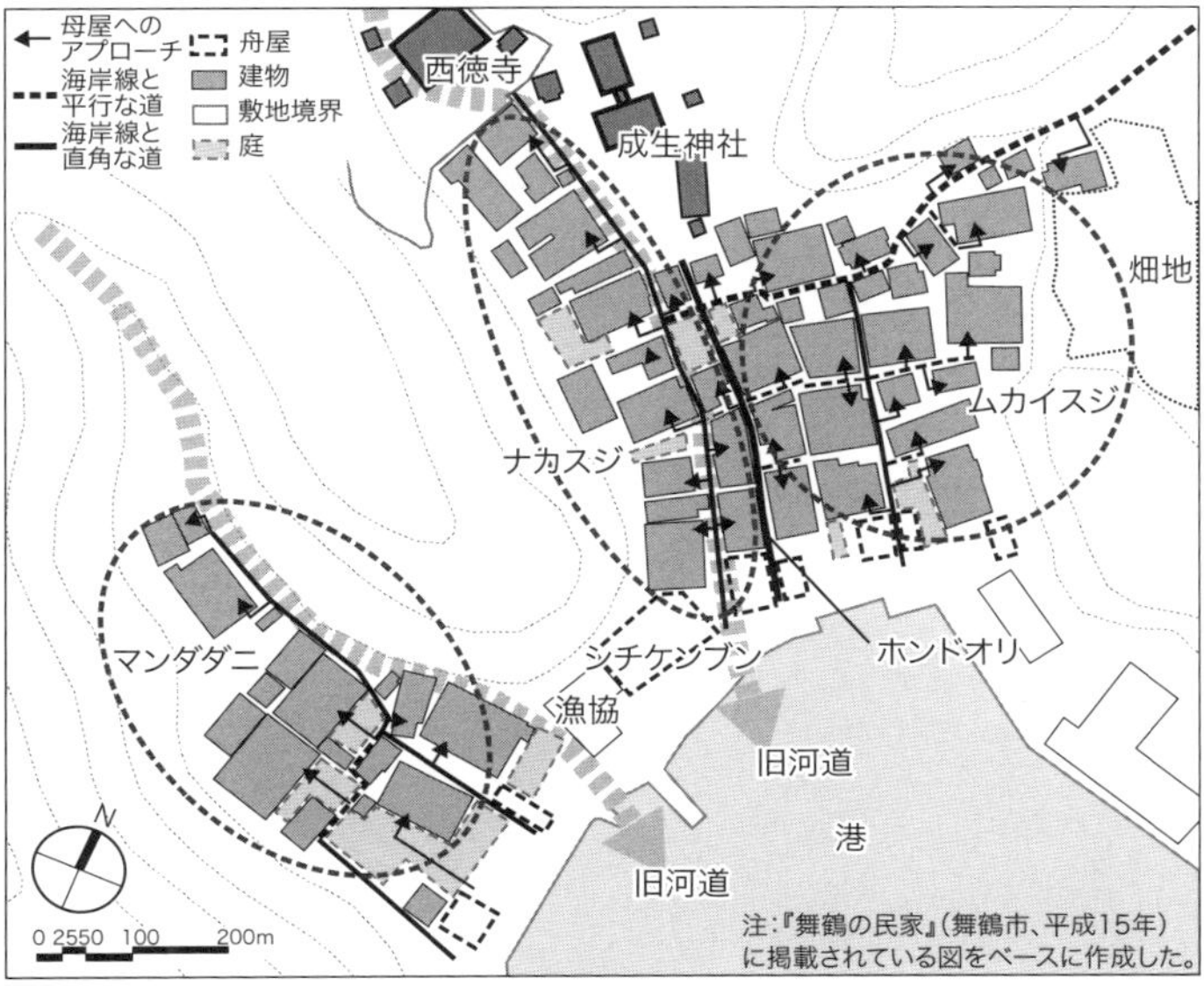

図5　成生の道と建物が構成する空間構造

写真７　海から見たホンドオリ

写真８　成生神社に向うホンドオリ

小規模な漁村集落に過ぎない。その小さな塊が実に合理的に空間をつくりだし、しかも訪れる者の身体感覚にフィットする手作りの都市を体験させてくれる。

道と路地の構成

成生には、二つの谷戸があり、そこに三つの集落が分かれて収まる。海から向かって右側の集落は二つに分かれる。海から向かって右側から「ホンドオリ」を境界とする「ムカイスジ」と「ナカスジ」、もう一つの独立した谷戸が「マンダダニ」と呼ばれる。これらは、「日待講」などの信仰行事を行う際に当番を選出する単位となり、三つの「組」が組織された。

海から集落の奥に入るには五本の道が現在通されている。「マンダダニ」には二本の道が通り、右側の大きな谷戸には「ホンドオリ」、その両側に「ナカスジ」と「ムカイスジ」がある。「ナカスジ」に入る道は比較的広い。川の跡が道となり、最も低い場所を通る。「ムカイスジ」は、舟屋の中を抜けて行くために、海側から見ると入り口がよく分からないくらいに狭い。

写真９　ホンドオリと直交する細い道

写真10　屋内化された路地

広さからいえば「ナカスジ」が最も広いが、「ホンドオリ」と地元の人たちが呼ぶ細い道の先に成生神社がある。この細い道が集落全体の中心の軸であるように思われる（写真7）。ただ不思議なことに、成生神社から海に通じる「ホンドオリ」の道には各家に直接アプローチする玄関が全くなく、集落の人たちがこの道に集まる構造にはなっていない（写真8）。「ムカイスジ」の道も、路地を引込んでから玄関に導かれる。各家へ直接アプローチする道は「マンダダニ」を通る道以外になく、家へのアプローチは水際と平行に通された道に限られる（写真9）。これらの道からも路地が通され、家の玄関に通じるケースが見られる（写真10）。

各戸へのアプローチは海の水際線と平行する細い道と、そこからさらに延ばした路地からである。この仕組みが公共空間と私的な空間の間に、セミプライベートな空間をつくりだす。

共同化を尊重する集落のあり方

近代上水道の普及が大都市周辺でやっと途についたばかりの昭和初期、成生では上水道が完備する。現在のような離島や過疎地に与えられる補助金でつくられたわけではない。しかも、成生では近代上水道の敷設だけではなく、道路の舗装など共有する空間すべてが自前で整備された。

それには、鰤の大敷網の導入による漁獲高の上昇や副業の養蚕による収入増によるところが大きい。一九四五（昭和二〇）年までは、一般的に土地の有力者が自己資産で定置網を独占する漁業であった。個人所有の魚場はかつて成生にもあり、その有無で所得格差があった。しかしながら、一九〇三（明治三六）年には全戸を組合員とする漁業共同組合が設立され、一九〇六（明治三九）年に大敷網が導入された。組合が自営する大敷網は当時この成生と伊根だけだったといわれる。漁業組合は漁業収入を平等に配分し、均一を保つ社会となる。その結果、集落全体としてはバランスの取れた質の高い集落空間が描きだされた。

さらに興味深いことは、畑の少ないこの漁村で養蚕が成り立っていたことだ。養蚕の始まりは、一八八九（明治二二）年ころからで、漁業共同組合の成立より早かった。鉄道の敷設に伴い、日本全国に養蚕農家が誕生していくが、この不便な一漁村である成生が不安定な漁業収入を補うために養蚕に手を出したということではない。当時すでにかなりの漁業収入があり、共同性の強さが養蚕を可能にしたと考えられる。一八九六（明治二九）年、現在の京都府綾部市に大規模な製糸工場（現・グンゼ）が開業したことも追い風となった。二〇戸の組合員が家族以外に臨時に雇う人数は、一年に六〇〇人というから、その数は半端ではない。個々の判断でこれほどの人を集めることは難しく、これもまた共同で事を起こす集落ぐるみの仕組みがあったからこその養蚕と思われる。

近代産業を受け入れるだけでなく、自然環境に順応した実にコンパクトな都市空間をつくりあげた。成生の人たちの先進性と時代を見抜く能力には驚かされる。共同性は、歴史の継承と先進的な意志が共存しなければ成り立たないことを教えてくれる。

建築空間に描かれた集落の特色

成生では、明治末ころから漁獲高の上昇や副業である養蚕収入の増加により、住宅や舟屋の建て替えが一気に進む。一九〇九〜一〇（明治四二〜四三）年に作成された「家相図」がかなりの家に残されており、急速な建て替えが行われたとわかる。だが、豊かさからくる急速な変化においても、住宅は「四六」（梁行四間×桁行六間）と呼ばれる二四坪程の規模が基準とされた。目立って突起した建物は見受けられず、ほぼ平準化した間取りを保つ。共同化がしっかりと根付いている証拠である。

明治以降に建てられた主屋は、桟瓦葺き二階建てで、棟に養蚕のための温度調節（暖房）用の煙出し（空気抜き）の小屋根が設けられた。屋根が瓦葺きとなるまでは茅葺きが中心であった。

写真 11　「シチケンブン」と呼ばれる連棟形式の舟屋

建物の規模を一定にするとともに、舟屋も共同利用が図られた。特に「シチケンブン」と呼ばれる連棟形式の舟屋は、内部を七つに区画し、一つの区画を二戸が共有することもあり、一一戸の共同利用である。現在の建物は一九一四（大正三）年ころに建てられたという（写真11）。明治期の古写真には、茅葺き、入母屋造りのシチケンブンが写し出されており、独立型の舟屋も古くは茅葺きで入母屋妻入りの建物であった。

茅葺きの屋根から瓦葺きへの変化は、一九〇九（明治四二）年五月三一日、舞鶴町（現・舞鶴市）西吉原の大火で住宅や舟屋二〇〇余棟が焼失した大火が要因であった。その時、茅葺き屋根が延焼を早め大火となったからことから、成生ではいち早く組織的に瓦葺きに改める「草屋講」が組織された。

原風景としての中世以前の成生

成生神社の社殿は、一三七四（応安七）年の大火で焼失し、その後の一三七九（永和五）年に再建されている。また西徳寺（臨済宗東福寺派）は、一四二九（永享元）年の開創と伝えられる。このことからも、成生は近世に成立した集落ではなく、少なくとも南北朝時代以前に溯る。成生神社は集落の鎮守であったが、現状の建物配置からは、どうもこの神社を背景にして集落が全面に構成されておらず、別の原理があると考えられる。中世以前はどのような集落構造であったのか（図6）。

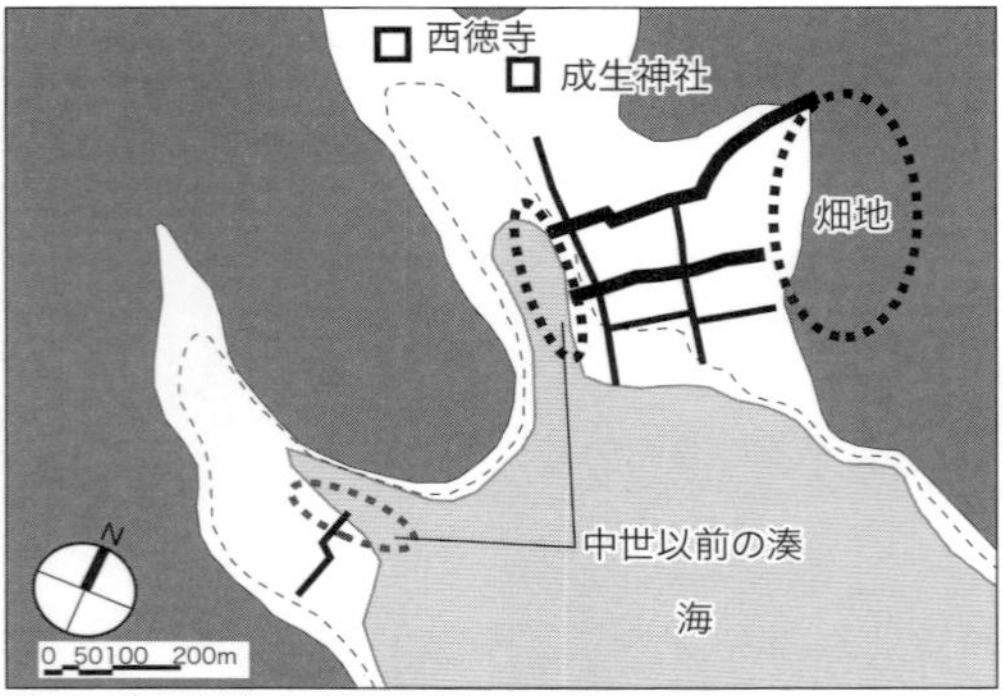

図6　中世以前の水際線と現在の道の構成

中世においては、現在より四m程潮位が高かったと想定でき、水際線が現在と比べ大きく異なっていた。二つの谷戸には、川が流れ込む小さな入江ができる。この自然条件をもとに、成生の初期漁村集落が形成された。中世の湊（港）は自然の小さな入江が恰好の場となり、海へ向かう軸は唯一自然と呼応する神の道となる。ただ集落を構成する上でより意味のある軸は、神社からの軸と直交するかたちで入江内の湊に向う生活の軸であった。現在の海岸と平行な道が営みの軸として重視され、人々の住まいへのアプローチがこの道に集約された。このように考えると、図5の道と路地、住宅へのアプローチに見られる現状の空間システムと符合する。

近世の集落危機を乗り越えて

一六〇二（慶長七）年の検地では、成生村とともに小成生村という分村があった。成生村は六三戸、小成生村は一三戸あり、村全体では七六戸となる。現在の「マンダダニ」にあたるエリアが小成生村であると思われる。

集落全体では八割が漁労、二割が農を専業とする構成であった。成生村だけで六三戸であるから、現在の四倍弱に相当する戸数が集落を形成していた。就業構成は漁労をサポートするように二割の家が農業専業だった。

戦国時代の成生は若狭や丹後の海ばかりでなく、加賀・能登海方面までも漁に出ていた。順調に漁村集落として成熟してきた成生だが、一六〇七、〇八（慶長一二、一三）年ころ、出漁中に大量遭難して一挙に働き手を失う。その時、小成生村を廃し成生村に集まる重大な事態が起きた。しかも、当時の領主である京極氏は年貢の減免を認めず、人々の離村が相次いだ。寛永年間（一六二四～四三）には戸数七戸に激減する。

ただ集落の縮小と折り重なる難事を受け入れ、以降は少しずつ回復する。二世紀後の一八二〇（文政三）年には二〇戸となり、以降明治まで大きな増減はない。現在は二一戸と、次の二世紀の間ほぼ同じ戸数を維持してきた。

さて、七六戸から一〇分の一以下の七戸に減り、集落を縮小させた場所はどこだったのか。それは、土地の不安定な場所ではない。最初に集落を成立させたエリアであり、現在「ムカイスジ」と呼ばれる辺りではないかと考えられる。このエリアだけが現在も居住空間を中心として、神社、後背の畑地、海に面した湊との関係をコンパクトに集約し、完結した集落空間となり得る型をしている。江戸時代初期にはここを拠点として七六戸まで集落を拡大させていた。

第4章 城下町

1 城下町の成り立ちと地形

城の立地戦略と河川・用水の利用

地形を征し、水を制す。戦国時代が終わるころから、徳川家が安定して国家体制を維持しはじめる江戸時代初期まで、極めて短い時間的経緯のなかで築城された城は、掘割を巡らせた特異な都市空間を描きだした。戦国時代初期まで、城下町は城が立地する高低差のある地形に強く影響され、丘陵に包まれたわずかな平地に限られた。一乗谷、枝折《しおり》などがその例である。一乗谷は足羽《あすわ》川中流にあり、船が遡行できる終点にあたる（図1）。一乗谷を領する朝倉氏は、城下町建設の際に足羽川と北国街道が交わる福井の有力商人を一乗谷に移住させようとしたが、失敗に終わる。その福井も海からは遠く、有力な港町の三国が強い交易力を独自に堅持し続けた。九頭竜川・足羽川の舟運で結ばれながらも、政治を担う城下町、経済を担う町人町、交易を担う港町が分離したままで存立した状況が一乗谷にはあった。

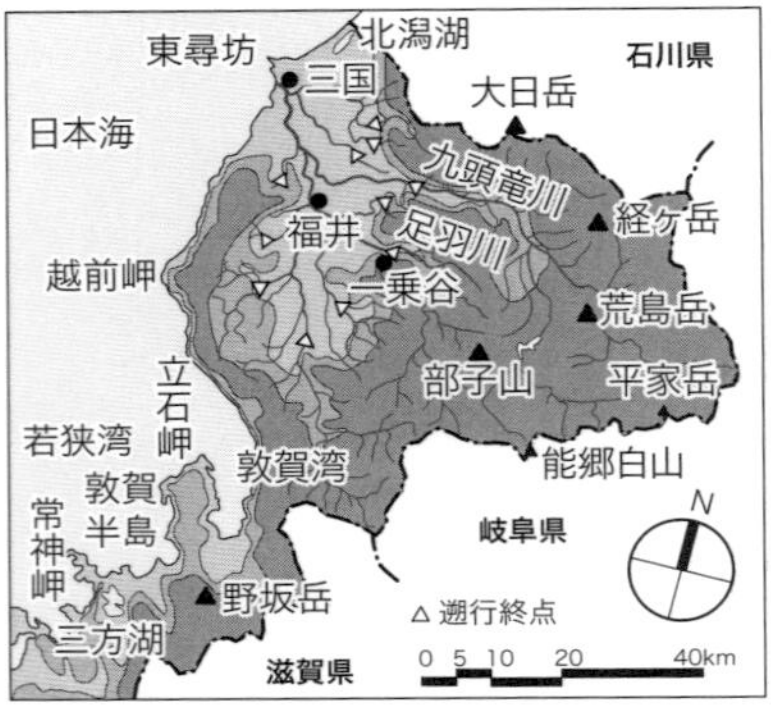

図1　九頭竜川流域図

城は守りを固める最も適した山の上に、町は商業・交易が円滑に行なえる平地につくられた。その二つが分離されていた歴史は長い。戦国時代を制した織田信長も城を山の頂きに置き、城と城下の町を分離していた（図2）。このような城と町の分離は織田信長の岐阜城をはじめ、戦国時代には一般

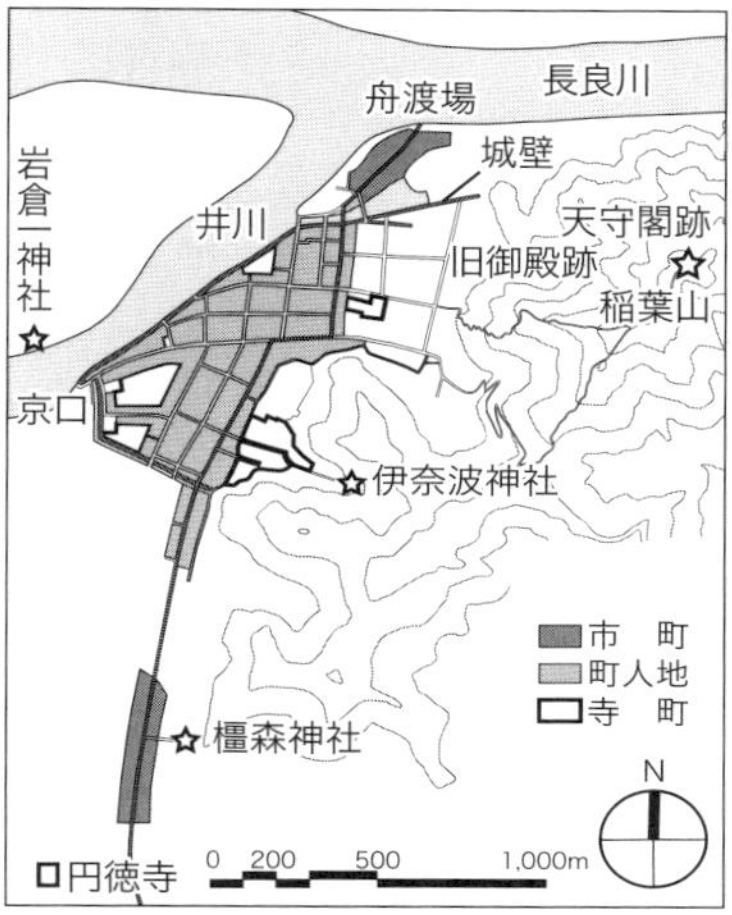

図２　戦国時代の岐阜城と城下

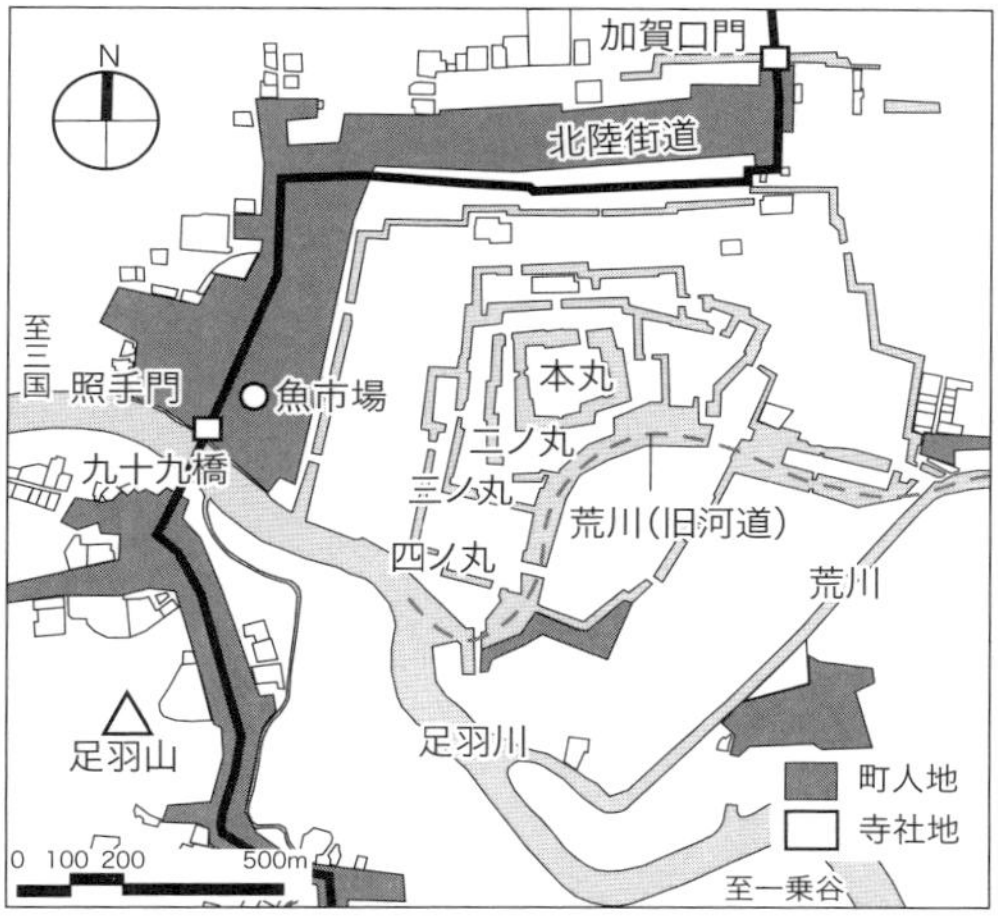

図３　江戸時代の福井城下町

的に見られた。

　豊臣秀吉が天下を統一した時代から、山城から平山城へと、城が立地する地形上の変化により、城下町でも台地に武士、低地に商人・職人の居住の場が形成された。城と町を一体化するケースが圧倒する。豊臣秀吉の大坂城、徳川家康の江戸城が代表的な例として挙げられる。この時、城の防御は高低差だけで補えず、城の四周を濠が何重にも巡るようになる。その象徴的な存在が大坂城だろう。濠は既存の川、あるいは人工的に整備された用水の水を貯めて完成された。

　既存の川の一部を濠に利用した例としては福井の城下町がある（図3）。蛇行して流れていた荒川の流れはバイパスを新たに掘り込み、人工的な直線の川を足羽川の少し上流で合流させた。分離させた旧河道は埋め立てずに残され、外濠の役割を担う。城下町としてのかたちが整った時点では、城を中心に武家地、町人地、寺社地が整然と配されているかに見える。だが、地形や川の流路を意識しながら城下町

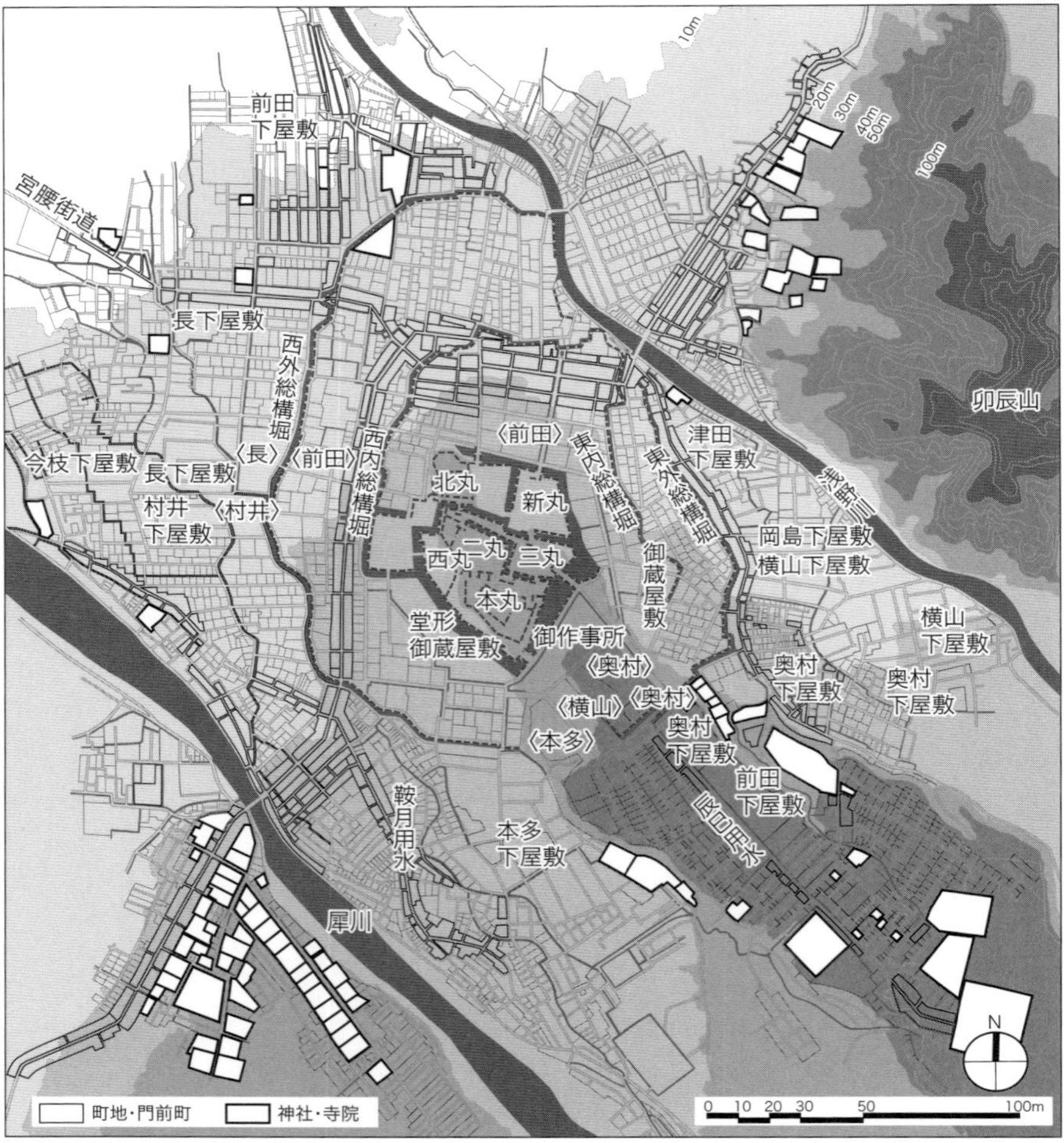

図４　城下町金沢の用水路網と地形（江戸時代後期）

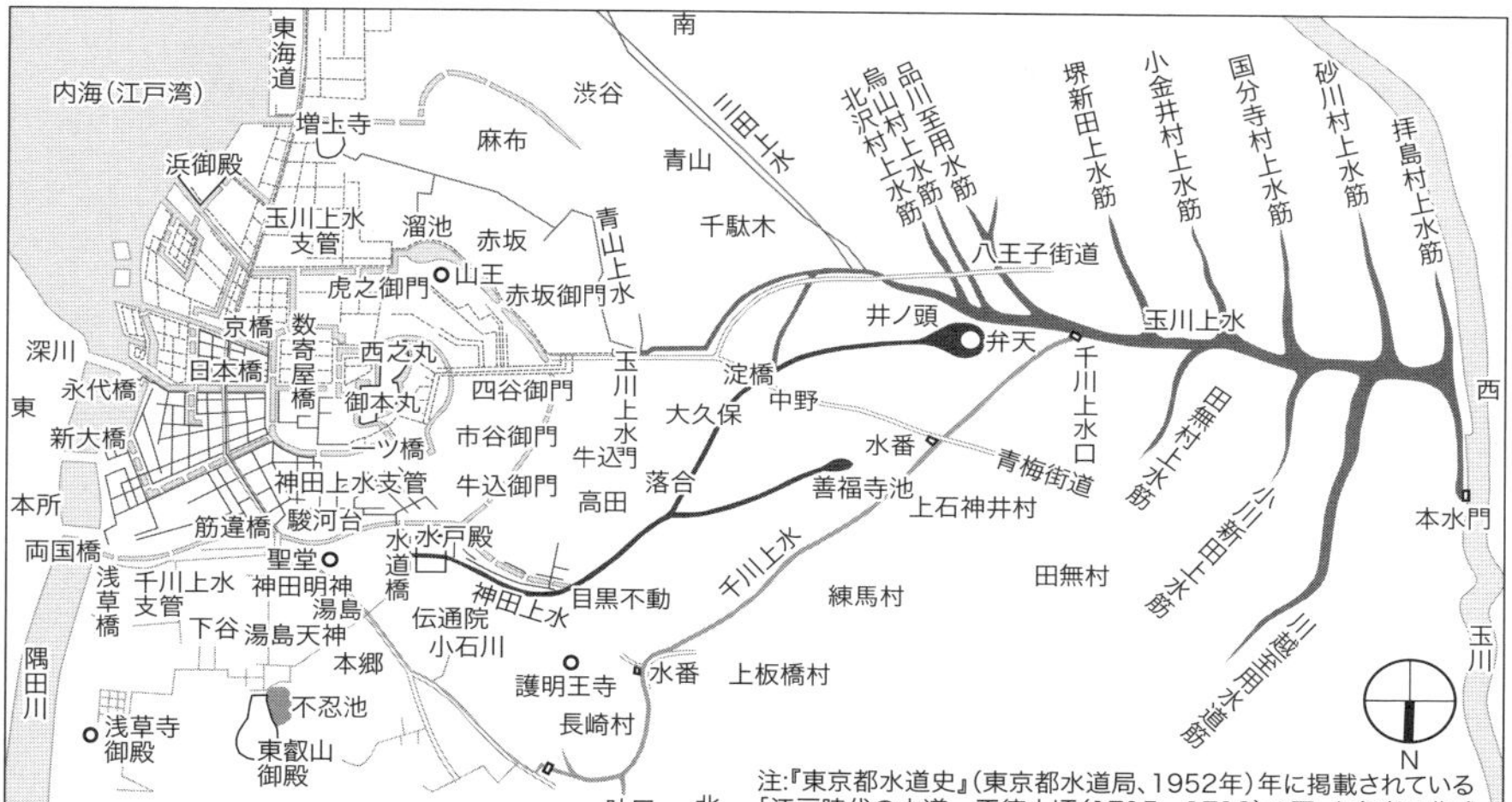

注:『東京都水道史』（東京都水道局、1952年）年に掲載されている「江戸時代の水道　正徳末頃（1715〜1718）の図」を参考に作成

図5　江戸時代の江戸の水道、正徳末ころ（1715〜18年）

のあり様を再考すると、福井の城下町は微高地の街道沿いに古くから拠点を置いていた町人地を基本に城下町が張り付くかたちでつくられたとわかる。

江戸時代に入って世情が安定すると、城下町は巨大都市化する。多くの人たちが住むことになり、飲料水などの水が大量に必要となる。徳川家の江戸や前田家の金沢では、台地の尾根筋を利用した用水が新たに掘られ、遠く離れた場所から大量の水を運び入れた。周囲より十数メートル以上高い平山城に水を大量に運び入れるには、標高の高い場所から取水し、台地の尾根筋を低勾配で引水しなければならなかった（図4）。金沢は辰巳用水、江戸は玉川上水を主な水源として内濠・外濠が整備された（図5）。自然の水がしっかりと管理され、掘割が巡る勇壮な城下町を完成させる。

低湿地帯に築かれた特異な城下町・柳川

特異な城下町として、海水の入り込む低湿地帯

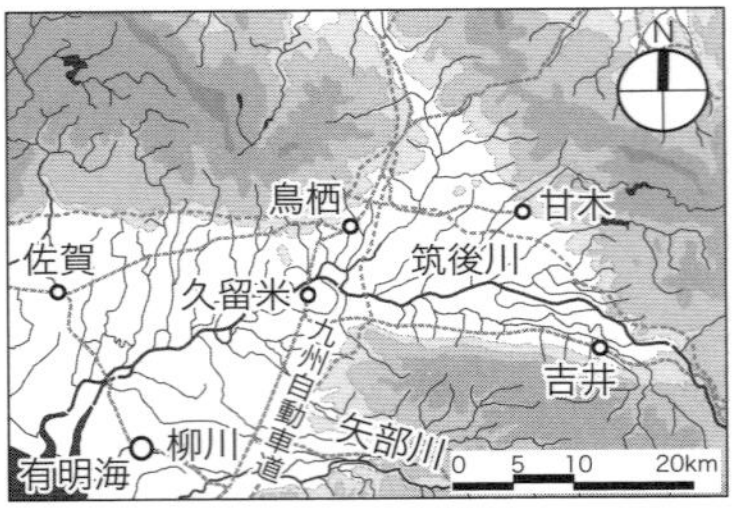

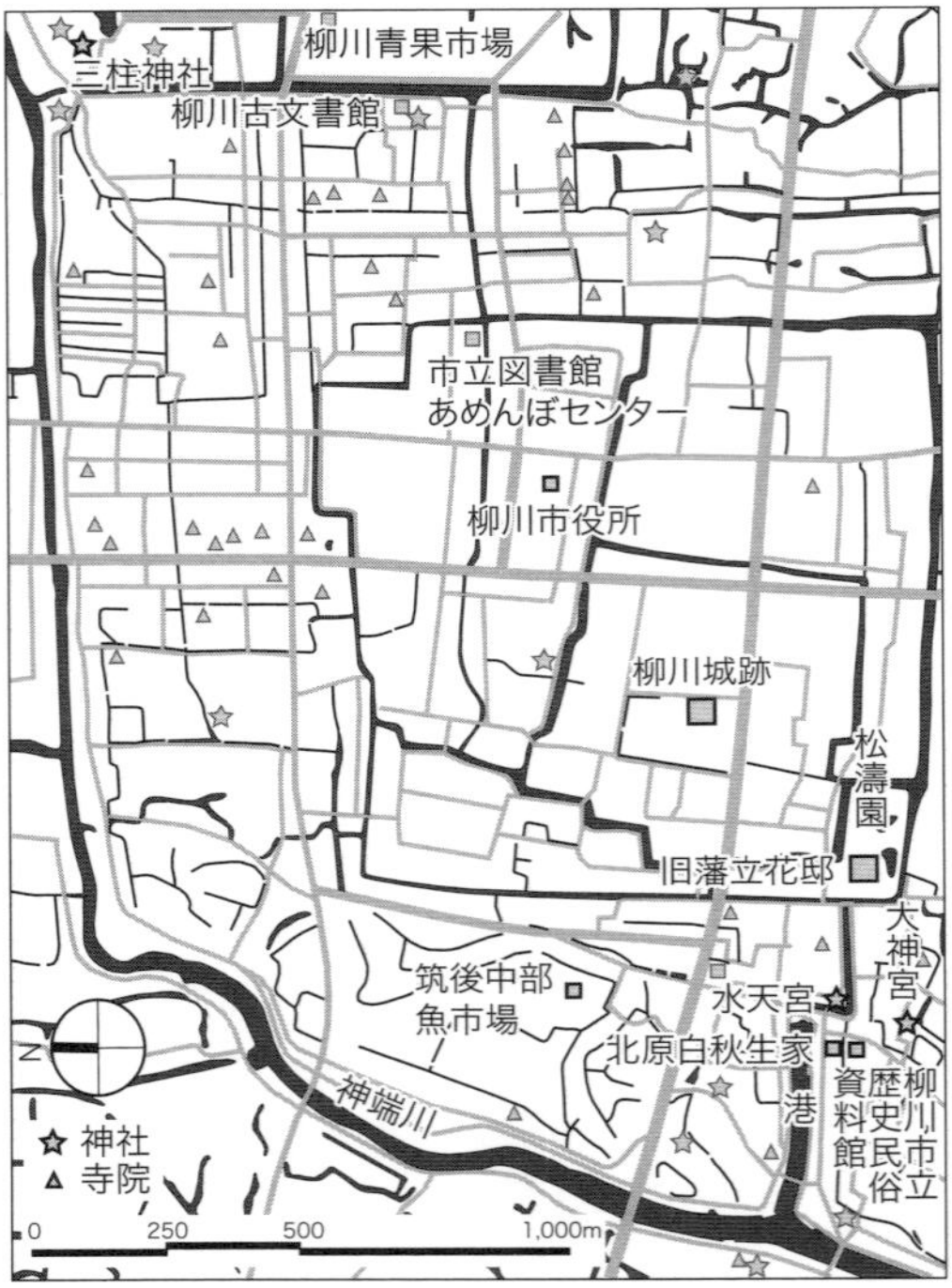

（右）図6　柳川周辺の広域図
（左）図7　現在も縦横に水路が巡る柳川

に築かれた柳川がある（図6、図7）。有明海に注ぐ筑後川河口部に位置する柳川。その城下町は、二三km上流まで海水が遡り、地下水の恵みに乏しい場所に築かれた。この柳川が水郷として確立した時期は、一七世紀に入って間もないころ、田中吉政（一五四九〜一六〇九年）が柳川城主として入国した一六〇一（慶長六）年に始まる。有明海の水位は一日の間に六m以上も上下することから、当時の柳川は人が住む場ではなかった。吉政は九州山地から有明海に流れ込む矢部川などの河川を大改修し、分水工事、用水の開削、堤の築造を大規模に行う。飲料水となる良質の水を城下や田園に引き入れる雄大な水のシステムがつくりあげられた（写真1）。各々の家の前には必ず掘割がある特異な城下町を誕生させる。

　有明海で漁をする柳川の港を訪れると、一日の劇的な変化をエンジン付き船の時代でも体感できる。潮位差により、満面の水が引ける時に多くの船が海を目指し、その

（右）写真１　柳川市街を巡る掘割
（左上）写真２　潮が引いた柳川の港
（左下）写真３　ホテルとなった旧城主・柳川家の邸宅

後はるか先まで砂底が露出する。再び水が満ちてきた時、上げ潮に乗って海の幸を載せた漁船が帰港する。自然の呼吸に、この町が同化する光景を体感できる（写真2）。

極めて人工的にコントロールされた矢部川の水により、干拓でできた田園や城下町にも細やかな水のコントロールシステムが組み込まれた。良質の水を取り入れる取水口、排水と海水の逆流を止める水門、目に見えない道路の下にも樋管が張り巡らされた。自然と融合させる闘いの末に、極めて人工的でありながら自然と呼応した和やかな水の風景が目の前に展開する。

これらの水は量だけではなく、時間でもコントロールされる。日常の潮の干満や大雨、乾季に合わせて精密機械のように、数千にも及ぶといわれる利水施設が一見のどかに見える水の構図を支え続け、豊かな水が町に表現されてきた。水都柳川を象徴するように、立派な船着場のある旧城主・柳川家の邸宅がホテルとなって継承されている（写真3）。

自然の地形と川のあり様、それを利用した人工的な用水、掘割の関わりが独特の城下町のかたちとして描き出されてきたが、もう少し城下町個々の特異性を地形からの視点で読み解いてみたい。山間の凹地に潜む中世城下町である一乗谷と枝折《しおり》、山間の渓谷に巡らされた用水の城下町の郡上八幡、扇状地に成立した城下町・山形、高低差を活かしたダイナミックな惣構の城下町・江戸へと話を進め、城下町の章をしめくくりたい。

2 山間の凹地に潜む中世城下町――一乗谷・枝折

(1) 一乗谷

一乗谷は朝倉氏が滅亡してから長らく土の下に眠り続けてきた戦国城下町である。一九七二（昭和四七）年から発掘調査がはじめられ、その全貌が今日明らかにされた。福井駅から二〇分ほど九頭竜線に揺られると、一乗谷駅に着く。

九頭竜川流域は、古くから内陸の奥深くまで船の航行を可能にしていた。中世の終わりころの城下町・一乗谷は、船が遡れる「遡行終点」にあり、しかも山間に囲まれた自然要塞の地であった（第4章1節図1参照）。戦国時代の一乗谷には、国内ばかりでなく、大陸から海を渡って貴重な品々が港町・三国や町人の町・福井を経て流通した。

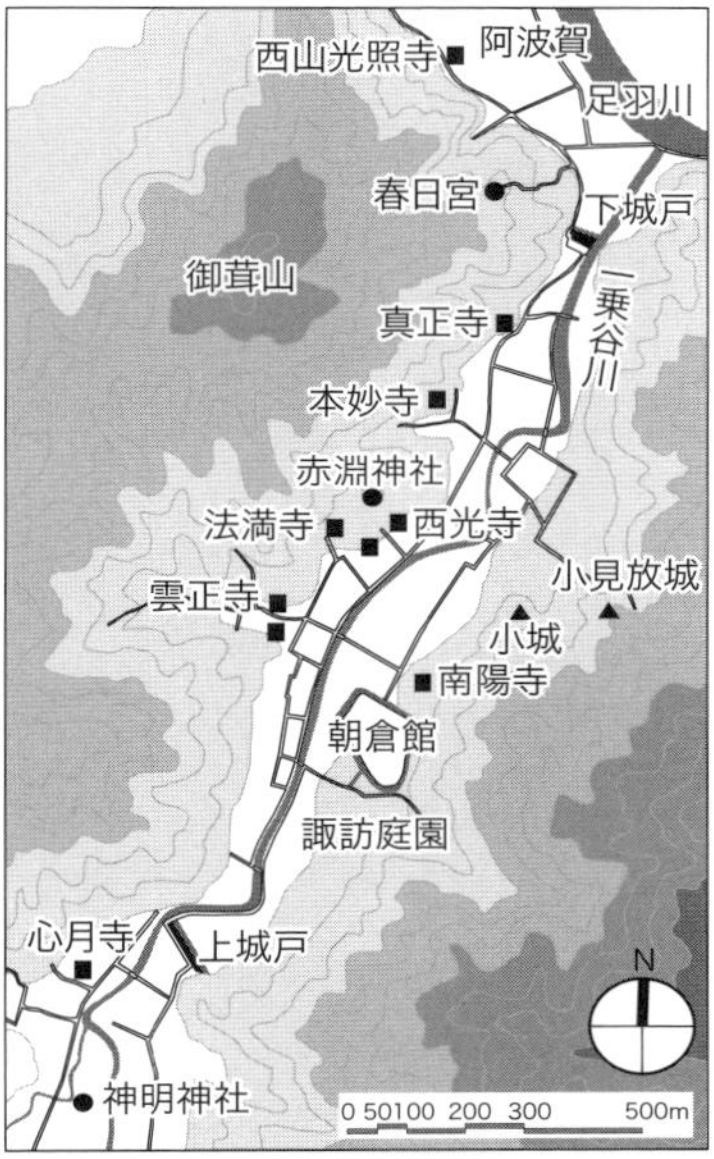

図1 戦国城下町一乗谷の概略図

一乗谷は、二つの峰に挟まれた細長い谷間に成立しており、「城戸」と呼ばれる外敵を防ぐ土塁が城下の外れに築かれ、両側の峠の閉鎖性をさらに強固なものにした（図1）。この二つの城戸は山側を上城戸、足羽川側を下城戸と呼ぶ（写真1）。

城下から下城戸を抜け出ると、足羽川に出る。そこには、大陸や日本の各地から船

（上）写真１　下城戸、（下）写真２　城主が居城とした「朝倉館」跡

で運ばれた品々が川沿いの市場に陳列され、賑わいを見せていた。目の前に広がる田園風景からは、当時の雰囲気を直接感じ取ることは難しい。しかし、水量を保つ川の流れを見ていると、船が行き来していた様子を思い描ける。人々の活気に満ちた水際空間が脳裏を駆け巡る。近世以降田園に戻されたことが幸いして、戦国城下町・一乗谷の全容が現在ほぼ完全な姿で発掘された（写真2）。

一乗谷に至る舟運は、政治的な権力を握る朝倉氏の城下町が引き寄せたルートであった。それでも、経済的な主導権は港町・三国とともに、平野に広がる穀倉地帯と深く関わりをもつ足羽川沿いの福井が保ち続ける。一乗谷の朝倉氏が三国平野一帯の政治権力を掌握した時も、福井の豪商たちは動かなかった。一乗谷は、異質な河岸湊を維持することで城下町が形成されていた。それは戦国時代という時代性がつくりだしたものでもあろう。

(2) 枝折

いま一つ、山間に潜む城下町として枝折《しおり》（滋賀県米原市）がある。言葉の響きにも強く引き寄せられる。江戸時代に宿場町として近世的空間に作り替えられた醒井《さめがい》と対照的に、中世的な集落空間が山中に今も潜む（図2）。あたかも、西欧の中世山間集落を思わせる迷宮的な集落形態である。枝折は、一乗谷と異なり、歴史の軸を途切らせることなく戦国時代の城下町の形態を今に残す。

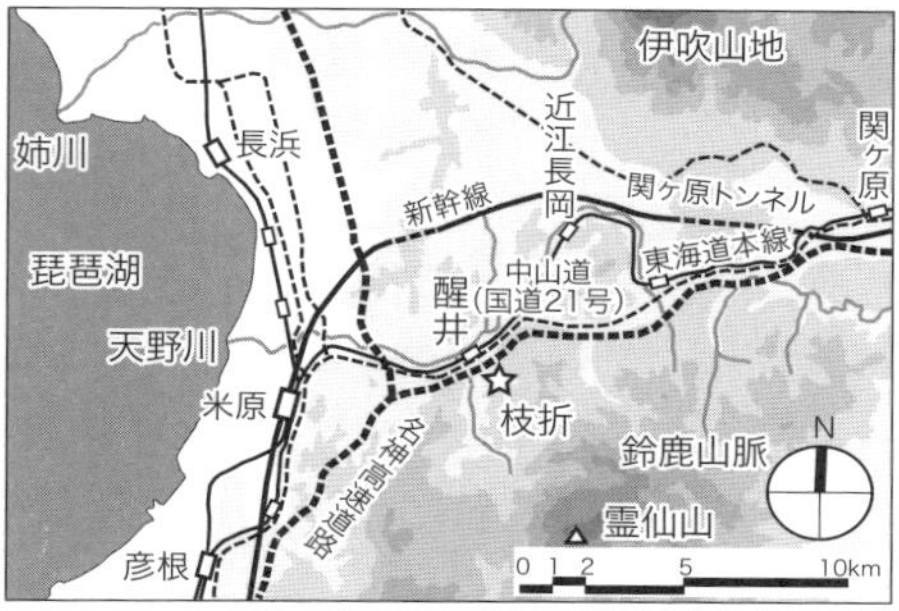

図2　醒井・枝折周辺広域図

写真3　八幡神社

枝折の名が入った句に、芭蕉の「今朝の雪根深《ねぶか》を園の枝折哉」（一六七九［延宝七］年の作）がある。朝起きた時雪が降り積もり、菜園の位置が分からなくなるほどの大雪だったが、ネギ（根深）だけが頭を出し、菜園の道しるべ（枝折）となっていた、と歌ったものだ。

枝折は、東海道本線の醒ヶ井駅から一kmほど山間に入ったところにある。集落に入る手前に大きな杉の木がランドマークの役目を果たす。樹齢は三〇〇年以上とされる。室町時代、枝折が中世城下町として成立したころは、あったとしても目立つ大きさではなかった。その杉の木の下に湧水が豊富に湧き出ており、八幡神社が祀られている（写真3）。土肥六郎兵衛尉心光が鎌倉の若宮八幡神社から勧請したと聞く。ただ、このあたりからでは集落の存在をうかがい知ることができない。隠れ里のように、集落の存在を消した風景が目の前にある。

写真４　「土肥八人衆」の屋敷

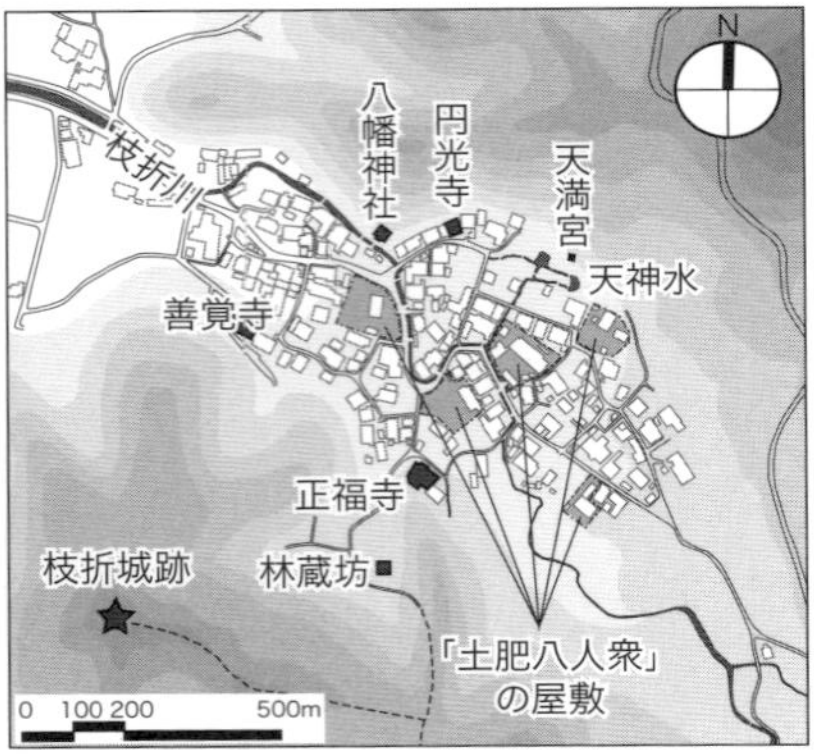

図３　枝折の集落構成

鎌倉から訪れた人々

中世城下町・枝折は土肥氏によって築城がなされた。南北朝時代の一三三六（延元三）年、土肥六郎兵衛尉心光が将軍足利尊氏の命に従い、天野《あまの》川に沿う箕浦《みのうら》谷（近江国坂田郡）で横暴が甚だしい野武士を平定する。その功で箕浦庄の地頭として鎌倉からこの地に下向する。まず醒井城（十王水《じゅうおうすい》の辺り）に拠点が置かれた。これから訪れる枝折は、醒井を出発点とし、以降一世紀の間同所で安定した領土経営が続く。

その後、土肥氏は交通の便のよい醒井に見切りをつけ、辺鄙な山間の窪地に拠点を移す。金閣寺、銀閣寺を京の都に建立した室町時代前期の栄華を経て、戦国時代に転換する時には、土肥氏が京極氏に領土を脅かされた。領土経営の維持のために、居館と詰城をセットにした城下再編を枝折の地で試みた。詰城は、標高二六四ｍの山の頭部を削って本丸、二の丸を構築した。現在も遺構が残る。

土肥氏は、浅井長政、織田信長、豊臣秀吉と、終焉する戦国時代に敏感に乗じ、領土を維持してきた。関ヶ原の合戦では西軍に属したことから、戦いに破れてしまう。その時の城主・土肥六郎兵衛は縁故を頼って鳥取に姿を消した。

ただ土肥氏の場合は、戦国時代に敗退し、領土を消滅させていった戦国大名と異なる。領主家がいなくなったなかで、極めて興味深い幕引きをした。敗戦の武将となった六郎兵衛は、土地などのすべての資産や記録を寺社に寄進してから、落ち延びたからだ。

枝折の興味深い点は、下剋上する世の中にあって、空間の記憶を継承し続けてきたことにある。現在も「土肥八人衆」と呼ばれる土肥家家臣直系の人たちが集落の重要な場所に位置し、住み続ける（図3、写真4）。枝折には、歴史を連続させてきた空間の凄みがある。

中世の空間を体感する

写真５　清水が大量に流れ出る「天神水」

枝折川の流れを溯りながら道を辿ると、八幡神社の辺りから両側に山が迫り、坂の勾配も少しきつくなる。枝折城のある側の山裾には、八幡神社と対置して守りを固めるように善覚寺が位置する。一五八〇（天正八）年、天台宗大福寺を覚円中興が浄土真宗に改め、善覚寺とした古い歴史を持つ寺院である。

枝折の集落を囲む山々は石灰岩でできている。雨水《あまみず》の浸食が地下に空洞をつくり、そこから「天神水」と呼ばれる枯れることのない清水が大量に流れ出る（写真5）。山の斜面には学問の神様として全国に知られる菅原道真を祀る天満宮の小さな社がある。豊富な湧水が山里の集落にとっては生活用水であり、農業用水としても不可欠な存在となっていた。

この水は城下の守りにも重要な役割を果たしたのではないかと考えられる。天神水からの水を得た枝折川は集落内を迷路のように蛇行して集落をめぐる。まるで守りを固める掘割のようにしっかりと石積みされ、川底まで石が張られている（写真6）。自然の流れではなく、人為的な水の流れをつくりだした。

天神水と正福寺の間には、土肥八人衆と呼ばれた重臣たちの末裔が石垣を回した立派な屋敷を保持し続け、城下の守りを固めるかのようだ。枝折は、一見窪地にひっそりと佇む寒村集落の趣があるが、二重三重の強固な守りが不思議な空間を構築する。詰城の枝折城へは、正福寺脇の細い道を登る途中、小さな寺・林蔵坊がある。ここに安置された不動明王や大黒天などは、領地を得た初代・六郎兵衛尉心光が鎌倉から持参したものとされる。林蔵坊周辺は比較的平坦な土地が広がる。土肥氏の居館跡と思われる。そこからさらに山道を登り詰めると、枝折城跡に至る。枝折城は、集落を見下ろす背後にある山に築かれた。在地領主が平時の居館の奥に築く典型的な戦時のための詰城である。

写真6　集落内を流れる川

枝折は、コンパクトなかたちの城と城下の構造を空間体験できる場所だ。江戸時代、城下町の多くは町並みや空間の仕組みを大きく変化させる。日本では中世の空間構造を維持し続けながら、連続する時間の中で城郭都市としての性格を継承してきた例は極めて少ない。

3 山間の渓谷に巡らされた用水の城下町──郡上八幡

日本には水を造形美にまで昇華させ、魅力的な都市空間を表現した町が数多い。郡上八幡は山間地域に立地する地形上の特殊な場所性と、水が持つ特性を存分に活かした「水のまち」の一つといえる。圧倒的な水量は、水路が巡る空間の造形を手助けする。郡上八幡の水は、人間本来の知恵を呼び覚まし、都市の実験場でもあるかに思える。今もよどみなく、水が市街地内を勢いよく流れる。洗い場となる木製の小さな板堰が水音をつくりだす。用水路の水音は、町の中に居ても聴こえてくる吉田川、小駄良《こだら》川の川音と複合し、ハーモニーを奏でる。

郡上八幡は、「郡上踊り」で全国的な知名度を得た。夏の祭の時期には、辺ぴな町に多くの人たちが訪れ、町の人口が数十倍にもふくれあがる。祭に訪れた人々で溢れかえる町は、賑わいを呼ぶ。ただ、郡上八幡の人たちの生命線であり、都市空間を美へ昇華させた水路は、祭の時に危険な存在とされ、多くの水路にフタがかぶせられた。幻想と現実が交錯する。

特異な自然環境

東京方面からは、新幹線の名古屋駅で降り、岐阜、美濃太田を経由して、美濃太田から長良川鉄道越美南線で一時間半ほど揺られると郡上八幡駅に着く（図1）。やっとたどり着いたという気持ちが強い。長良川沿いを遡る鉄道の車窓からは、圧倒的な水量が流れ下る長良川の風景に驚かされた。ただ町から離れてつくられた駅に降り立っても、思うほどの感慨が湧かない。郡上八幡の駅からは城下

写真１　宮ヶ瀬橋から望む吉田川と背後にある八幡城

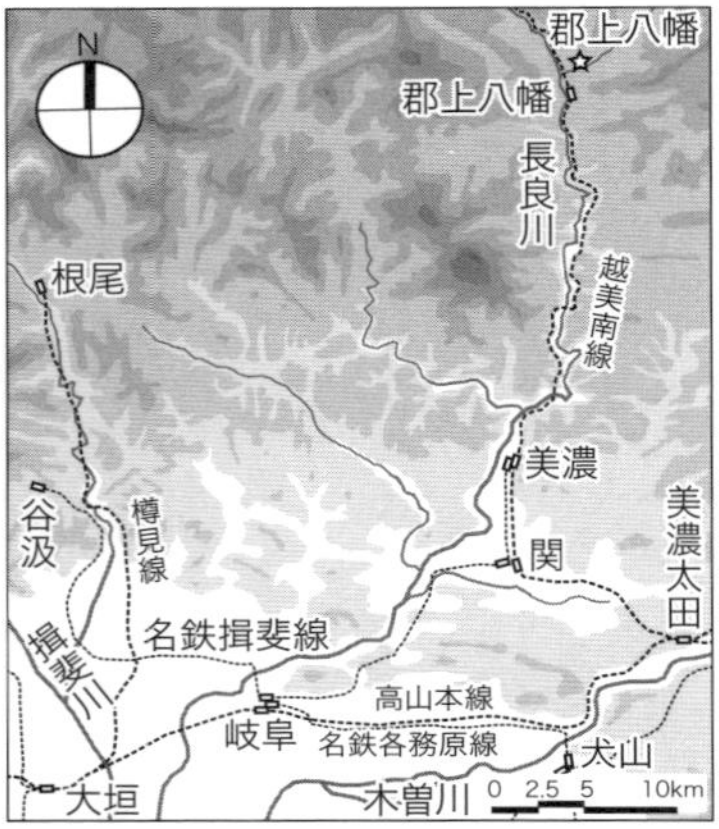

図１　郡上八幡周辺の広域

町であった旧市街まで一〇分ほど車に揺られなければ着かない。旧市街に至ると、思いは一変する。

江戸時代初期に、武士と職人を中心とする北側と、商人を中心とする南側の町を結ぶ宮ヶ瀬橋が吉田川にはじめて架けられた。そこから見る風景は圧巻である。郡上八幡は「岩の上にのった町」と称される。圧倒する吉田川、小駄良川の水量。がんとして受けて立つ岩肌。郡上八幡を訪れ、この風景にまず驚く（写真１）。小高い山の頂上には八幡城が威嚇するように聳える。町の下にある地盤は、地殻変動によって地層が波状に押し曲げられた「褶曲《しゅうきょく》構造」のために、保水力が非常に高い。しかも、空からは全国平均（一七二〇㎜）の年間総降水量を一千㎜以上も上回る雨が降る。多雨地帯のために、地下には常に大量の水が貯蔵され、町全体を潤し続けてきた。

戦国城下町、天空の都市建設

一五五九（永禄二）年、美濃国八幡城主となる遠藤盛数（生誕年未詳〜一五六二）が八幡山（標高三五四ｍ）の山頂に城を築く。その時から、今日につながる郡上八幡の町の歴史がはじまる。郡上八幡の町並みが一望できる天守閣は、一九三三（昭和八）年に再建された（写真２）。木造の城としては日本一古く、人々の歴史に培われた町への思いが強く伝わる。

戦国時代から江戸時代初期にかけ、遠藤氏の手によって形成された城下町の発展段階は、大きく二つに分けられる。最初の段階は、吉田川を隔てられた北側だけが城下町として整えられた（図2）。防備を第一に考えた選択といわれる。まさに天空の都市を思わせる景観が出現した。ただ、今日に通じる都市建設以前に、城下町の基盤となる前身がなかったわけではない。戦国時代の乱世のなかで、

写真２　天守閣から望む市街

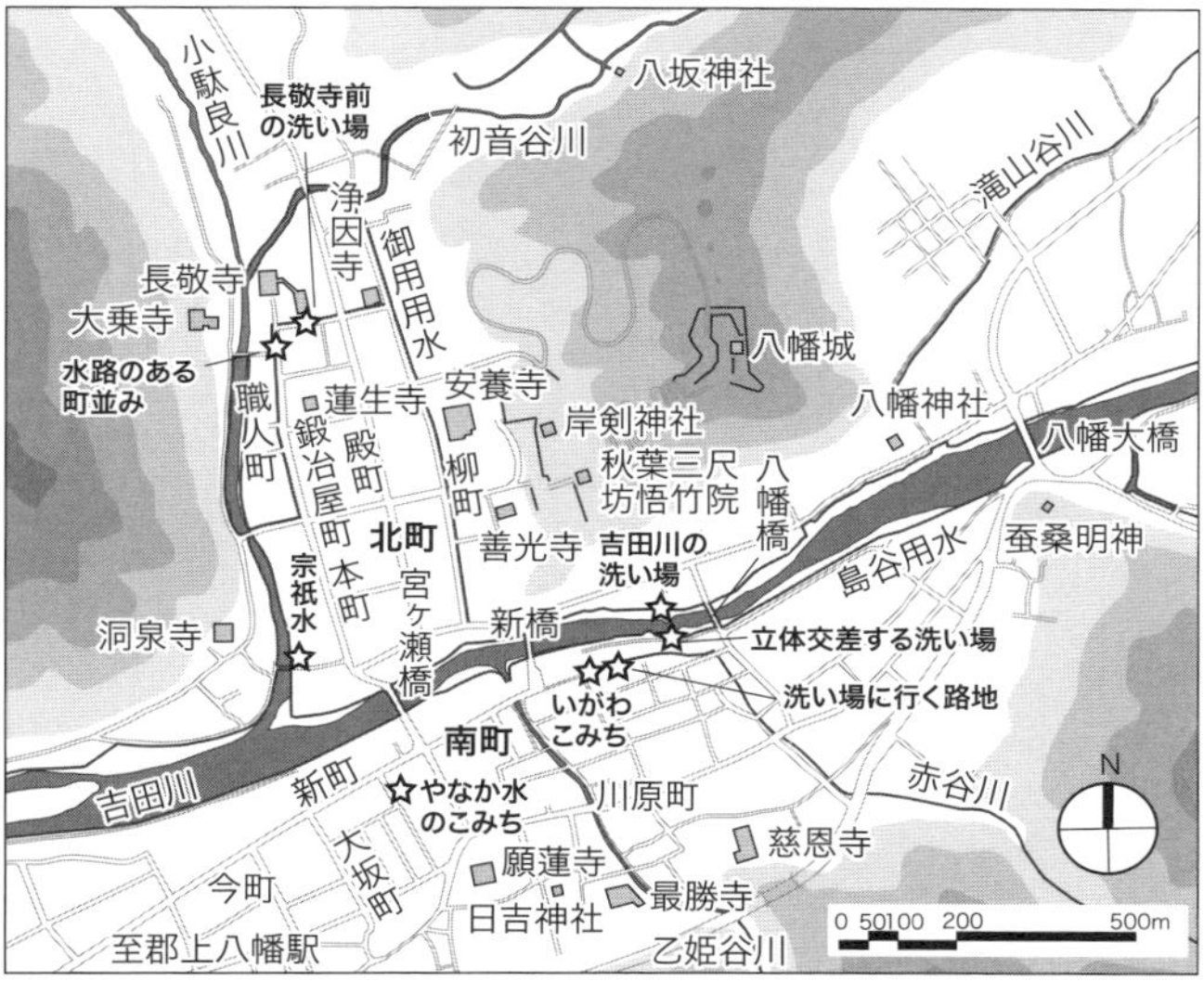

図２　郡上八幡旧市街の現況図

写真3 「宗祇水」

幾度も領主が入れ替わり、館がつくられてきた。

戦国時代に入る以前の室町時代前期、東氏《とう》がこの地域を支配した。領主であった東常縁《とうつねより》は、宮ヶ瀬橋付近の清水が湧く辺りに館を築いた。一四七一（文明三）年、連歌の宗匠・飯尾宗祇が郡上の領主であり、歌人としても名の知れた東常縁から古今伝授を受け京へ戻るとき、当時二大歌人といわれた彼らは、湧水のほとりで歌を詠み交わしたとされる。その宗祇の名にちなみ、湧水に「宗祇水」の名が付けられた。現在もよどみなく水が湧き出る（写真3）。後に、東氏から遠藤氏に領主が代わるが、宗祇水の名は引き継がれる。この辺りは自然がつくりだした最高の居住の場であったのだろう、遠藤胤盛が隠棲の場と定め、屋敷を構えた。

「宗祇水」は、環境省が選定した「日本名水百選」の第一号に指定され、全国に知られた湧水源となる。カルシウムやミネラルが豊富に含まれる名水は、飲み水となる上段、野菜を洗う中段、鍋や釜などを洗う下段と、利用する用途にわけられた「水舟」をつくり、古くから住民の生活水として利用されてきた。水舟周辺は、大きな蔵屋敷や石畳の坂道に囲まれ、柳が水面に映る。古い歴史が場所に刻まれた情緒を今も感じる。

水の都としての城下町形成

この地を城下町とした遠藤氏の決断は、戦闘に明け暮れる戦国時代が背景にあったとされる。二

写真4 「いがわこみち」

写真5 「いがわこみち」の洗い場と路地

代目当主となる遠藤慶隆（一五五〇〜一六三二年）は平和な理想郷を第一発展段階としてまず築き、彼の孫にあたる常友（一六二八〜七六年）が第二の発展段階として集大成した。城下町の再編は、城下の大半を焼きつくした一六五一（承応元）年の大火が切っ掛けであった。吉田川に宮ヶ瀬橋が架けられてから、市街が南に拡大し、願蓮寺や最勝寺が置かれた。この時、北側の御用用水、南側の島谷用水が整備され、市街にくまなく水路が巡る「水のまち」となる。

町の中で最も幅の広い水路は、島谷用水からの分水で、現在「いがわこみち」と名付けられた用水である（写真4）。長さ一一九mにわたる水路と、それに沿う生活道路が景観整備され、観光で訪れた人たちを出迎える。水路に面する洗い場に出る路地も、心地よい空間を保ち、生活の風情を伝える（写真5）。

分水された用水は、幹線道路に沿って流れ、さらに分かれて市街地内をくまなくめぐる。分水された水の流れでは、小道の記憶を引き継ぐ景観として「やなか水のこみち」が整備された（写真6）。江戸時代、日吉町にあった裏田と呼ばれる遊郭に旦那衆や武士が通った場所でもある。「こみち」の脇には稲荷神社があり、奥に連なる町並みが今もどことなく色町の空気を漂わせる。

古い建物が残る南町から、宮ヶ瀬橋を渡り北町に入ると、江

写真７　江戸の風情を継承する町並みと長敬寺

写真６　「やなか水のこみち」

戸、明治の建物を見ることができない。郡上八幡は、一九一九（大正八）年に北町一帯が大火にあい、六〇〇戸近くの建物が焼失してしまったからだ。南町に比べ建物が比較的新しい。職人町もその一つで、一九一九（大正八）年以降の建物が町並みを構成する。ただ、敷地の形状までは変えておらず、間口二間、奥行きの長い敷地に再び建てられた町家は江戸の風情を継承する。アイストップにある長敬寺と道の両側を流れる水路とがマッチして、まとまりのあるすてきな風景である（写真７）。うれしいことに、地元の方たちが風情ある町並みを守るために、袖壁と紅格子を積極的に取り付ける努力が続けられてきた。観光にこびない、住民の日常生活が風景に息づいていてこそ、第一級の観光地であると感じる。

4 扇状地につくられた城下町——山形

山形は最上川流域の山形盆地に位置し、馬見ヶ崎川から運ばれた土砂の流出でできた扇状地に城下町が成立した（図1）。この山形を「水の都だ！」と声高に主張したとして、さて何人の人が同調するだろうか。私自身、山形を訪れる以前は不覚にも山形が水の都であると考えていなかった。市販の地図を広げ、新たに山形の旧市街を眺め、確認してみる。確かに内濠が城下町時代の水の豊かさの断片を語りかけているようにも思える。ただそれだけでは、城の濠が多く残る全国の城下町と比べ、水の都といえるだけの説得力に欠ける。再び「そうなのだろうか」と、疑問に思う気持ちが勝りはじめてくる。

図1　最上川流域の主な都市と山形の位置

近世城下町の山形は、城の内濠近くを鉄道が抜ける。明治初期には近代都市に変貌させる都市計画が大々的に試みられた。その中心人物・三島通庸（一八三五〜八八年）の名は、東京で試みられた銀座煉瓦街建設の時に東京府参事として重要な役割を演じたことで知られる。三島が山形の初代県令となり、東京での経験を活かし、山形における都市空間の近代化に尽力した。

写真1　メインの通りのアイストップに建つ旧県庁舎

かつての羽州街道、現在もメインの通りであるその正面には、近代化する都市を象徴した山形県旧県庁舎の建物が建ち続ける（写真1）。一九一六（大正五）年に竣工し、国の重要文化財に指定された英国近世復興様式の建築である。この建物は、県議会議事堂を兼ねた二棟からなり、近代を力強く歩もうとする威信が感じられる。近代的な都市計画は「陸の都」建設の象徴であるかに思える。ここまでの材料では、山形を「水の都」としてイメージできない。少し、山形の成り立ちの歴史を紐解きながら、町なかを細かく歩いてみた方がよさそうだ。

隠居都市化した城下町

近世城下町・山形は、最上義光（一五四六〜一六一四年）の時代に、現代に通じる基本的な都市骨格ができたとされる。戦いに明け暮れた戦国武将が示した城下町の姿だ。

しかしながら、最上家の山形支配はあえなく終焉する。義光亡き後の最上家では、後継者をめぐる抗争が勃発し、一六二二（元和八）年に改易となり、城下町支配の中心から消える。泰平の世になり、山形藩は幕末まで一二回も大名家が入れ替わる大名の交代劇が多発する藩として知られる。老中など、幕政に失敗した譜代大名の左遷地として次第に位置付けられた。いわば隠居都市を地でいくことになる。石高も順次減り、義光の時代の五七万石の大藩から、江戸後期には九万石の中規模の藩にまで領地の規模を縮小させてしまう。支配層の様相に対し、商人たちはどうだったか。特産品の紅花をはじ

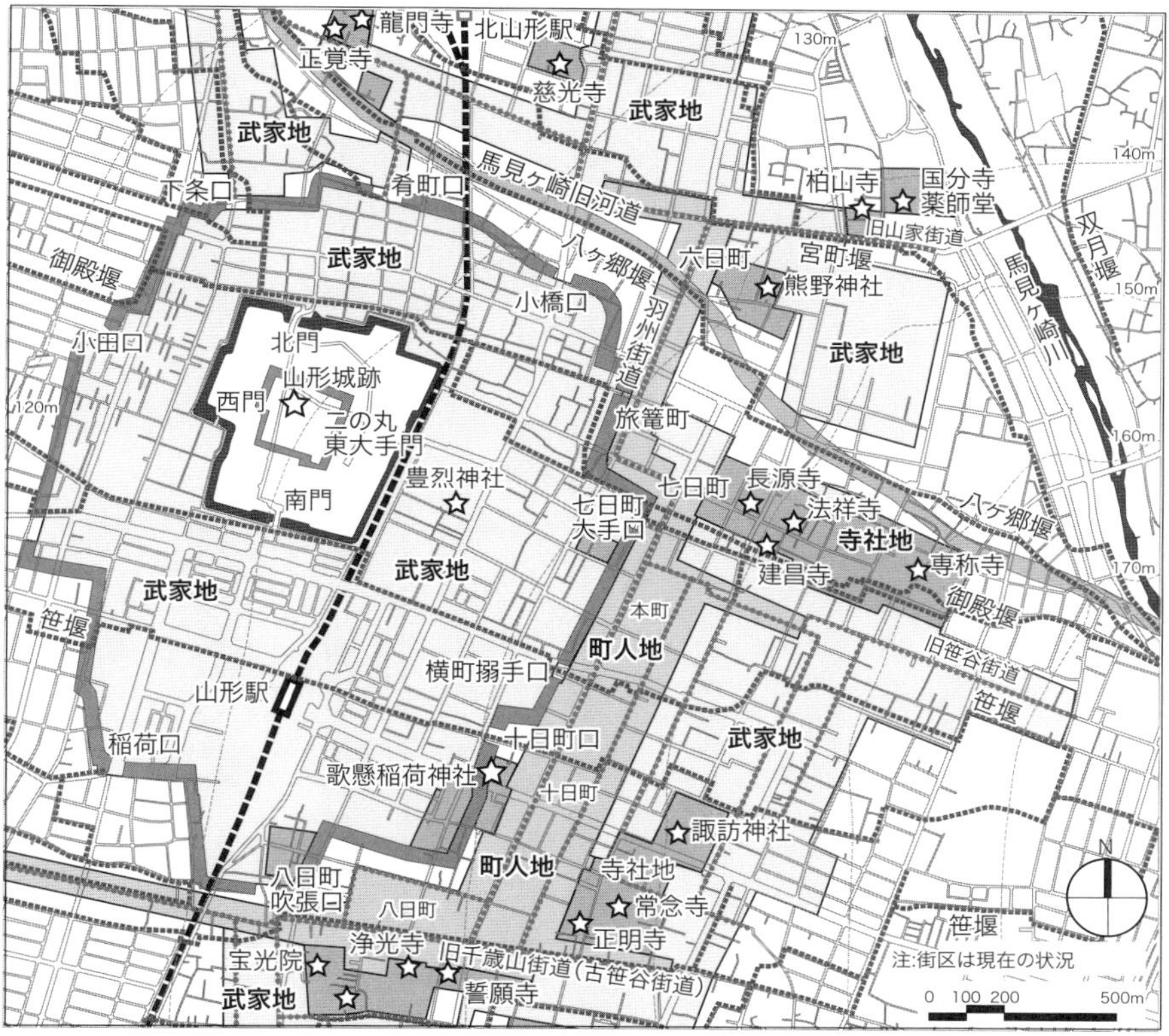

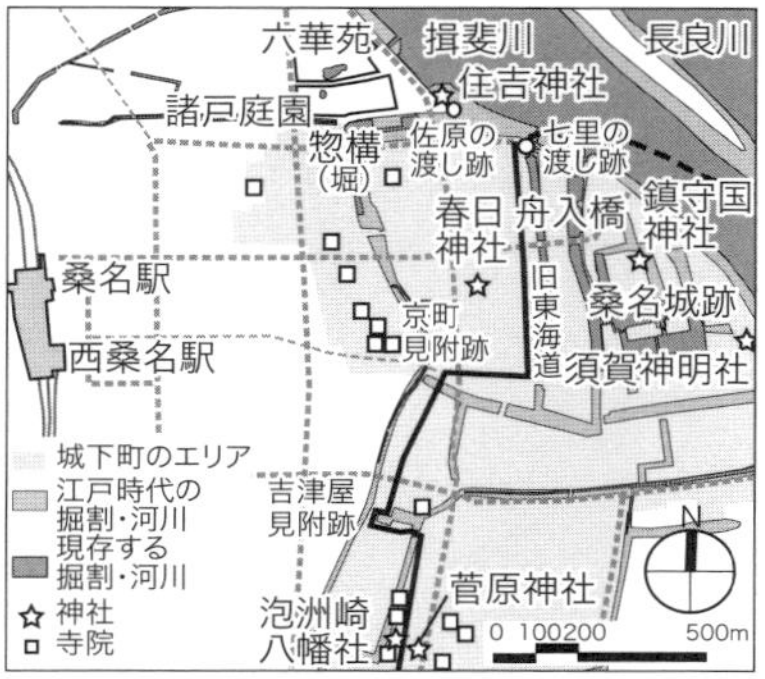

(上)図 2 城下町山形の土地利用と水路構造

(下)図 3 桑名の現在と江戸時代の掘割

め、最上川舟運を利用し、活発な商業活動が展開する。富を築いた商人たちは、近江など関西方面からの流入者が多かった。何事にも出しゃばらない山形の人たちの気質は、歴史が培った都市の特殊性とどことなく重なる。

戦国時代を経て江戸時代に入るころ、全国の城下町が山城から平山城、平城に変化する。それでも、多くは城の置かれた場所は、あくまで他より少し高く、城を中心とした武家地が生命線の水を最初に享受する配置となる。このような近世城下町の姿が扇状地にできた山形にはない（図2）。地形の高い場所には、寺社地がいくつかのエリアを形成する。その下に職人の町、さらに下に町人地があった。城と主要な武家地はといえば、城下町の最も低い場所に位置する。

低い場所に城が置かれた城下町は、極めて稀である。すぐに思いあたる城下町は桑名、福井ぐらいだろうか。桑名は町人の力が強大な城下町であった（図3）。あるいは、地形と土地利用の関係でいえば、最上川河口の港町・酒田とイメージが重なる。酒田は港町の外れに城郭が形成された。それほど商人の力が勝った都市といえる。山形は、城があり、内濠外濠を配し、武家地が城を取り巻く。その支配的要素を除くと、港町・酒田の土地利用に酷似する。

プライベート空間に潜む水の記憶

山形は蔵が多く、道路に面した見世蔵（店蔵）、一年を通して寒暖の差が激しい気候を乗り切るために工夫された蔵座敷がある。この数十年の間に数多くの蔵が壊されたと聞くが、町なかには見世蔵のある旧家の風景が残り、歴史都市だと気付かせてくれる（写真2）。紅花で財をなした商家、醤油や酒の醸造で基盤を築いた商家など、幸運にもいくつかのプライベートな蔵座敷を見ることができた。

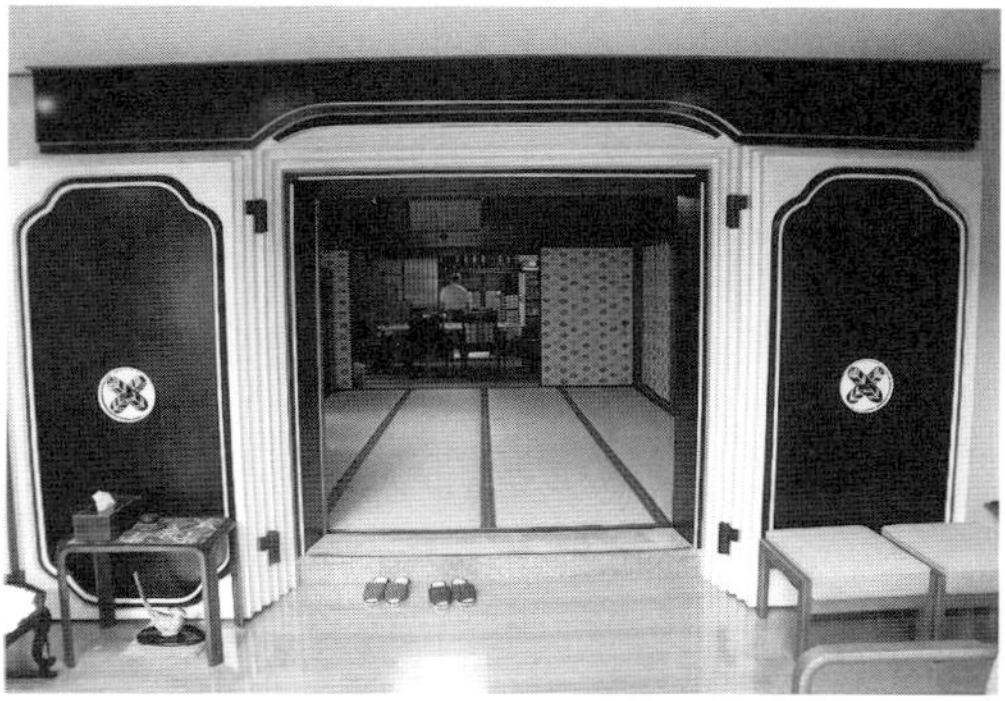

（右）写真２　街路に面して建つ見世蔵
（左上）写真３　重厚な蔵座敷
（左下）写真４　汲み上げた地下水を利用した池

通りに面した立派な屋敷構えはすばらしく、門をくぐり家の中に入ると、重厚な蔵座敷の内部空間がさらに控えていた（写真3）。

　蔵座敷は真夏でも涼しくする工夫がなされた。現在は床下部分がコンクリートで固められ、その効果が極端に減り、エアコンを備え付ける。だが、かつてはひんやりとした空気が夏床下から吹き出す工夫がされ、過ごしやすい環境が一年中保たれた。蔵座敷からは、手入れの行き届いた庭が見える。庭には池があり、汲み上げた地下水を利用する（写真4）。醤油醸造のために掘られた井戸の余り水を池に入れているのだ。清水が求められる醤油や酒の醸造である。こだわりの醤油は絶品であり、山形の酒のうまさも改めて知る。

城下町をめぐる堰

山形が水の都となるきっかけは、伏見城の戦いで壮絶な死を遂げた鳥居忠元の家督を継いだ鳥居忠政（一五六六～一六二八年）が藩主の時代である。一六二三（元和九）年、城下町は未曾有の洪水により大被害を受けた。一六二四（寛永元）年、馬見ヶ崎川の大規模な付け替え工事を行い、馬見ヶ崎川の旧河道を利用した八ヶ郷堰をはじめ、五つの堰が整備された（図2参照）。そのうち、城下町を抜ける堰は、先の八ヶ郷堰の他、宮町堰、御殿堰、笹堰の四つである。本線から枝分かれした支線が延びる堰は、城下町をくまなく流れる。扇状地にできた城下町エリアは、東から西に、標高一七〇mから一二〇mと五〇mの落差がある。それを利用した堰の水が城下町を抜け、下の水田地帯まで運ばれた。

写真5　庭園の池

山形には立派な料亭が残る。その一つを訪ねた。座敷や蔵座敷、庭園を拝見させてもらった。宴会場となる離れの蔵座敷は重厚で、一〇〇畳敷きの大広間にも驚かされる。大広間から見渡せる庭園には池があり、その水はかつて堰から引き入れていたという（写真5）。案内に立った料亭のご主人は、水質が悪化し、堰の水を利用しなくなって久しいが、堰が清らかな水の流れを取り戻せば、再び庭園の池に引き入れたいと熱く語ってくれた。

城下町に彫り込まれた堰は、一部景観整備がなされ、豊富な水が流れる場を人々に提供する（写真6）。ただそこから少し離れると、堰にフタがされてしまい、流れを望めない。水がほとんど流れていない堰もある。排水路化されたままの状況が目につく。見えなくなった水の流れが都市空間をいかにつまらなくさせているか。高度成長期以降、その価値に気付くこともなく、江戸時代に整備された水路の多くが都市空間から姿を消してきた。それを当たり前のように受け入れながら、どうして日本の都市はつまらないのかと多くの人たちがつぶやく。幕末から明治期に訪れた外国人の目に映った、豊かで、魅力的な都市空間がまるで幻想であるかのように。

写真6　景観整備された用水路

5 高低差を活かしたダイナミックな惣構の城下町—江戸

図１　江戸後期の江戸城と掘割

私たちが目にする現在の江戸城外濠は、天下の城下町となった江戸に誕生した。江戸が天下の城下町とならなければ、存在しなかった外濠といえる。その濠をあらためて眺めると、「の」の字を描いて締まりがない。最後行き場を失って隅田川に流れ出ているかのようだ。完成した江戸城の濠は、内濠、外濠がその四周を奇麗に巡る城下町の姿ではない（図1）。

関ヶ原の戦い（一六〇〇年）、大坂の陣（一六一四～一五年）を終え、強大な力を得た徳川家が最終的な総仕上げとして、美的にも納得のいく外濠整備を断念した結果とは思えない。しかも、神田川の付け替え（一六二〇年）、西側の外濠の開削整備（一六三六～三九年）は、豊臣秀吉が大坂城に費やした以上のエネルギーが投入できたはずである。

では、真田濠から市谷濠などを経て神田川に至る外濠がいかにしてできたのか。気になりはじめた以上、江戸に誕生したこの「不可思議な外濠」に思いをめぐらせてみたい。江戸城惣構の完成は近世初頭（慶長期）に出現した普通の城下町ではなく、寛永期に天下の城下町へと変貌した姿にほかならない。その象徴的な姿が現在見る外濠であろう。

(1) 江戸以前の地形と江戸城

太田道灌の時代

徳川将軍家が連綿と築き上げた江戸城のベースは、戦国武将・太田道灌（一四三二〜八六年）が二八年間に及ぶ享徳の乱（一四五五〜八三年）を戦う上で、一四五七（長禄元）年に築城したことにはじまる。西からせり出した起伏のない武蔵野台地の東端、内海（現・東京湾）を望む四谷・麴町台地に江戸城が建設された。道灌時代の城は周囲が空堀だった。

武蔵野台地は、更新世（洪積世、約二五八万年〜約一万年前）の地層が西から基層を形成する。多摩川など川の氾濫で扇状地をつくりだす礫層が加わり、現在の基本地形の骨格が整う。加えて、幾度もの富士山の噴火により堆積した火山灰によって関東ローム層が数m以上積もる。西から東に延びる起伏の少ない武蔵野台地が形成された。ただし、江戸城周辺の台地の先端部では、大量の地下水が海抜二五m付近で広範囲に湧き出し、川による襞のような細かい凹凸ができ、台地と谷地が入り組む地形をつくりだす。城が置かれた武蔵野台地の先端は崖となる。その下の東側一帯は武蔵野台地から下総台地にかけてデルタ地帯が広がり、幾筋もの川が内海（現・東京湾）に流れ込んでいた。

一五世紀なかごろは、旧利根川（東遷する以前の利根川、現・隅田川）を挟んで西側の関東管領の上杉氏、東側の古河公方の足利氏に分かれて対峙する勢力図となる。江戸城築城は、旧利根川を挟み東側に勢力を持つ千葉氏を想定したものであった。古河公方側の有力武将である房総の千葉氏を押さえ込むために、江東デルタ地帯を前にした江戸に居城を築城する必要が大いに出てきた。

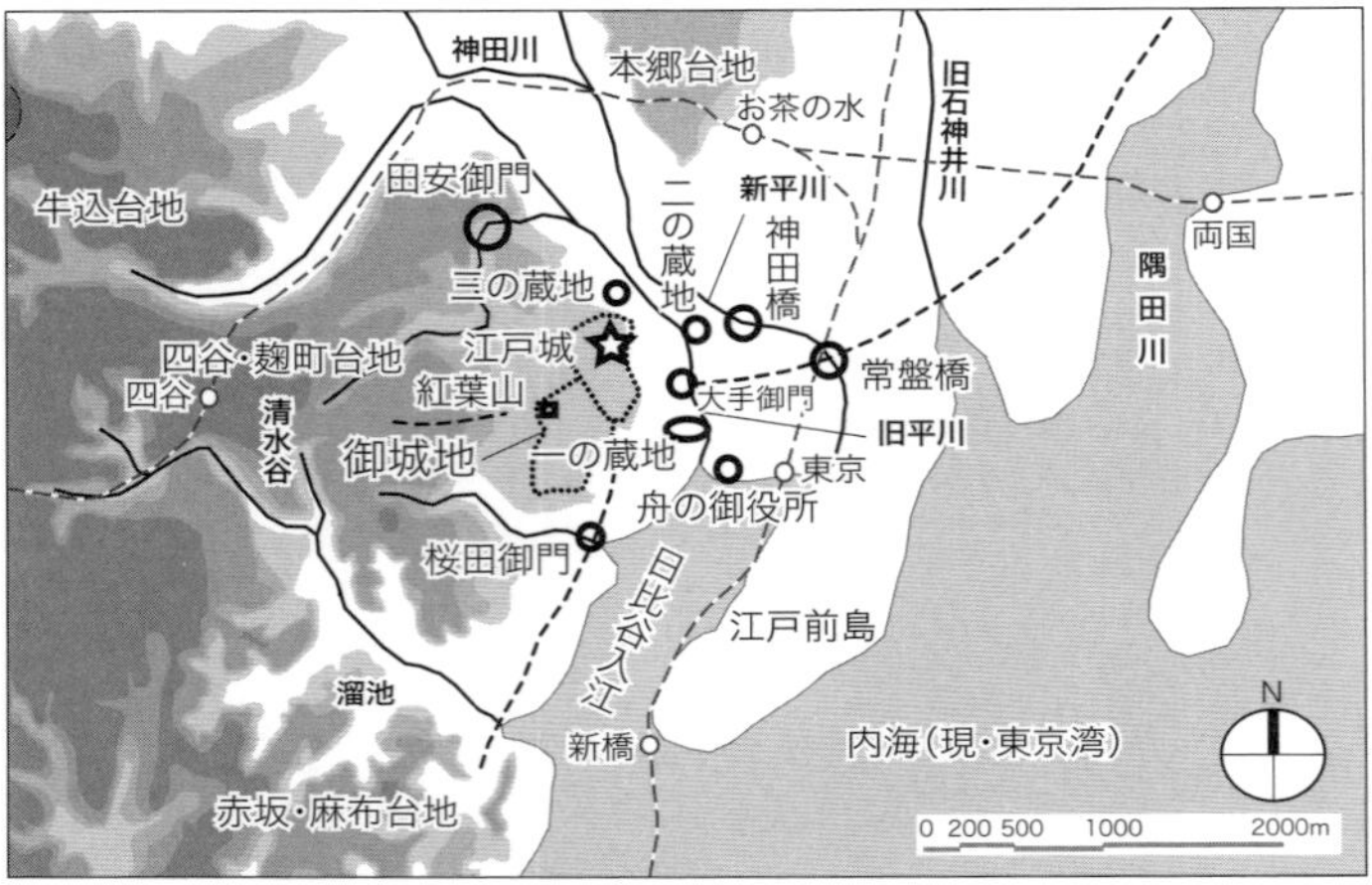

図2　太田道灌時代の江戸城と地形〈長禄期〉

太田道灌が築いた江戸城

太田道灌は、江戸城に近い湊を維持・繁栄させるために、旧平川の河道を東側に迂回させる大規模な旧平川の付け替え工事を試みた（図2）。これにより、神田川から切り離された旧平川の河道は、江戸城内の台地斜面から湧き出る水を集める短い川とつなぎ、城下町の基盤を築く重要な港施設である和田倉と呼ばれた一の蔵地を旧平川河口に維持させた。

江戸城の守りは、自然の地形の高低差と川による防備が中心である。北側の千鳥ヶ淵あたりから旧平川と合流する川の流路は、高台の城を守る防御ラインとなった。さらに下流の城東側の守りは新旧の平川と日比谷入江が防御のための自然地形にあたる。新旧二つの平川は内濠、外濠の二重の濠となる。

南側は、江戸時代初期に整備された桜田濠（図6）がもともとの川筋であり、外側にも清水谷などから流れ出た水が四谷・麴町台地を削り、谷をつくりだしていた。城が置かれた側は崖となる。自然の川による防御とともに、城の四周には空堀を巡らせ、防御性を高めた。徳川家が濠を整備する以前から、江戸城は三方で自然の川と入江、崖線、そして空堀が二重三重の防御機能を備える。特に、江戸城は房総方面からの敵を強く意識した城であった。

太田道灌の後、江戸城は後北条氏が小田原城の出城としていたが、城と城下を積極的に再整備することはなかった。太田道灌の思いが込められた江戸城は天下人となる徳川家康に引き継がれる。

関八州を治める大名・徳川家康の時代

徳川家康は、小田原攻め（一五九〇年）の後に豊臣秀吉から関八州を与えられ、三河から関東に領地を移す。その時、居城は江戸城に定めた。豊臣秀吉の大坂城築城、小田原城の攻め方を目の当たりにした家康は、江戸城とその城下を再構築する上で大いに参考になったはずである。

小田原城も、大坂城も、そして江戸城も、丘陵地の先端に城が築かれた。ただ、小田原城と大坂城の大きな違いは、丘陵側が空堀と土塁だけで守りとした小田原城と異なり、大坂城は城まで延びていた台地の連続を完全に断ち切ったことにある（図3、図4）。丘陵の間を深い谷とし、水を湛える濠として巡らせた。家康が大坂冬の陣（一六一四年）で大坂城を攻め切きれなかったポイントである。

大坂冬の陣が終わると、家康は大坂城の外濠を埋めさせた。自らの江戸城は二重に武蔵野台地からの連続性を半蔵濠などの濠を掘り込むことで断ち切る。さらに、城のある土地と掘割の水面との高低差をつけるために、江戸城内を盛土する。武蔵野台地が西から東に緩やかに下る自然地形を改変した。半蔵御門付近に立つと、武蔵野台地が先端で土地を隆起させたかのように、江戸城内の土地が高い。

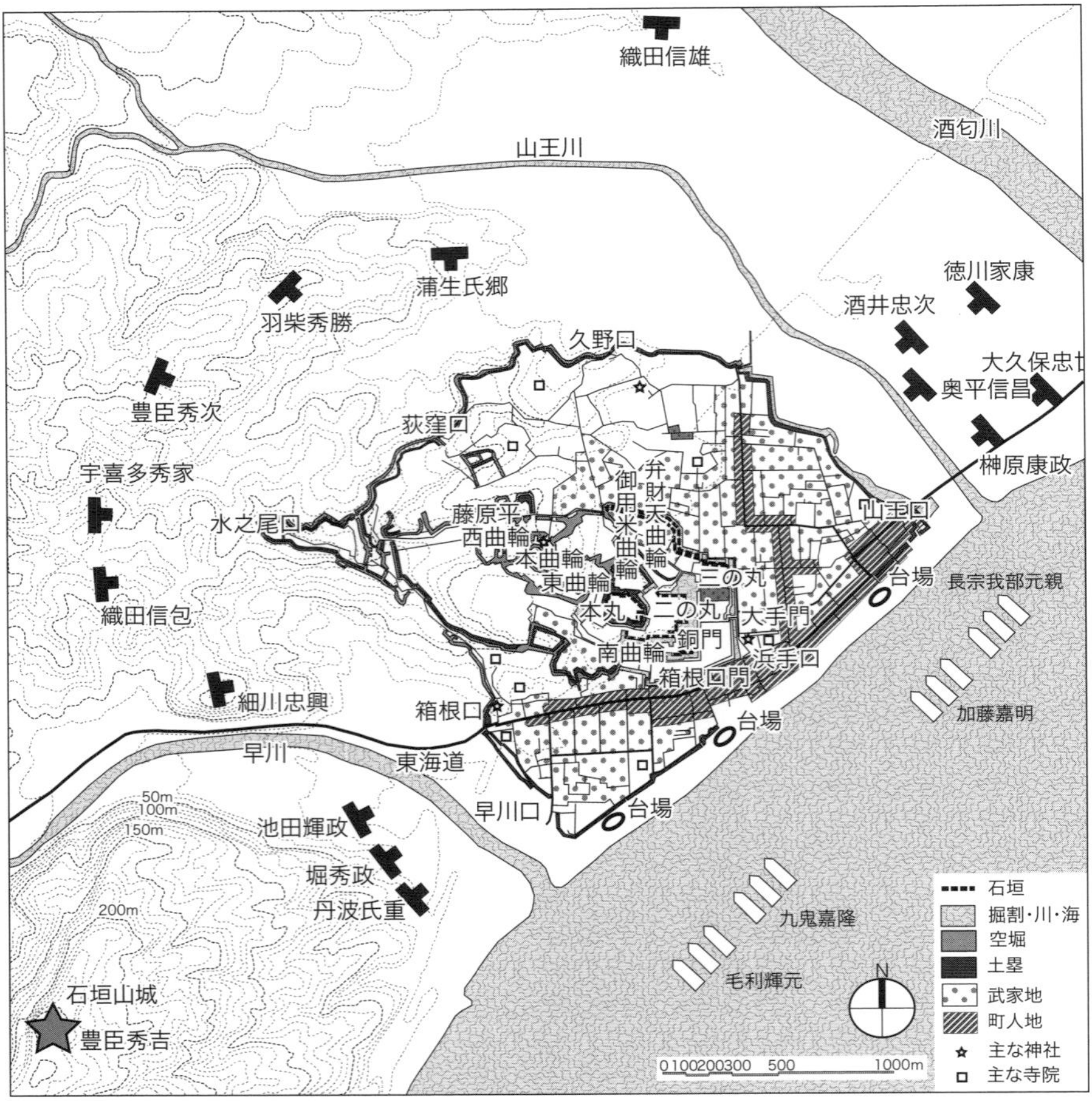

(上）図３　小田原城の総構えと豊臣の布陣
(左頁）図４　豊臣時代の大坂城とその周辺

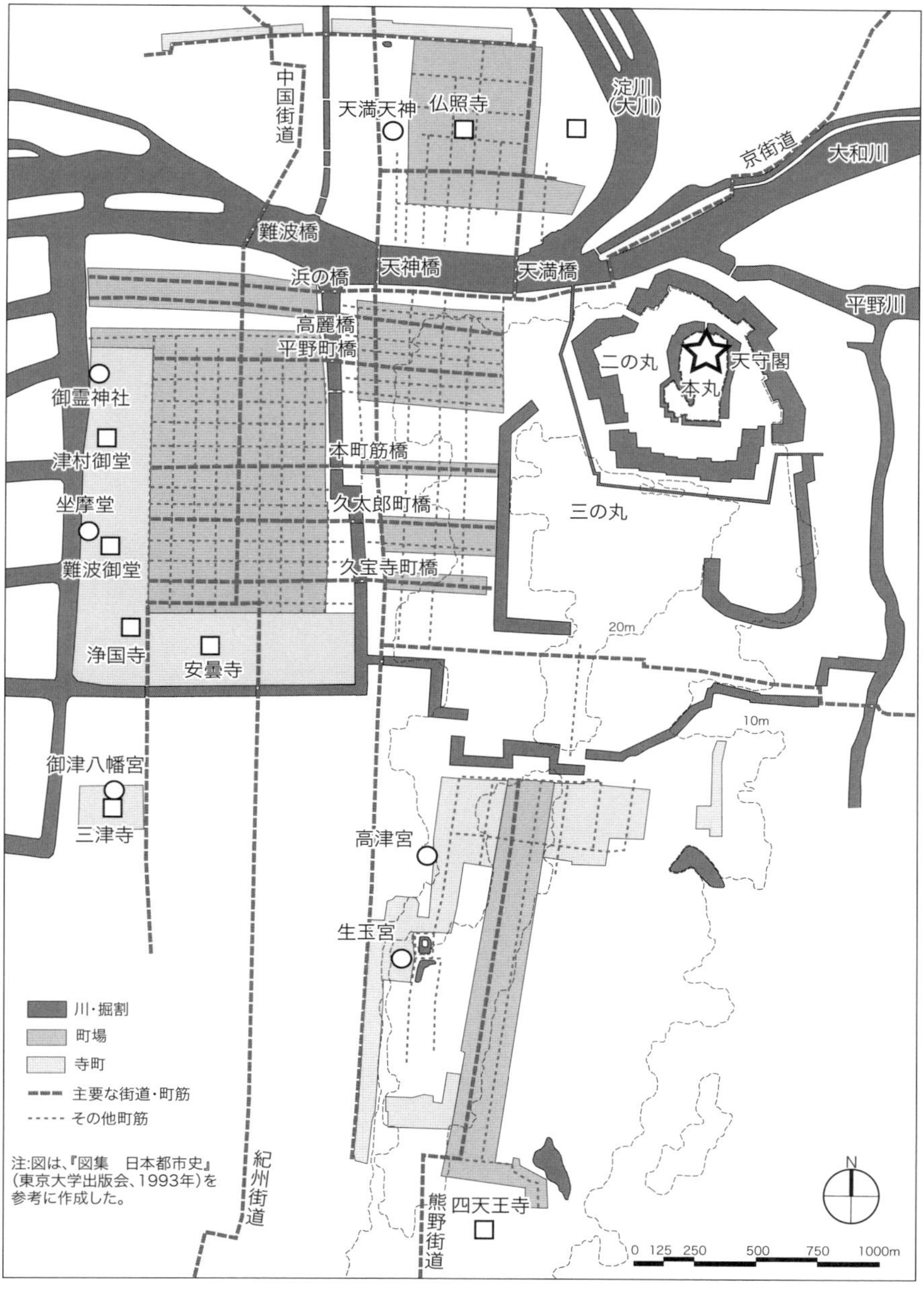

中国街道
天満天神
仏照寺
淀川(大川)
京街道
大和川
難波橋
浜の橋
天神橋
天満橋
平野川
高麗橋
平野町橋
二の丸
天守閣
本丸
御霊神社
津村御堂
本町筋橋
坐摩堂
久太郎町橋
三の丸
難波御堂
久宝寺町橋
20m
浄国寺
安曇寺
10m
御津八幡宮
三津寺
高津宮
生玉宮
川・掘割
町場
寺町
主要な街道・町筋
その他町筋
注:図は、『図集　日本都市史』(東京大学出版会、1993年)を参考に作成した。
紀州街道
熊野街道
四天王寺
N
0 125 250 500 750 1000m

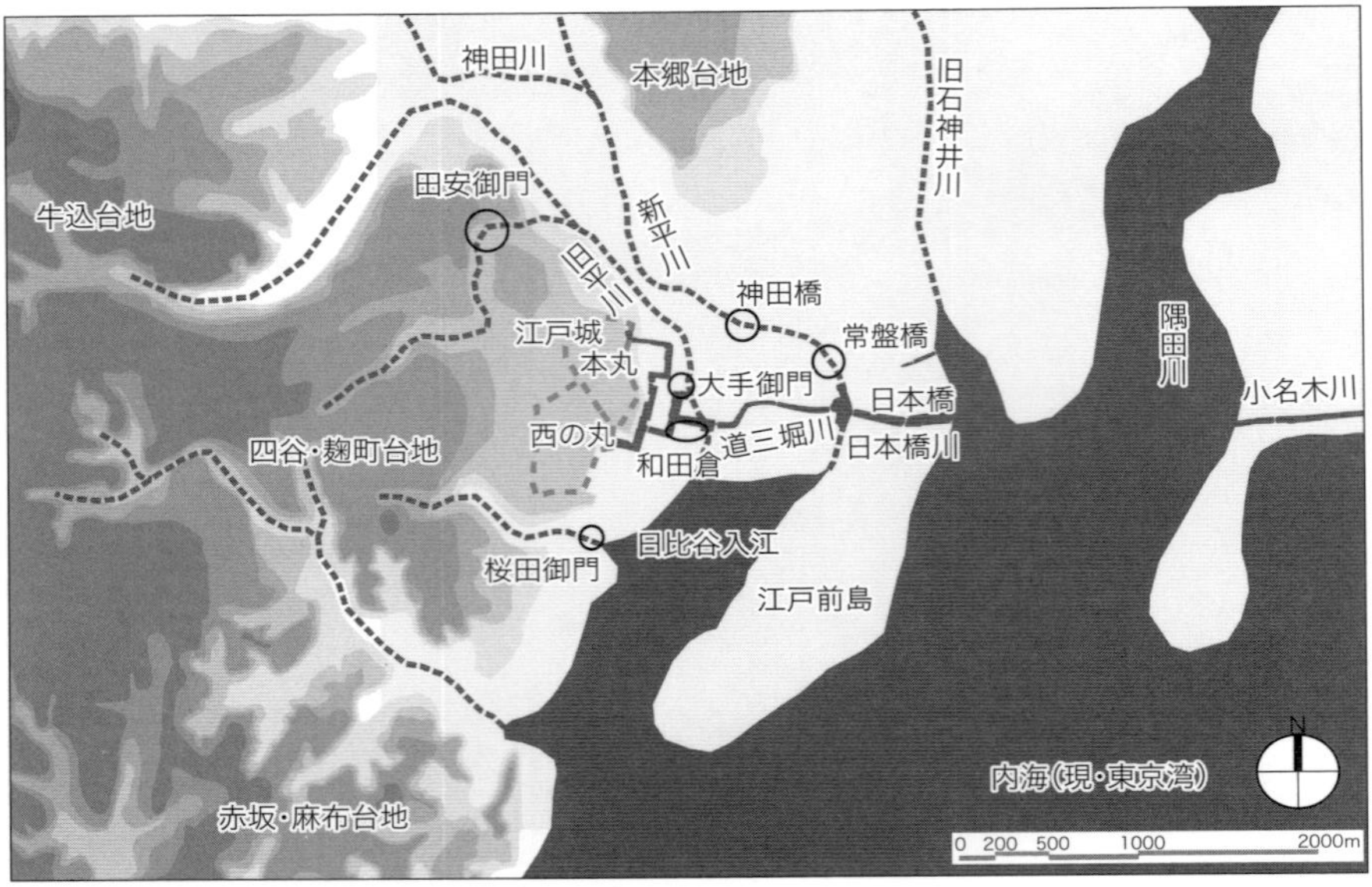

図５　家康が入府した頃の江戸の骨格（天正期）

江戸城が大坂城を圧倒するとすれば、外濠の存在である。江戸が近世初頭に築かれた城下町を極める頂点の証が現在の外濠である。そのことを理解すれば、多分に違った世界で外濠を語り、現在の外濠の価値を新たな視点を加えて再評価できるはずである。そこへ至るプロセスを見ていきたい。

⑵ 江戸時代初期の内濠と外濠

舟運を重視した一五九〇（天正一八）年の掘割整備

現在の外濠は構想段階から江戸城の外濠として想定されていたのだろうか。そのような疑問が浮かぶ。これに関しては、いくつかの段階を経て到達した複合的な構想と考えられる。徳川家が一介の大名として関東に移封された時代、豊臣家が存続しているとはいえ徳川家のトップが征夷大将軍となった時代、大坂の陣に勝利して敗軍の大名を江戸に受け入れた時代と、江戸の都市空間を形成していく上で、徳川家は時々に異なるビジョンを迫られたはずである。現在の外濠の誕生もはじめからプログラムされた結果ではなかったと思われる。洗練された城下町から特異な都市空間に変質する過程を読み解くことは、新たな江戸の発見となる。これから、掘割を介して江戸の都市空間を知る旅に出よう。

江戸の掘割のなかでは、道三堀川がもっとも早期に着工され、日本橋川、小名木川が順次掘られた（図5）。天候に大きく左右される日比谷入江、内海（現・東京湾）を通らず、行徳の塩を小名木川・日本橋川・道三堀川のルートから、建設が進む江戸城下まで運び入れる狙いがあった。関東平野で採れた農作物、江戸湾の魚介類も、新たな水路網から運び込めるようになる。ただ、日本橋川が開削された後も日比谷入江からの航路はメインのルートであり続ける。石材や木材を大量に運び入れるには、日比谷入江から入るルートがまだ重視されていた。

次のステップとしては、日比谷入江を早期に埋め立て、大型船の通運可能な外堀川（図6）など、航路と防備を兼ねた外濠の整備が急務となる。掘割の整備に際しては、単に船を通すだけではなく、その両岸に物資を保管する安定した河岸も必要となった。外堀川のルートは日比谷入江ではなく、江戸前島を開削して通された。安定した土地を掘り割ってできた外堀川の両岸は、資材置き場となる。このように、関ヶ原の戦い前後の江戸は、物資の輸送路の整備を積極的に進めながら、城を守る掘割整備へ移行する。

慶長期の江戸城曲輪の内と外（東軍の武将が屋敷を与えられた大手町と丸の内）

現在の内濠である旧外濠の開削は、小田原城、大坂城を体験した家康の強い意思が込められていた。

写真１　現在の日比谷濠、馬場先濠と皇居外苑

武蔵野台地の連続性を断ち切る状況が江戸城総構として空間的に読み取れ、家康の想起した城下町江戸は秀吉の城下町大坂と肩を並べる。

江戸城西側にある外濠は、人工的に武蔵野台地を開削した濠が目立つ。城の守りを考えると不安材料となる平坦な地形は、計画的に台地を開削した濠によって人工的に凹凸がつけられた。半蔵御門周辺の半蔵濠、桜田濠は人工的に掘られた濠である。半蔵門周辺の台地を削り取った土の多くは防備のために土盛して江戸城のグラウンドレベルを上げた。西の方からなだらかに下る武蔵野台地だが、半蔵御門から江戸城に至る土地は隆起したように不自然に盛り上がる。西から攻め込む敵の勢いを食い止めるに充分な高低差がつけられた。

本丸と西の丸を除く、大手濠、半蔵濠、日比谷濠などで囲われた江戸時代初期の濠の内側は、譜代の家臣で占められ、江戸城曲輪《くるわ》内であった（写真1）。これらの濠は慶長期内濠ではなく、外濠を意味していた。その外側には譜代家臣に混じり徳川家側の東軍で戦った外様大名が配置された。関ヶ原の戦いで徳川家に味方したとはいえ、身内の譜代家臣とは一線を画す。外様大名も服従の意を表明したとはいえ、徳川家に家臣として従属したわけではない。少なくとも、大坂夏の陣（一六一五年）以前の大手町、丸の内、霞が関といったエリアは、江戸城曲輪外の位置付けだったと考えられる。

徳川家康は、江戸城の北側と西側に譜代以外の屋敷を認めておらず、外様大名が配される場所は大手町、丸の内、加えて霞が関のエリアに限られた。東軍に属した有力大名を見ていくと、大手町に前田家、藤堂家、丸の内に細川家、蜂須賀家、池田家、山内家など。霞が関には日比谷御門の近くに伊達家、桜田濠を見下ろせる場所に加藤家の屋敷があった。

石積の濠と土手の濠

江戸城を巡る濠は、全てが石積されていたわけではない。江戸城の西側と南側の濠は土留めされた斜面が目立つ。どうして石積ではないのだろうか。

濠の石垣は主に伊豆から運ばれた石によって組み上げられた。内濠と外濠が整備される初期段階は、石垣を建設する石を運び入れる船の通行路の確保が主な目的であった。東側低地の内濠は、石や材木といった江戸城建設資材の運搬ルートとして開削・整備が早い時期に進められた。

西の丸、西の丸下の内濠は、一六一一〜一四（慶長一六〜一九）年にかけて整備される。石を積んだ船は、水位がほとんど変わらない和田倉濠、大手濠を経て、北桔梗門を越えて乾濠まで遡上した

写真２　北桔梗門と濠

（写真２）。石材など資材を運搬する航路が確保され、江戸城内深く船が入り込めたことから、東の守りを固める内濠と外濠にはふんだんに石を使った石垣や護岸が築かれた。中でも圧巻は北桔梗門あたりの石垣。開削と同時に開削した土を土盛りして、自然地形よりも高低差をつけた華麗な石垣を完成させた。

壮大で美しく、高低差のある石垣に圧倒される。その時は北桔梗門へ至る両側を石で積み上げた通路はもちろんない。江戸城北西側の石垣完成を待って、江戸城内へ入る御門が整備され、濠が分節化された。同時に、西から東に濠の水が自然流下するように、濠を区切り人工的に水位調整がされた。濠ができるプロセスに思いを馳せると、家康が江戸に描こうとしたグランドデザインの一端に接する。

神田川を付け替える大規模工事

神田川の付け替え工事（一六二〇年）は、大坂の陣直後の最大の掘割整備であった。この段階で西軍だった諸大名も霞が関を中心に、それ以南に配されていく。上流の神田川は、下流にある平川の河道から切り離された。神田山を切通し、隅田川に流す大規模な開削工事が行われた（図６）。そのために、飯田濠から隅田川に流れ込む神田川を船で進む（図１参照）と不思議な光景に出合う。自然の川は山から低地へと流れるが、神田川は下流に向かい渓谷に入り込むからだ。お茶の水あたりは深い谷になり、大規模な土木事業だったことが想像できる。ここまでして、神田川の流路を改変させる必要があっ

図6　外濠整備前の江戸〈寛永初期〉

たのだろうか。

神田川の付け替え工事については、いくつかの見解がすでに示されてきた。低地に成立する大手町・丸の内の武家地、日本橋・神田の町人地を洪水から守ること、お玉が池を埋め立て市街化する土を確保すること、城の西側の濠開削で出た残土の排出とともに北西側が市街化した時のために新たな舟運航路を確保することなどである。加えていえば、順次詳しく述べていくことになる外濠に流入することになる大量の水を流しだす目的もあったと考えられる。単に神田川上流からの洪水対策だけではなく、日常的に流れ出る水処理のためにも神田川の新たな流路開削という大土木事業が必要であり、踏み切ったといえる。

神田川の付け替えでは、確かに神田や日本橋の下町エリアが洪水のリスクから解放された。しかしながら、膨大に張り巡らされた掘割は水の供給が断たれると、水が澱む。「水の都」と謳われた江戸とはほど遠い都市の姿となる。武蔵野台地から湧き出る地下水だけで、全ての掘割が美しい水面を保つことはできない。

(3) 天下の城下町・江戸としての外濠が完成（寛永期の掘割整備）

日比谷御門（日比谷見附門）と内山下濠の整備

神田川が開削された後、霞が関と丸の内の間に内山下濠が新たに開削され、濠によって分断された。これによって、丸の内が江戸城の曲輪外から曲輪内となる。大名屋敷配置の考えがドラスティックに変貌する。

江戸城下に敵対した西軍の大名を受け入れた時、徳川幕府内では現状の城下町の姿でよいのかという問いに至ったのではないか。大坂は懐に敵を入れることはなかったが、江戸は敵を受け入れる天下の城下町となる。敵も味方も受け入れた巨大都市空間が寛永期の江戸の変貌であった。

日比谷御門（日比谷見附門）は、寛永期に入って間もないころ、土塁を築いた喰違いがあったに過ぎなかった。寛永期には、浅野長晟《ながあきら》によって石垣（一六二七年）が積まれ、内濠と外濠を結ぶ掘割が掘り込まれる（図7、写真3）。丸の内と霞が関を隔てる枡形門（一六二九年）は伊達政宗が築いた。日比谷御門は他の御門と比べ特殊である。御門前の濠が暗渠となっており橋が架けられていない。しかも、枡形の北側の日比谷濠に面して塀となる仕切りがなく、日比谷濠の対岸にある日比谷櫓から敵を撃ち殺せるように計画された。かなり特殊なつくりである。ここだけはまだ戦いの場が表現された。内山下濠と積まれた石垣、枡形門の構築は、丸の内側を江戸城曲輪の内、霞が関・内幸町側を江戸城曲輪の外と強く印象づける視覚的な演出であった。長州藩毛利家、佐賀藩鍋島家の上屋敷があった

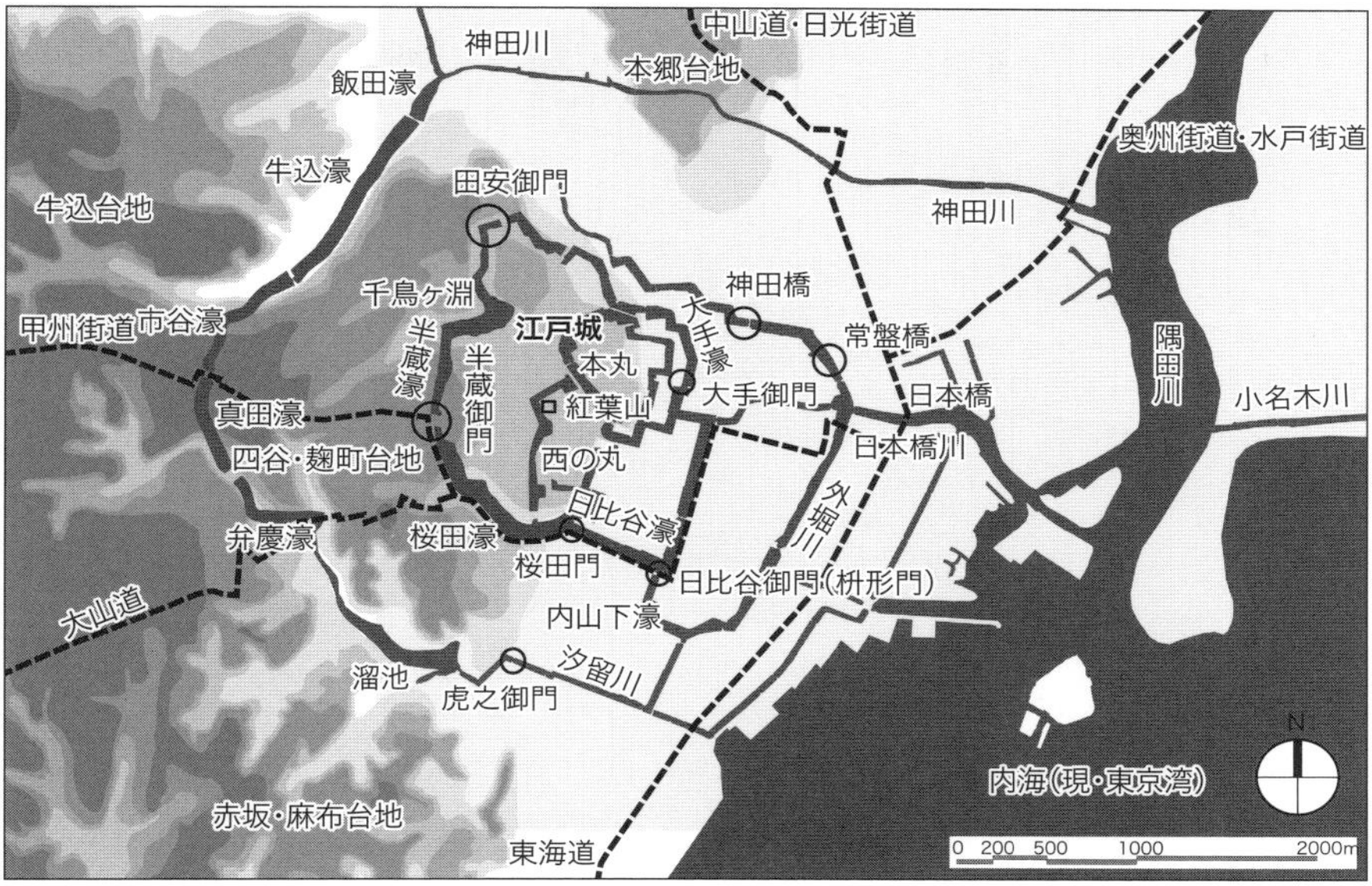

図7　外濠整備後の江戸(寛永後期)

写真3　日比谷公園内の石垣

現在の日比谷公園内から石垣を見ると、江戸城曲輪外であったと強く感じる。

二つのゾーンを分ける内山下濠は、現在の日比谷公園内に石垣の一部が残る心字池《しんじいけ》である。丸の内側から石垣の上に登ると、霞が関・内幸町のゾーンが江戸城曲輪の外だと理解できる。濠が配された先には西軍として戦った外様大名が配された現在の日比谷公園がある。

外濠の完成と玉川上水の役割

一六三六～三九（寛永一三～一六）年、江戸城惣構の総仕上げとして、四谷周辺の台地を深く掘り込み、江戸城西側に位置する真田濠、市谷濠などの外濠が整備された。この時、新たな外濠が誕生する。現在上智大学のグラウンドとなっている真田濠は人工的に掘り込まれた濠である（写真4）。家康が入府してから半世紀近く、三代将軍家光の時代だった。

さらに続きがある。江戸城惣構の完成は、一般的に一六三九（寛永一六）年に外濠の整備を終えた時と考えられている。だが、一六五四（承応三）年に玉川上水が完成するまでの一八年の間は真田濠が空堀だったとしたらどうか。江戸城惣構が完成していないことになる。真田濠が空堀だったことを検証する手がかりとしては、地下鉄南北線建設のボーリング調査による地質データが有効である（図

写真4　真田濠

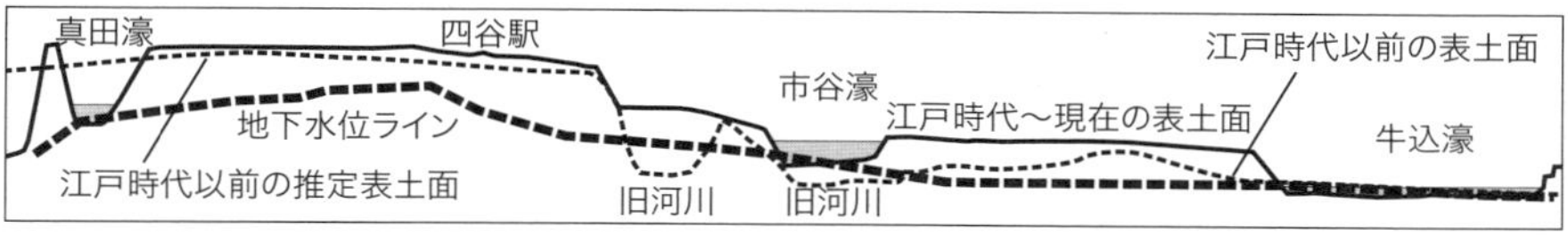

図８　真田濠地質図から描いた地下水位ラインと表土〈江戸時代以前と江戸時代～現在〉

写真５　市谷濠

8）。確認してみよう。

まず一つ目として、現在の市谷濠付近に着目したい。江戸時代以前に川が流れており、その川を埋め立て、盛り土した上に市谷濠が江戸時代初期に整備された。二つ目は、四ツ谷駅付近の台地部分が若干盛り土されていることに注目しよう。外濠となる真田濠などの濠底からの高低差をなるべくつけて防御機能を高める工夫が見られ、土地の高低差を計画的につけたことがわかる。三つ目は牛込濠。牛込濠は江戸時代以前の地表面を掘り込むことで濠がつくられた。濠の底からやや上部に水位レベルがあり、濠に充分な水が供給されたと判断できる。

このような地形の改変をどうして大規模に試みなければならなかったのか。市谷濠の場合は、盛り土した上に濠が整備された。そのことから、地下水位の最上位面が濠の底近くを通っており、自力で充分な水量確保は難しい状況である（写真5）。それは、高い位置の真田濠（水面高一九m）と低い位置の牛込濠（水面高五m）の間にある市谷濠（水面高一八m）の高さを人工的に上げ、長さのある牛込濠との高低差の割合をなるべくつけるようにして強い水の流れを生み、棚田のようによどみなく下の濠に水をスムースに流すためではないかと考えられる（図9）。

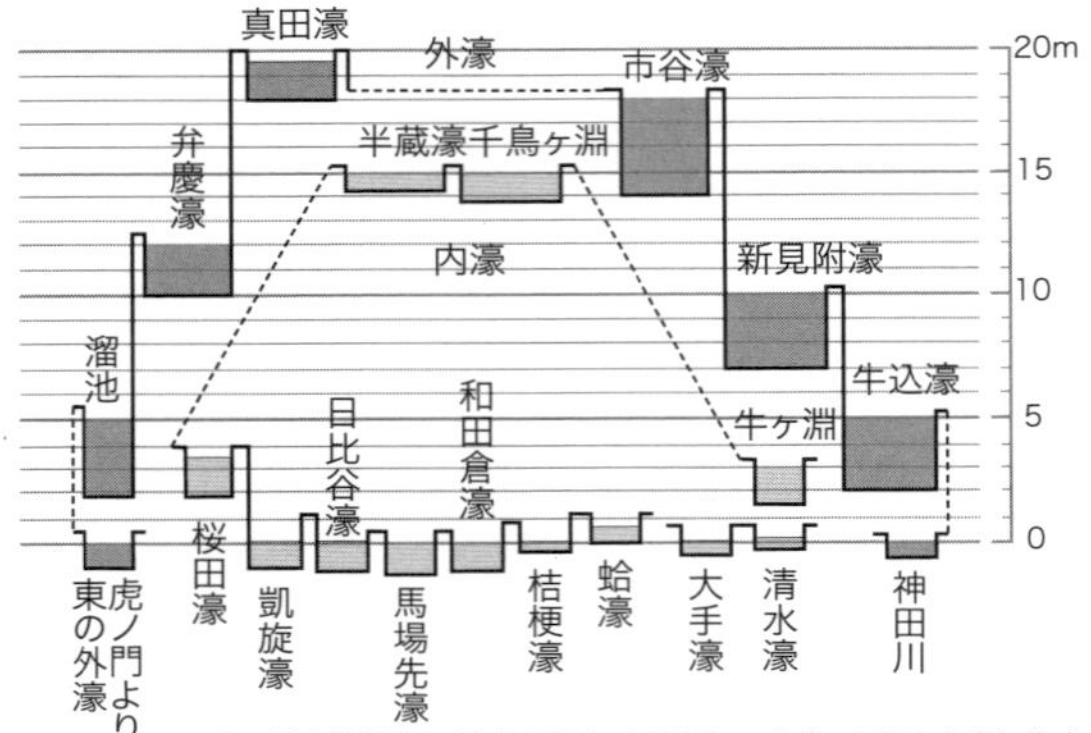

注：神谷博『外濠』（鹿島出版会、2012年、p.24）の図版を参考に作成

図9　内濠・外濠の高低差

四つ目は、真田濠の濠底と最上部の地下水位のレベルがほぼ一致していることに着目したい。断面図からは、真田濠の濠底にある程度の湧水がしみ出る程度だったとわかる。真田濠の濠底は他の濠と比べより高い海抜にあり、濠の底面にわずかに水がにじみ出す程度で、自力では底面に水を張ることができない。ただし、真田濠や市谷濠に水がなみなみと溜まらないことは計画段階でわかっていたはずだ。

二つの濠の底をもっと掘り込めば、自力で濠に水を溜められた。だが、それをしていない。濠の底を深くすれば二つの濠に水を溜められるが、それぞれの濠の水位差が縮まり、真田濠から神田川までよどみなく水の流れを維持することができない。水の流れを失った現在の外濠・内濠のように、水質が悪化する恐れがある。そこで、真田濠と市谷濠外部から大量の水を注ぎ入れることを前提に、わざわざ地下水が溜まらない高さまで濠の底を上げることで、上から下まで水で潤い、しかも水がよどまないように、外濠全体の計画が試みられた。

外濠や内濠は、棚田のように各濠が西から東に向かい低くなり、得た水を順繰りに次の濠に送り、低地を流れる神田川や日本橋川、汐留川などの川に流し出す、一連の仕組みがつくりあげられた。玉川上水が真田濠に流し込まれた一六五四（承応三）年を江戸惣構の完成とするならば、四代将軍家綱の治世になる。

第5章 開港場と居留地

1 開港場・居留地の立地と地形

幕末期の江戸幕府は諸外国から開港を迫られていた。大老の井伊直弼は天皇の勅書がないまま、日米修好通商条約を一八五八（安政五）年に締結した。長崎、横浜（神奈川）、函館、新潟、神戸（兵庫）が港を開くことになり、外国人の居住と貿易の権利を認めた開港場となる。神戸と横浜は既存の港町、兵庫、神奈川から離れた場所が新たに開発された。長崎は隣接する海岸を埋め立て、下町と山手で構成された開港場が設けられた。その他函館、新潟、江戸、大坂は既存の市街地に組み込まれるかたちで居留地が成立する。江戸の築地（明石町）と大坂の川口（現・大阪府大阪市西区川口一丁目北部、同二丁目北部）は、港を持たず市街のみを開いた開市場であった。居留地が開かれた時期も遅く、川口が一八六八（慶応三）年、築地は江戸幕府が瓦解した一八六八（明治元）年に入ってからである。

新潟は、一八五八（安政五）年に日米修好通商条約で開港五港の一つとして指定された。既存の都市空間に居留地が設けられることになったが、実際の開港は遅れた。予定された場所が水深不足であり、さらに北越戊辰戦争（一八六八年六月二二日［慶応四年五月二日］）も影響し、一八六九年一一月一九日［明治元年一月一日］にやっと開港することができ、諸外国との貿易が開始された。同年に新潟運上所（のちの新潟税関）が設けられた。

江戸時代に門戸を開いていた長崎は、居留地として出島と唐人屋敷の館内エリアに加え、新たに長崎市街の南に隣接する大浦一帯の斜面地と海岸の浅瀬を埋め立ててそれにあてた。一八五八（安政五）年には台地部の東山手と南山手が早くも居留地のエリアとして設定され、翌年からは大浦一帯の海岸線の埋め立てがはじめられた（図1）。出島から遠い小曽根海岸が一八五九（安政六）年と早く、次に下り松海岸が一八六一（文久元）年に、梅香崎海岸と大浦海岸が一八六三（文久三年）にそれぞれ埋め立てられた。長崎の旧市街から離れたエリアから居留地の整備が進む。一八六七（慶応三）年には出島の海岸線を埋め立て居留地に組み入れた。一八七〇（明治三）年になると、出島から小曽根までの居留地特有のバンド（遊歩場）が完成する。

　完成した居留地の用途を見ると、商社が主に出島（一二件、以下（　）内は件数）と大浦（一二）に集中していた。下り松・小曽根・梅香崎の各地区（六）にも立地したが、その数は少なかった。茶工場は大浦の内陸側に八割が集中的に立地しており、造船所などの工場は下り松と小曽根に集まる。領事館は東山手（七）に七割が集中立地し、残りは南山手（二）と出島（一）にあった。ホテル・クラブは、大浦と下り松に立地し、大浦川沿いの両岸に集中していた。住宅は南山手（一八）と東山手（六）に限られた。貸屋（七）も南山手に集中し全体の四分の三を占める。住宅地を形成する東山手と南山手には教会が一つずつ建てられていた。

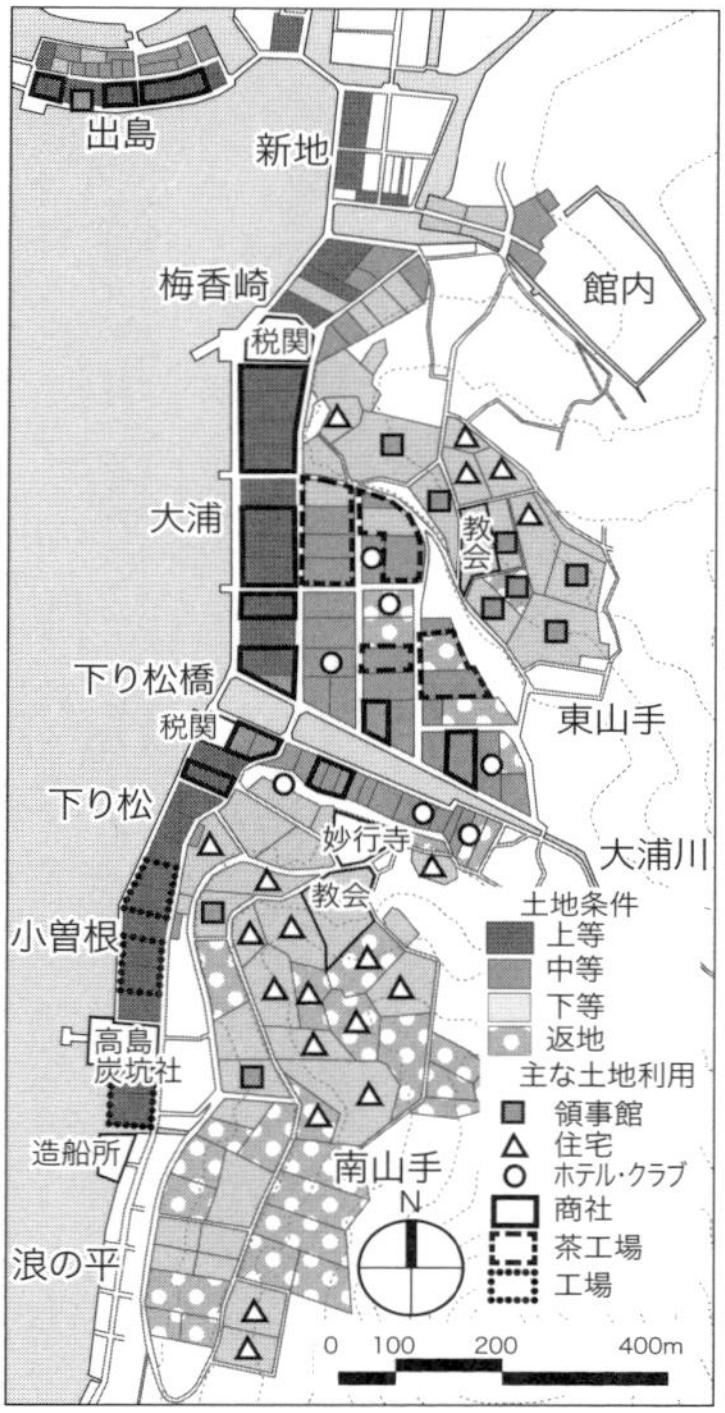

図1　長崎居留地の土地条件と土地利用

　明治二〇年代になると、外国との貿易の舞台は、江戸時代を通じて唯一外国との窓口であった長崎から、巨大都市である東京・大阪から至近距離にある横浜、神戸に移っていく。

2 水際の低地に立地する居留地の展開——横浜

現在の横浜は、日本有数の国際港として位置づけられるとともに、都市計画や街づくりにおいて高い評価を得ている（写真1）。横浜の出発点は「五ヶ国条約」が一八五八（安政五）年に締結されて以降、長崎、神戸などとともに一八五九（安政六）年に開港場となってからである。寒村から日本における重要な商港の一つとして横浜は発展する。

一八五九（安政六）年春からは、砂州状の横浜村の土地が開港場として急ピッチで開発された。明治維新を迎える一八六八（明治元）年までのわずか一〇年で、居留地となった現在の関内の基本骨格が整う（図1）。

写真1　ランドマークタワーから望む現在の横浜

開港場となった横浜の急速な都市形成のプロセスを知るには、一八五九（安政六）年の開港当初の横浜絵図「神奈川港御貿易場御開地御役屋敷竝町々寺院社地ニ至ル迄明細大図」、一八六三（文久三）年ころの「御開港横浜之図」、一八六八（慶応四）年の「横浜明細全図」、この三枚の絵地図が役立つ。それらの絵地図を確認しながら、開港場となった横浜の都市形成を追うことにしたい。

開港場に先駆けた日本人町の誕生

横浜が開港場となる以前の一八五九（安政六）年までに、まず日本人町がつくられた。すでに既成

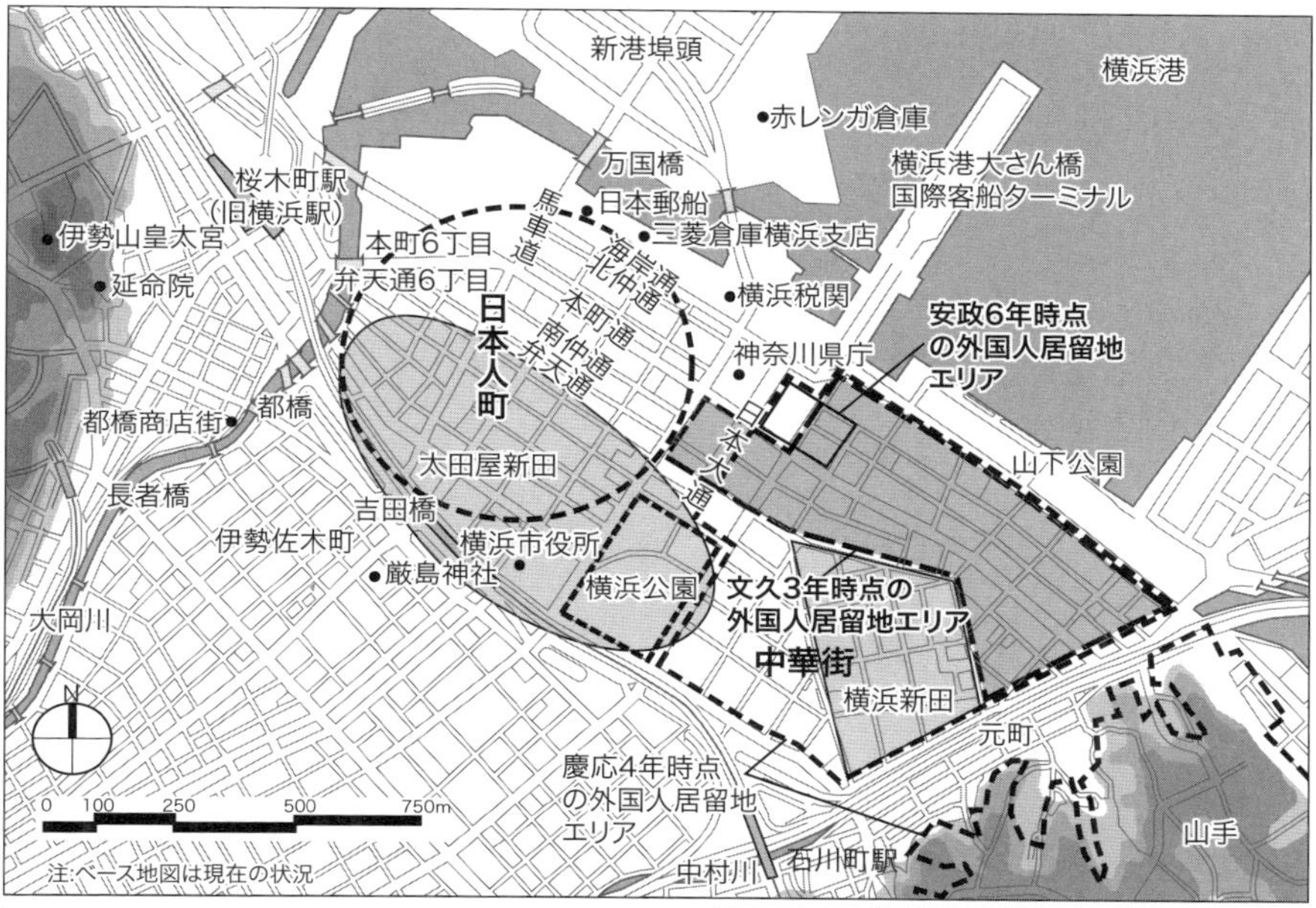

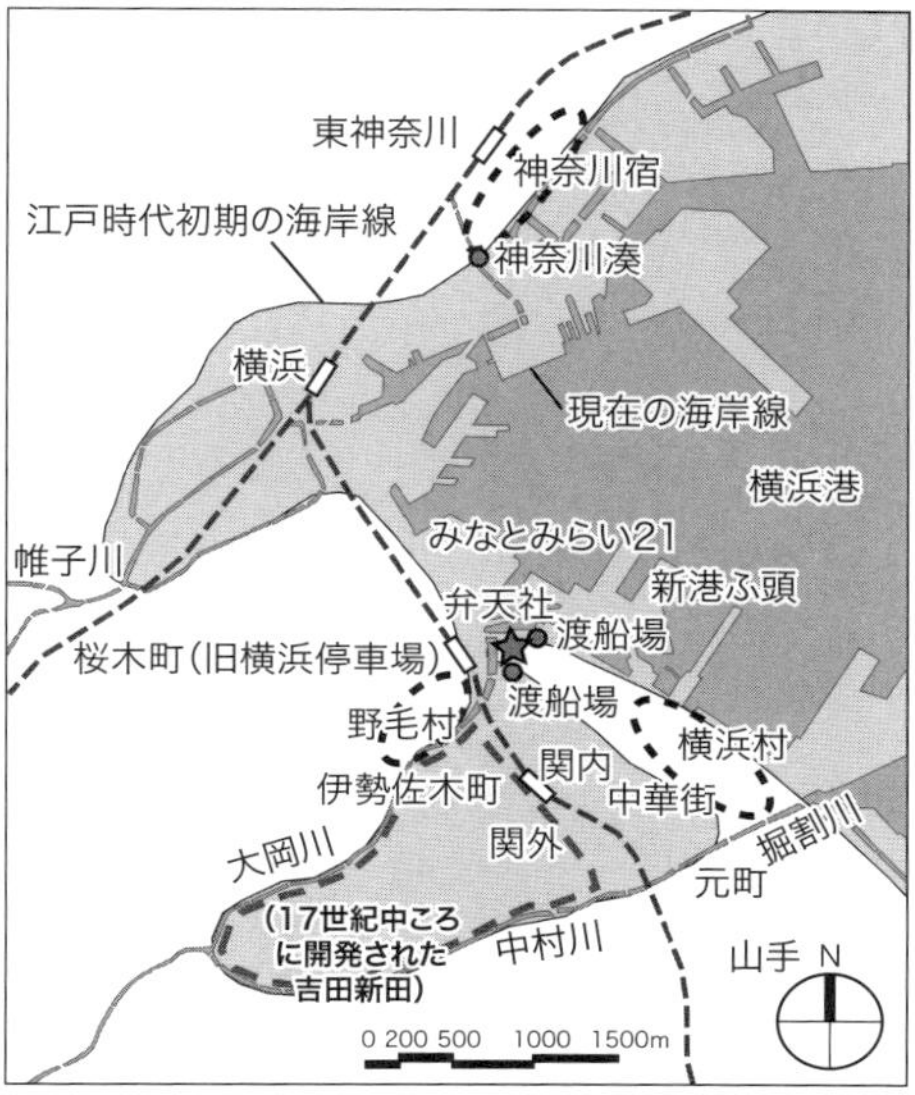

（上）図1　横浜外国人居留地の拡大変化
（下）図2　横浜周辺の広域図（江戸時代初期と現在の海岸線比較）

市街地が充実していた長崎などの他都市と比べ、寒村でしかなかった横浜の現状が日本人町の早期建設に向かわせたと思われる。開発地は弁天社と横浜村の間にある畑地が中心であった（図2）。日本人町の南東側、横浜村の隣接地には海側に運上所（現・神奈川県庁）、それに並ぶように東側に異国人屋敷が置かれた（写真2）。内陸側には日本人町の会所と御

写真２　海から見た現在の横浜

写真３　かつて桟橋が設けられていた現在の万国橋

役所が設けられた。水際から海に突き出すように二つの桟橋が建設され、北西側の一本が後に大桟橋となる位置にあたる。この桟橋からは現・日本大通りの原型となる道が内陸に真直ぐ延びていた。一八五六（安政三）年には事業が完了したばかりの利用価値の低い埋立地・太田屋新田に遊女屋（後の港崎遊郭）を立地させる予定になっていた。

日本人町は、以前からあった弁天通りと、横浜村の内海側と外海側の二つの渡船場を結ぶ旧来の道（現・馬車道通り）を活かし、グリッド状の街区が整備された。一八六三（文久三）年ころまでには江戸時代に使われていた渡船場が近代的な桟橋（現・万国橋付近）となる（写真３）。この渡船場は、江戸時代の重要な宿場であり、港町であった神奈川宿の湊とを結ぶ重要な舟運ルートとなっていた。神奈川宿に依存しながらの開港場建設が進められたことになる。

外国人居留地の拡大と海に通じる堀割川の開削

開港場となって四年後、一八六三（文久三）年には、本格的な外国人居留地の開発が横浜村跡地で行われる。外国人居留地エリアが拡大し、横浜村の住民は元町に移転となる。横浜村の移転と同時に、中村川は外海に近づく付近で左に大きく折れ曲り大岡川と再び合流していた流れを直接海に通じる開削が試みられた。大型船も通れる大工事は一八六〇（万延元）年に神奈川奉行によって行われた。現在の掘割川である。これほどまでの大工事を試みた背景としては、横浜村の生業であった漁業と廻船が移転先でスムースに行われることへの配慮、居留地側の利用価値の低い埋立地の高度利用があった。砂州で安定した横浜村跡地に比べ、軟弱な地盤であり、内陸側の埋立地は舟運上の難点となっていた。それを解消するための大工事だった。

開港場として都市空間が充実しつつあった一八六一（文久元）年には、神奈川に置かれていた各国の領事館が居留地東南側の山手に移転用地を確保する動きが見られた。同時に、山手には居留地の警護を目的に英仏両軍も駐屯し、軍事基地としての意味合いを増した。

居留地のある関内と、後に山手の外国人居住地に挟まれた元町は、外国人向けの商売が繁昌し、河岸に近い表通りが国際色豊かな商人街となる。その一本裏側の通りは職人街として発展した。一方掘割川の対岸にはオランダの造船所や横浜製鉄所が設立されるなど、未開発だった湿潤な埋立地に近代産業が立地しはじめる。その一つである横浜製鉄所は幕府がフランス政府と連携して軍艦の修理と洋式工業の伝習を目的として一八六五（慶応元）年に立地した。

周辺に拡大する市街地と関内の近代都市計画

一八六八（慶応四）年には関内の後背地に位置した太田屋新田と横浜新田が開発され、外国人居留地がさらに拡大する。一七九六（寛政八）年ころ埋め立てが完成していた横浜新田は、一八六〇（万延元）年の掘割川開削が呼び水となり、外国人居留地として組み入れられた。その後中華街となる。

外国人居留地の拡大は、外国との交易を目論む日本の商人たちを刺激し、日本人町が急速に過密化する。そのような時期、末広町から出火した「豚屋火事」が一八六六（慶応二）年に起きた。この火事では日本人町の大半が焼き尽くされ、外国人居留地にも被害が及んだ。太田屋新田にあった港崎遊郭も全焼する。それを契機に関内の近代都市計画が具体化する。横浜居留地では現在の都市計画に繋がる「地所規則」が三回出されたが、一八六〇（万延元）年の「第一回地所規則」、一八六四（万治元）年の「第二回地所規則」は幕府と欧米の諸外国との間で街づくりの基本同意に至らなかった。

しかしながら、日本人町からの出火を恐れた外国人居留地側の強い要望もあり、急きょ「第三回地所規則」が締結された。計画には日本初の「大街路」、「洋式庭園」、「防火建築帯」、「歩車道区別」、「街路樹の設定」が盛り込まれた。港崎町遊郭を移転した跡地には一八七六（明治九）年に横浜公園が整備された。この公園から海岸まで延びる、並木と歩道を備えた日本大通りも一八七九（明治一二）年に完成する。さらに、「第二回地所規則」でうたわれていた山手にある英仏両国軍の駐屯地が外国人住宅地として位置付けられた。外国人への開放が定められていた山手では、一八六七（慶応三）年から地所の競売を開始し、居留地に住宅街が形成されていたが、一八七五（明治八）年には撤退した英仏両国軍の駐屯地跡も分割され、洋館が散在する異国情緒溢れる山手の街並みとして加わる。

3 神話的象徴軸が同居する河口の開港場──神戸

開港場・神戸の誕生

港町への訪れは、海からという鉄則にもとづけば、船となる。ただあまり大袈裟に考えず、まずは気軽な気持ちではじめたい。幸い大阪港から、九州・四国に向かう定期客船が神戸に立ち寄る。それに便乗しよう。日の長い夏であれば、最終の船は空が暮れかかる時間帯に出航する。一時間程の航海だが、瀬戸内海を航行中に周囲はすっかり闇に閉ざされ、船の位置をわずかに知らせる陸からの明かりが神戸の市街であった。

旅も終わりに近づき、船は遠目からでも一際明るく光を放つ方向へ吸い込まれ、港に入る。阪神淡路大震災の後、ハーバーランドとメリケンパークが復興を機に再開発され、港に出入りする客船を包み込む(写真1)。船からの訪問者を光のページェントが迎え入れる。

写真1　光のページェントが迎え入れるかつてのメリケン波止場

兵庫(神戸)は、一八六三年一月(文久二年一二月)に開港することが定められたが、実際には一八六八年一月(慶応三年一二月)であった。外国人居留地は旧生田川の西側にあった神戸村とされ、英国人土木技師のJ・W・ハートが計画・設計に携わる。一八六八(明治元)年、京町通を中心にグリッド状に街路が整備された。居留地には下水道が敷設され、外国人公園である前田公園や海岸遊園もつくられた。一二六区画に分けられた敷地には、その後本格的な西洋建築が建ち並ぶ（図1）。

神戸では、居留地建設の遅れにより、進出してきた外国人が居留地に居住できなくなっていた。明治政府は一八六八（明治元）年三月に生田川の西側、宇治川の東側、北が山辺から南が海岸までの九村を外国人も居住できる雑居と認めた。独特の雰囲気を醸し出す、台地と低地で構成された開港場神戸が誕生する。特に山手の高台から海を眺められる北野村が人気を集め、次々と洋風の異人館が建てられていった。今日でも、洋館が建ち並ぶ北野の風景は観光スポットとして人気がある（図2）。

図1　西洋建築が建ち並ぶ居留地の街並み（神戸市立中央図書館所蔵絵葉書）　出典：神戸市立中央図書館貴重資料アーカイブス http://www.city.kobe.lg.jp/information/institution/institution/library/arc/pages/104/104_005.html

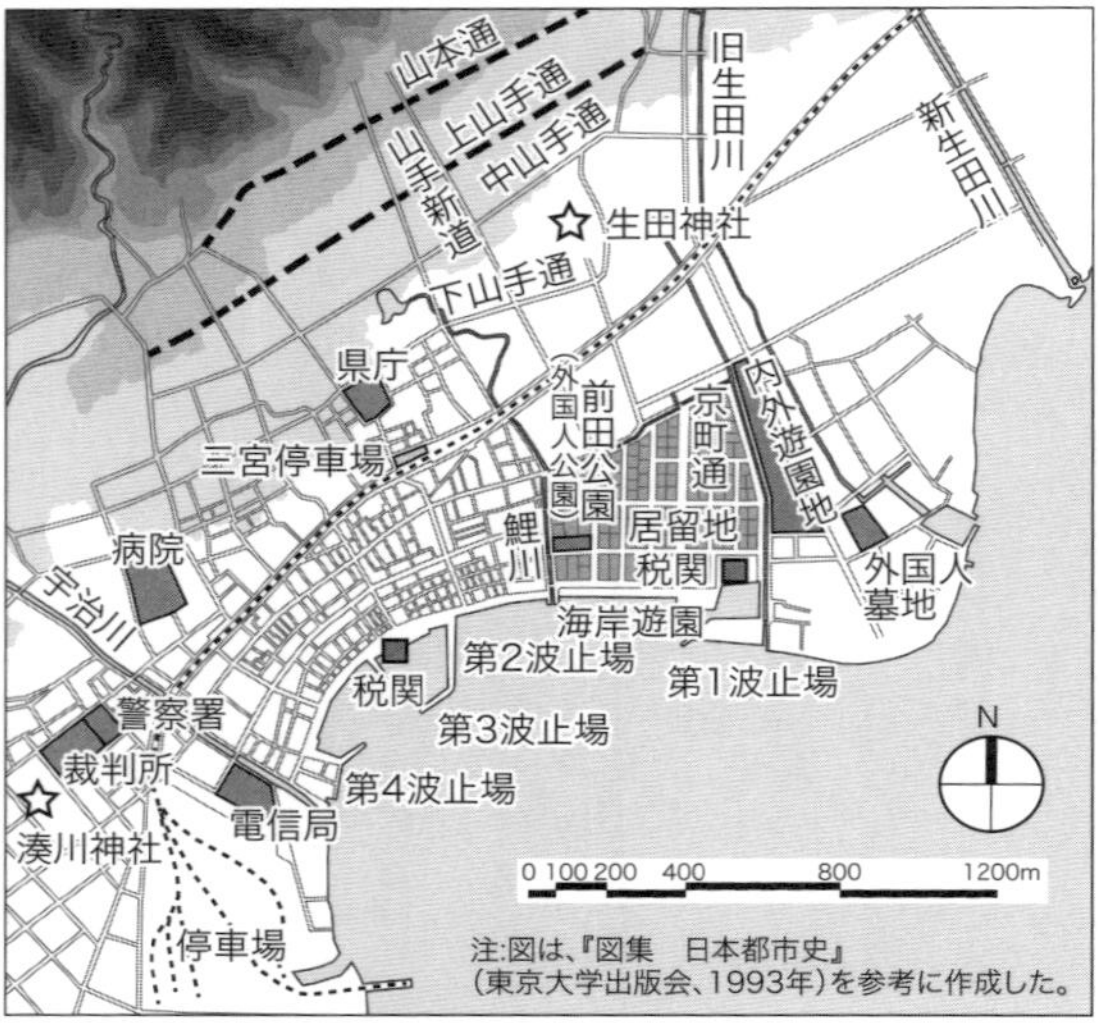

図2　神戸の現街区と歴史的スポット

こうした動きを受けて、兵庫県は山手と居留地を結ぶ南北道路の山手新道を一八七三（明治六）年に整備する。一八八九（明治二二）年になると、山手を東西に貫く幹線道路（中山手通、上山手通、山本通）も完成させ、さらに多くの異人館が山手に建つことになった。

聖域の場としての近代神戸

開港場となった神戸は、近代港町として発展するが、湊川の西には港町として繁栄する兵庫津があった。その近世以前の世界と決別するかのように神戸港が近代につくられる。歴史的には、兵庫津（大輪田泊）が古くから舟運の拠点としてその名が知られ、神戸の寒村とは比べようもなかった。だが一方の神戸にも歴史の浅さを感じさせない何かがある。わけても、モダンな街の真ん中に鎮座し続ける、生田神社の存在は興味深い（写真2）。それはこじんまりとした境内に立つとわかるような気がする。この辺りに潜む古からの繊細な風土が感じられるからだ。ひょっとして、神戸に近代の歴史の曙をもたらすために、再び女神が微笑んだのではないかと思いを馳せてしまう。

写真２　生田神社

生田神社は、天照皇大神の御幼名ともいわれる、稚日女尊《わかひるめのみこと》が祀られている。西暦二〇一年が創建である。その由緒は日本書紀に記されて以降、今まで伝え続けられてきた。この神社は崖など、霊験あらたかな地形構造に立地していない。風土に馴染むように平坦地から緩やかな上り斜面となる境に、おもむろに女神が舞い降りたように場を占める。

六甲山麓から瀬戸内海に流れ出る幾筋かの川は、大河を形成するわ

写真4　北野神社からの神戸の眺め

写真3　神戸北野天満宮

けではないが、流域の土地を田園とするには充分な水量である。前面に広がる瀬戸内海は、大陸と大坂、京を結ぶ舟運の大動脈であるばかりでなく、魚貝の宝庫でもある。小さな農村集落を成立させる良好な環境がそこにあり、豊富な地下水を溜めた土地は近代港町を成立させるうえでの魅力を備えていた。しかしそれには、生田神社の神話から、古代、中世、近世を経て、時代を下る必要があった。

開港場の背後に潜む歴史の渦

生田川と名づけられた川の上流近くには、いま一つ神戸を位置づける重要な場所がある。それは、六甲の山並みの麓、急斜面を利用して建つ神戸北野天満宮である(写真3)。この神社は、一一八〇(治承四)年、平清盛が京都から兵庫の地に都を移したとき創建された。「福原」をつくるにあたり、禁裏守護、鬼門鎮護の要の地として、学問の神・菅原道真(八四五〜九〇三年)を祀る京都北野天満宮から勧請し、社が建てられたものだ。この男性的な神戸北野天満宮は女性的なやわらかさを感じさせる生田神社と好対象に映る。

現在の天満宮周辺には、風見鶏で有名なG・トーマス邸をはじめ、欧米の人たちが住んだ洋館が街の雰囲気を異国情緒に駆り立てる。神戸北野天満宮からは、神戸港が望め、それに向かって軸線が延びる

（写真４）。海に向かう軸となる通りと平行して何本かの坂道が港を目指す。これらの道沿いにも洋館が街の風景を引き立てる。

　天満宮の境内に立ち、短命に終わった歴史の舞台、福原に思いを馳せると、壮大な大陸との交易を視野に入れ、港町を基本に据えた清盛の海人としての姿が浮かび上がる。生田神社の位置は、海岸線に沿ってほぼ平行に西側にスライドさせると、半島のように突き出した小山に行き着く。現在会下山公園となるこの山を背景に、瀬戸内海を望む福原が造営されたのである。

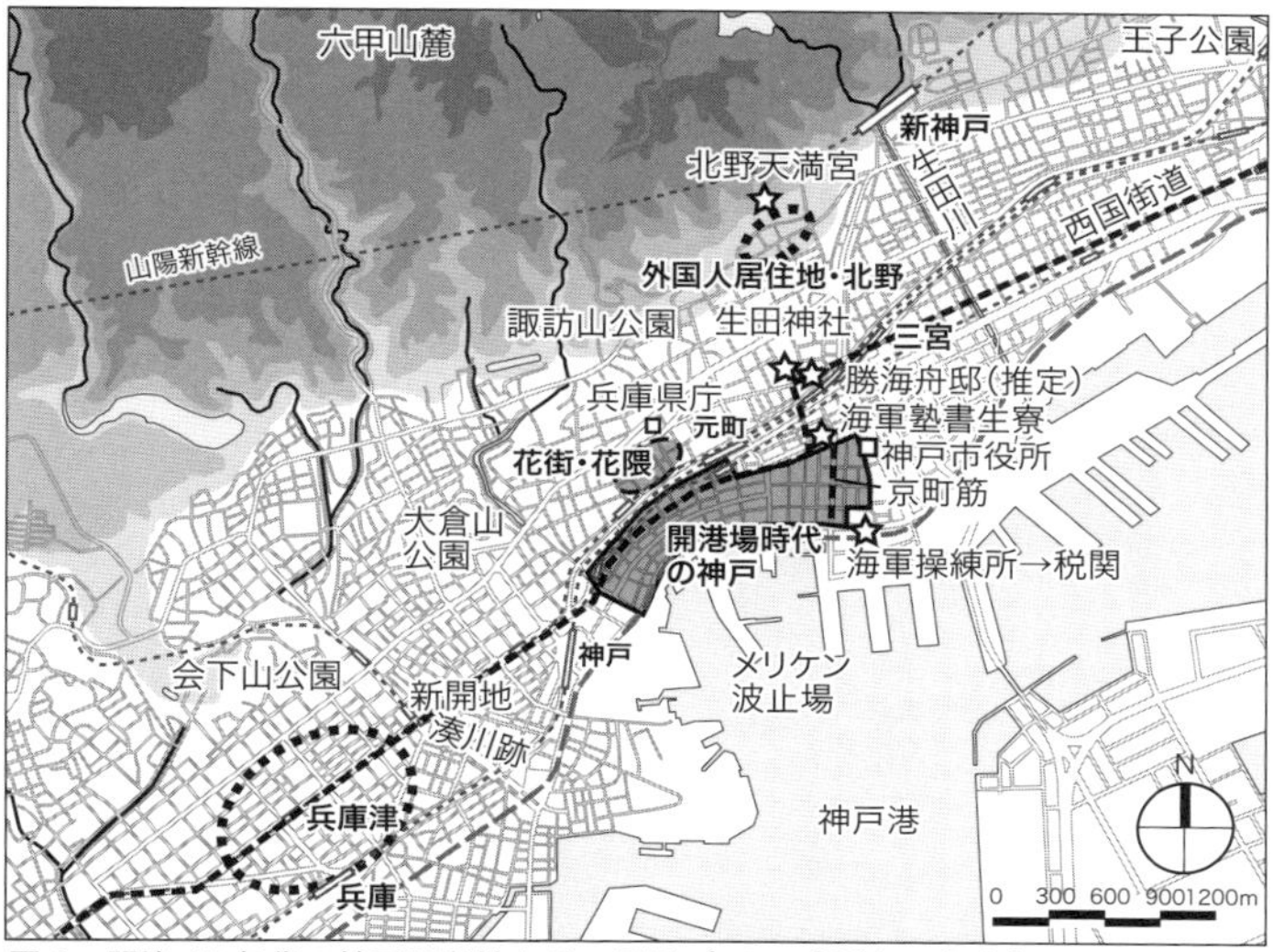

図３　明治 10 年代の神戸居留地とその周辺（1881［明治 14］年）

　天満宮の急な階段を降りきった所には、等高線を選ぶように旧道が東西に延びており、歩いていてもあまり起伏を感じさせない。その道沿いには、和風の町家が町並みをつくり、北野の村落の中心であった名残りを感じさせる。その道の先に、かつての福原の都跡があり、兵庫津の賑わいがあった。

　想像の域へと大いにはずれそうだが、神戸港を見下ろす高台に立地する神戸北野天満宮は、一方で生田神社の存在を強く意識して建てたのではないかとの思いがある。それは、福原にとって鬼門の方角であるとしても、あまりに離れた場所に天満宮が祀られており、同時に神戸市街とその港を一望にできる場所から、生田神社を中心とした田園に睨みをきかせているようにも見えるからだ。そして、この二つの神社はまったく異なる眼差しから近代へと向かう神戸を見守り続けることになる。

近代港町を先取りした勝海舟と開港場の山手

神戸で最後に登場してもらいたい人物がいる。それは勝海舟である。幕府の役職にある彼がまず神戸の近代の扉を開いた。幕末、生田神社の森のあたりには勝海舟の自邸でもある軍艦奉行所があった。そこで彼は薩摩志士の塾生と交流し、新たな曙の訪れを予感していたはずである。参道を少し下った外国人居留地となる辺りに海軍塾書生寮が設けられ、生田川河口付近には海軍操練所がつくられた。まるで、生田神社の参道を意識するかのように三つの施設が立地する（図3）。

神戸の開港場は、勝海舟の海軍操練所を港とし、その内部に外国人居留地がまず整備された。その後の繁栄は、横浜と同様に外国人の居住地を郊外の丘陵に開放させていく。それが北野村である。これら異人館の建ち並ぶ場所を起点として、港と結ぶ軸が強化された。その結果、あたかもいにしえ古の時代から、神戸北野天満宮から参道の軸が延ばされていたかのように海に向かい、生田神社の軸とともに、神戸の明解な都市空間の方向性を示した。

幕末の日本では重要な港や町を避け外国に開放してきた幕府上層部の人たちの思惑をよそに、近代の歴史が展開する。彼らもまた大きな時流に追随したに過ぎない。そして、神戸はまったく異なる環境に立地する二つの神社が近代という時を待ちつつ、そこに新たな神戸を描く基層になって存在感を再び浮上させた。

第6章　近代都市

1　平山城を核にした城下町とその周縁に敷設された鉄道

明治期における鉄道敷設の状況

幕末期になると、港が諸外国に開放され、欧米の近代文明が急速に流入する。明治維新以降は文明開化の名のもと、欧米の先進的な汽車鉄道が日本全土に敷設されていく。その最初の試みとして、一八七二（明治五）年に東京（新橋）と横浜（桜木町）間を結ぶ鉄道が開通した。海岸線を列車が走る風景は明治初期の錦絵によく描かれ、明治一〇年代に入っても小林清親などの絵師が鉄道風景を画題にした（図1）。その終着駅が新橋停車場と横浜停車場（桜木町）となった（写真1）。その後、都市間を結ぶ長距離鉄道は、官営鉄道が一八八九（明治二二）年に東京と神戸間、私有鉄道が一八九一（明治二四）年に東京（上野）と青森間を結ぶ（図2）。神戸まで至っていた東海道本線を延伸させるように、一八九二（明治二五）年までには神戸以西を山陽本線が私有鉄道として三原まで延伸した。

図1　高輪を走る陸蒸気（小林清親画）
（国立国会図書館デジタルコレクションより）

一九〇六（明治三九）年時点の鉄道敷設状況を見ると、鉄道網は東京、名古屋、京都、大阪といった主要都市を結

写真1　再現された新橋停車場

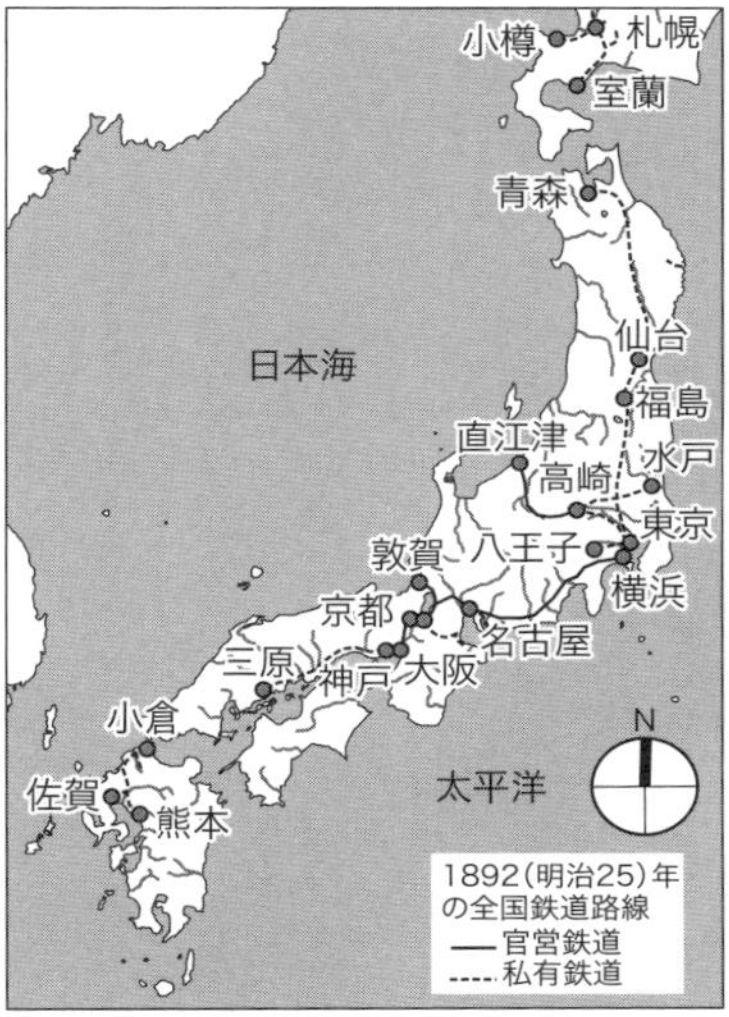

図2　全国の鉄道敷設
〈1892（明治 25）年時点〉

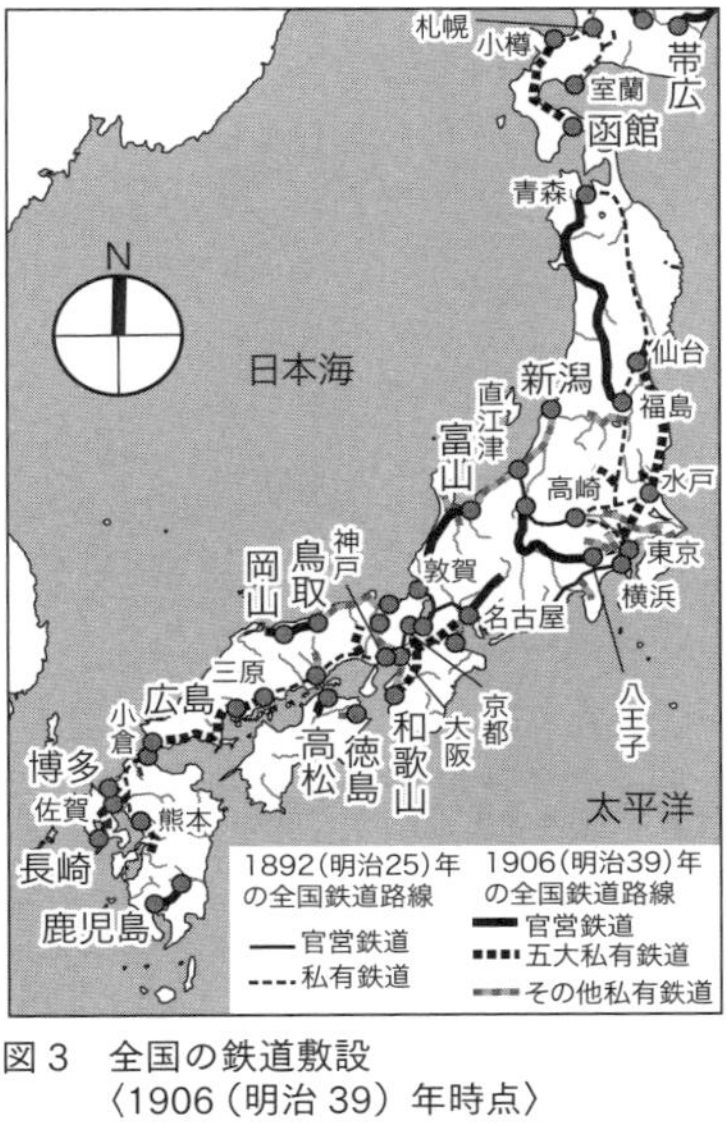

図3　全国の鉄道敷設
〈1906（明治 39）年時点〉

ぶとともに、外国との窓口であった開港場の横浜、神戸、さらに函館、新潟、長崎への鉄道敷設が急がれた（図3）。こうした対外的な対応に加え、石炭、鉄などの国内基幹産業の勃興、開発が遅れていた東北・北海道への鉄道敷設が早急に進む。

東北・北海道の開発推進は、明治新政府が重要視しており、東京と青森を結ぶ鉄道敷設が早い時期に開始された。両側を高い山並みが連なる東北方面の鉄道敷設は、建設資材を陸揚げできる港の存在が重要視され、一足先に現在の塩釜線塩釜埠頭駅にあたる塩竈駅までが一八八七（明治二〇）年内陸の線路敷設のために開設された。船で運ばれた必要物資を沿線まで輸送するためである。青森までの東北本線全線開通は四年後だった。この基幹となる東北本線の開通後の東北地方は、一八八〇（明治一三）年に敷設された鉱山（小川）と釜石港を結ぶ鉄道（軽便鉄道）の他、鉄道の敷設が大正期に入るまで進展していない。

産業と港湾、それを結ぶ鉄道

一八九二（明治二五）年までに敷設された鉄道では、東海道本線、東北本線の二つの基幹路線の他、炭田と主要港町（港湾）を結ぶ鉄道敷設が目立つ。北海道では、夕張などの広大な炭鉱地帯と北海道の中心都市となる札幌を経由して、重要港湾となった小樽と室蘭に鉄道が内陸から海に面する港まで敷設された。九州では、筑豊の炭田と、重要港である洞海湾の北に位置する若松、小倉を経由する門司に鉄道が通される（図4）。いずれも終着駅であった（写真2）。洞海湾を挟んだ南側には官営の八幡製鉄所が一九〇一（明治三四）年に創業し、洞海湾から外海側の若松、戸畑にかけての埋立地が一大工業地帯を形成する（図5）。

北に目をやると、産業と一帯に都市発展した港町に背後を山で囲まれた小樽がある。北海道では米農商務省長官だったホーレス・ケプロン（一八〇四〜八五年）を北海道開拓使総顧問として招聘した。ケプロンらは幌内川上流に有望な炭田を発見する。その積み出し港として、室蘭、小樽の名が挙がる。経費の面で小樽が優先され、幌内から現在の江別まで鉄道を敷設し、その後石狩川を船で下り、海を経て小樽に至るコースに決定した。一八七九（明治一二）年、アメリカの鉄道技師ジョセフ・クロフォード（一八四二〜一九二四年）が招かれ、早々に再調査を行う。その結果、幌内〜札幌〜小樽港まで直接鉄道で運び込む方が所要時間も早く効率もよいとするクロフォードの提言が通り、翌年のは

写真 2　門司駅

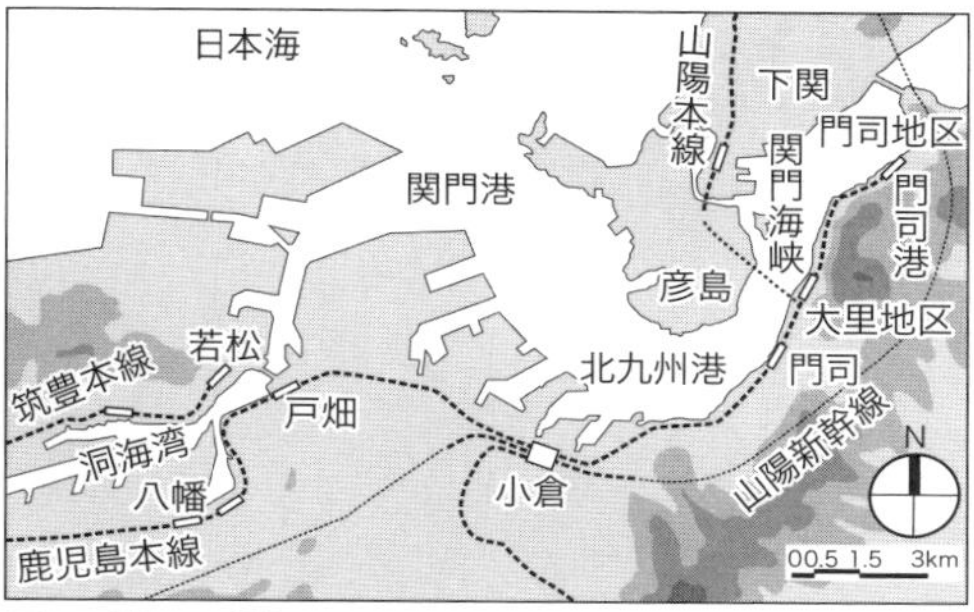

図 4　門司、若松とその周辺

図 6　1909（明治 42）年の小樽

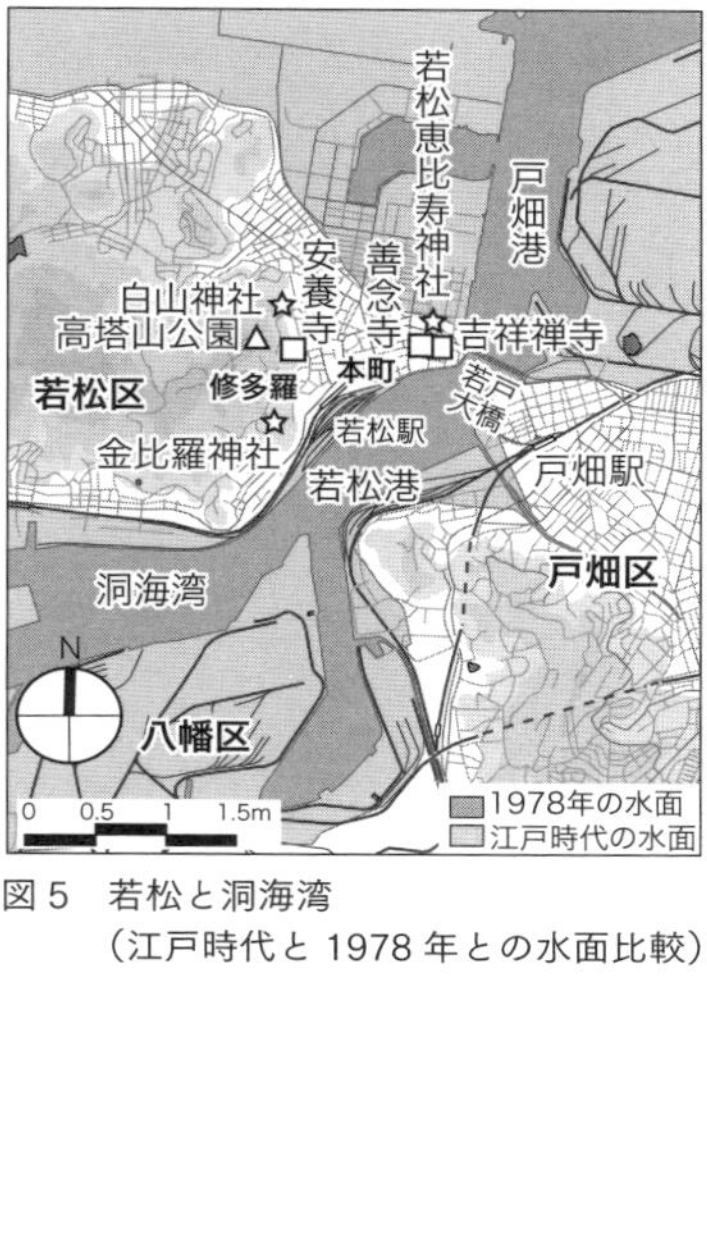

図 5　若松と洞海湾
（江戸時代と 1978 年との水面比較）

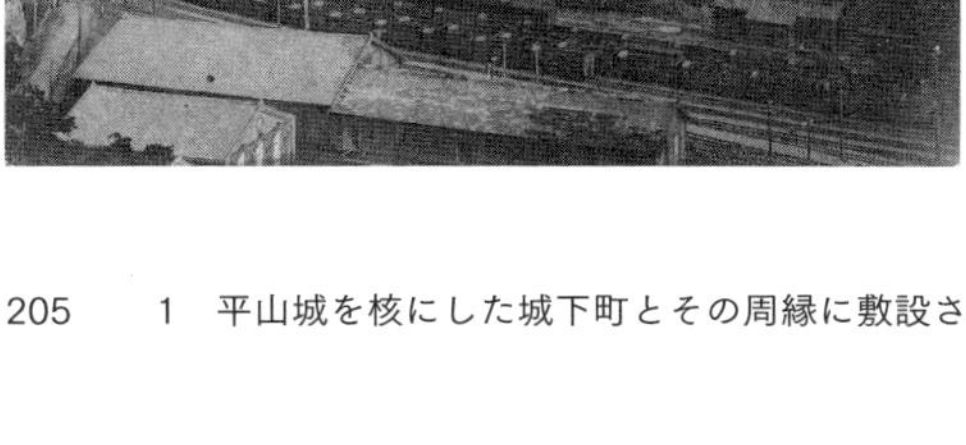

図 7　手宮の石炭積み出しの線路
（岡本所有絵葉書）

じめには工事が着手された。小樽の手宮と札幌間はその年中に開通し、全線開通は二年後である。小樽はニシンとともに、石炭の積出港として大きく発展した（図6、図7）。

城下町と鉄道ルートの特徴

都市への鉄道敷設ルートは、城下町・港町の「外側を通す型」、その「内側を貫く型」、「終着駅型」の三つのパターンに大別される。ただし、城下町、港町といった近世までに成立していた既存の都市内部に鉄道を新規に敷設させることは、古い慣習からの誤解も含め難しい面が多々あった。扇状地に成立した山形、山間部のV字型をした限られた平坦地に成立した津和野など、城下町の内側を貫く型はわずかであった（図8）。山形の場合、城下町の形成された形態が特殊で、地形の高低差では扇状地の一番低い場所に城が置かれており、外濠を貫くかたちで鉄道が敷設された。

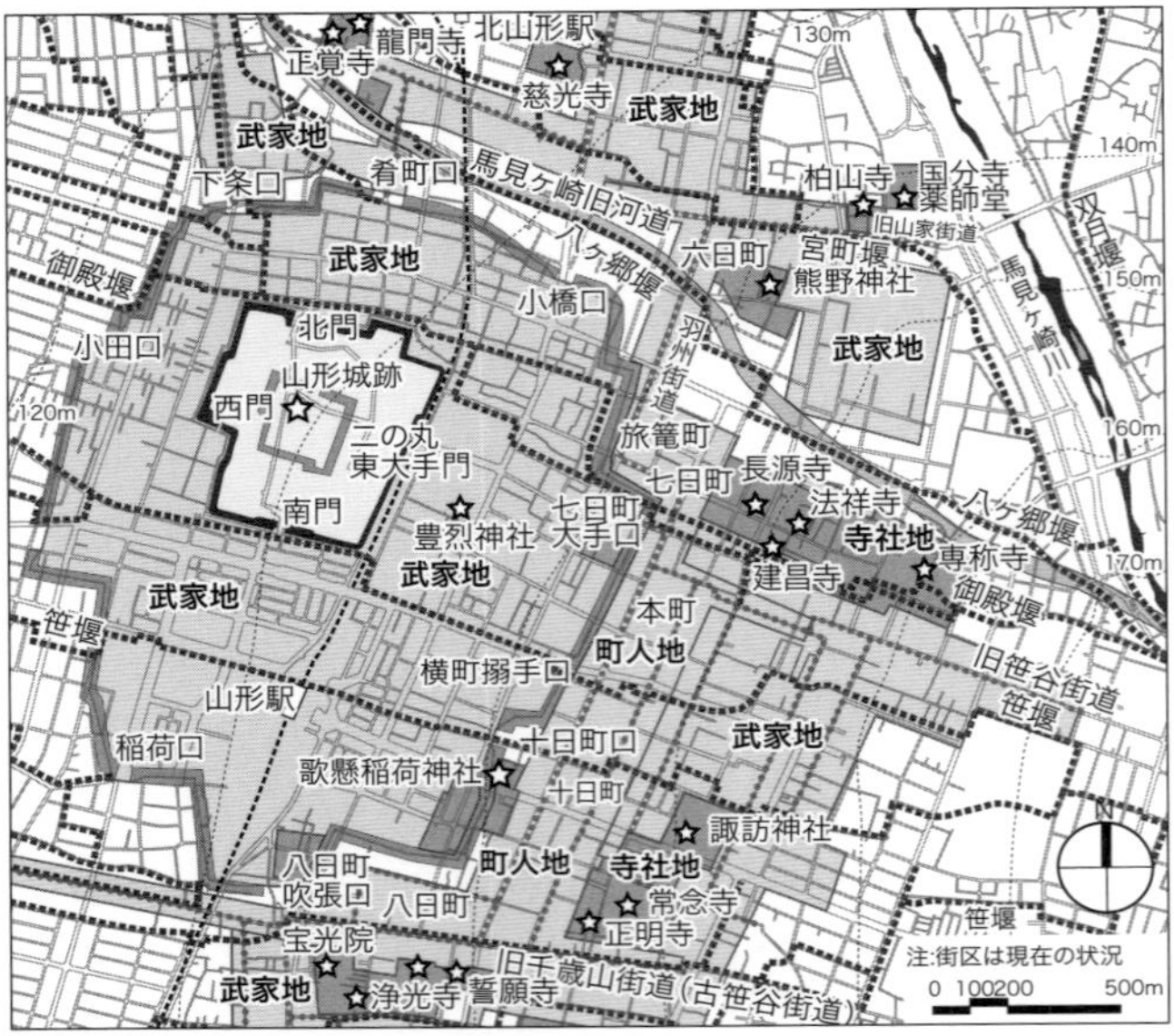

図8　山形の城下町と鉄道の敷設

城下町をベースとしたほとんどの都市では、市街の「外側を通す型」が取られた。

既存の城下町から外れた周縁に鉄道路線が敷設され、主要な駅も城下町時代の都市機能とは疎遠な場所に設置された。一九〇六（明治三九）年までに、敦賀から延伸された官営鉄道が富山まで通されていたが、金沢では城下町の北西外れに金沢駅が置かれたに過ぎなかった（図9）。他にも、萩、松江、柳川、桑名、熊本、彦根など、城下町では外側に鉄道を通す型が目立った。

終着駅型は、海上交通と深く結びつく港町で多く見られる。港町の立地は、陸上交通からの視点から見れば、大変不便な場所に位置しており、陸上の都市間ネットワークは難しい。ただし、陸と海の物流の結節点として重要な意味があり、終着駅型の鉄道敷設が目立つ。先に触れた近代において炭坑を背景に重要港となった若松、門司、あるいは江戸末期に開港場となった長崎、函館といった港町は、海によって隔てられ、先の都市と陸路で連絡することができない地理条件から、終着駅型とならざるを得なかった共通点がある（図10）。

終着駅型は、一〇〇〇万都市の東京（江戸）でも見られた。四方から長距離鉄道の路線が集まる東京は、他の城下町都市と異なる。金沢のように周縁に鉄道路線を敷設し、主要駅を設置することはできなかった。その結果として、南は汐留駅（新橋駅）、東は両国駅、北は上野駅（秋葉原駅）、西は飯田町駅と、四方に終着駅を設けることで対応した（図11）。甲武鉄道（中央線）は飯田町駅からさらに延伸され、終着駅が万世橋駅となり、一九一二（大正元）年に駅舎が建てられた。建物は二年後に東京駅を建てた辰野金吾が設計にあたる（図12）。一九一四（大正三）年に東京駅が開業した当初、東京駅を始発とすることになっていた中央線と山の手線の環状化が未着工のままであった。東京駅と万世橋間の中央線が一九一九（大正八）年、東京と上野間の山の手線が一九二五（大正一四）年にやっと開通する。両国とお茶の水間の総武本線は、関東大震災後の一九三二（昭和七）年に路線が完成し、隅

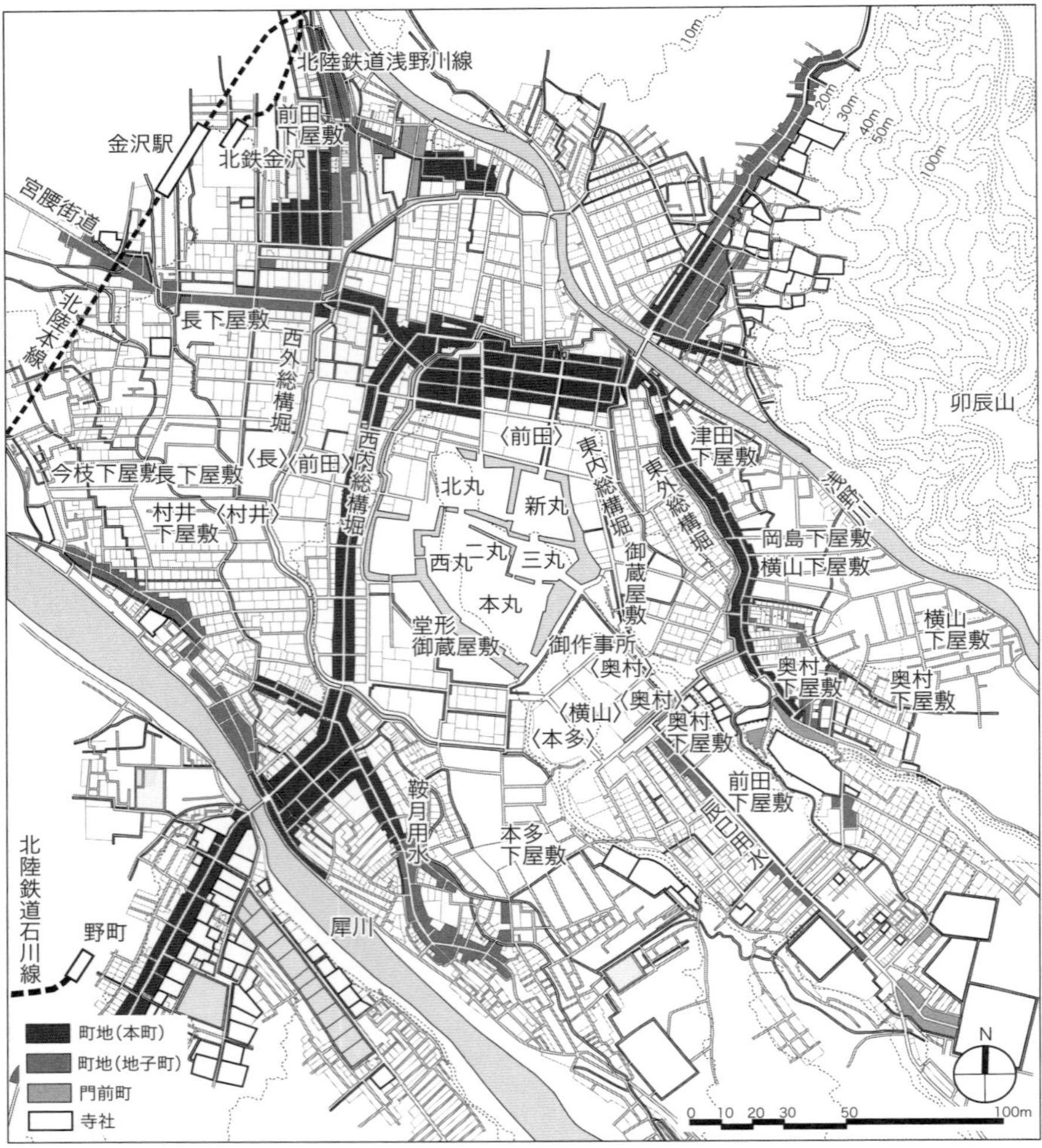

図９　金沢の城下町と鉄道の敷設

図 12　万世橋駅（岡本所有絵葉書）

田川を渡って都心と鉄道で結ばれた。こうして、大都市東京は東京駅や上野駅の一部終点となるホームを残して、終着駅型の駅が姿を消す。

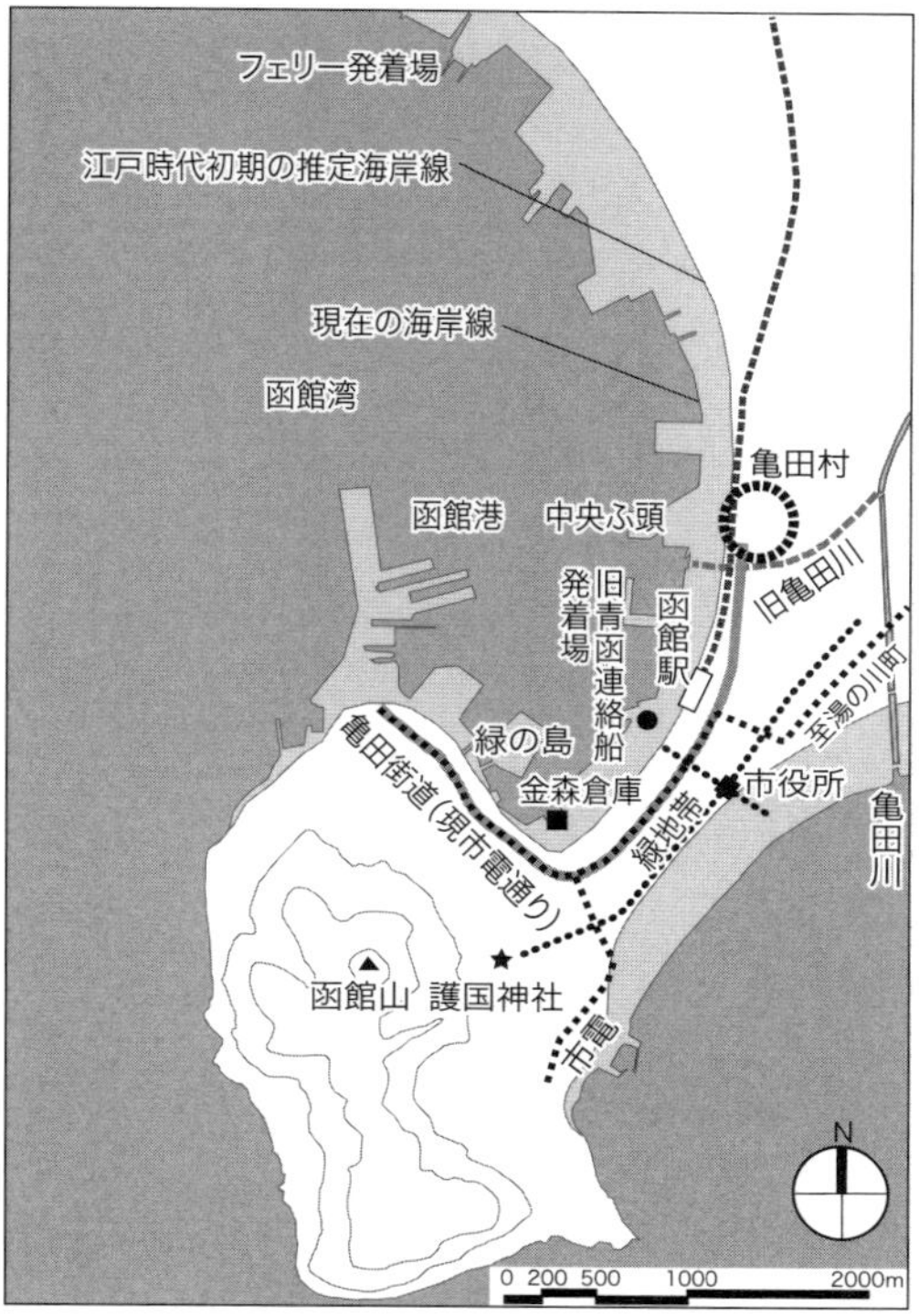

（上）図 10　函館の広域
（下）図 11　明治後期の東京の鉄道敷設状況

2 低地を巡る掘割網と自動車交通——東京下町の道路と橋

掘割を利用した二つの異なる東京の高速道路建設へ

明治維新以降、近代化する東京は江戸時代の城下町をベースに、市区改正事業で道路が拡幅される。関東大震災後の帝都復興事業では、昭和通りなど新設された道路とともに、土地区画整理事業によって道路の拡幅、新設も盛んに行われた。戦前までの自動車保有台数からすれば、東京都心部では充分に道路が機能できた。そのような時代に、高速道路の研究が行われている。渋滞による切実な都市交通に向けた提案ではなく、未来都市としての夢のハイウェイを城下町がベースの東京に持ち込もうとする構想だった。ドイツのアウトバーンが象徴するように、自動車による都市間の高速交通が日本においても、世界的な時流のなかで研究された。その研究では、二人の人物が東京を舞台に構想を練った。一人は一九三八（昭和一三）年に「東京高速道路網計画案概要」を構想した東京都の道路計画策定に長年携わる山田正男（一九一三〜九五年）、もう一人は一九四〇（昭和一五）年に「大東京地方計画と高速度自動車道路」を公にした都市計画家の石川栄耀《ひであき》（一八九三〜一九五五年）である。二人の考えは、いずれもアメリカの高速道路をモデルとした。このある種ユートピア的な構想が戦後現実味を帯びて再登場する。

一九五〇（昭和二五）年以降、東京都区部の人口が毎年数十万人の割合で増加する。自動車保有台数も毎年数万台の増加があった。高度成長期に突き進むなかで、昭和三〇年代初頭の予測では一九六五（昭和四〇）年に倍増するモータリゼーションの肥大化により、東京都心の交通麻痺《まひ》が確実

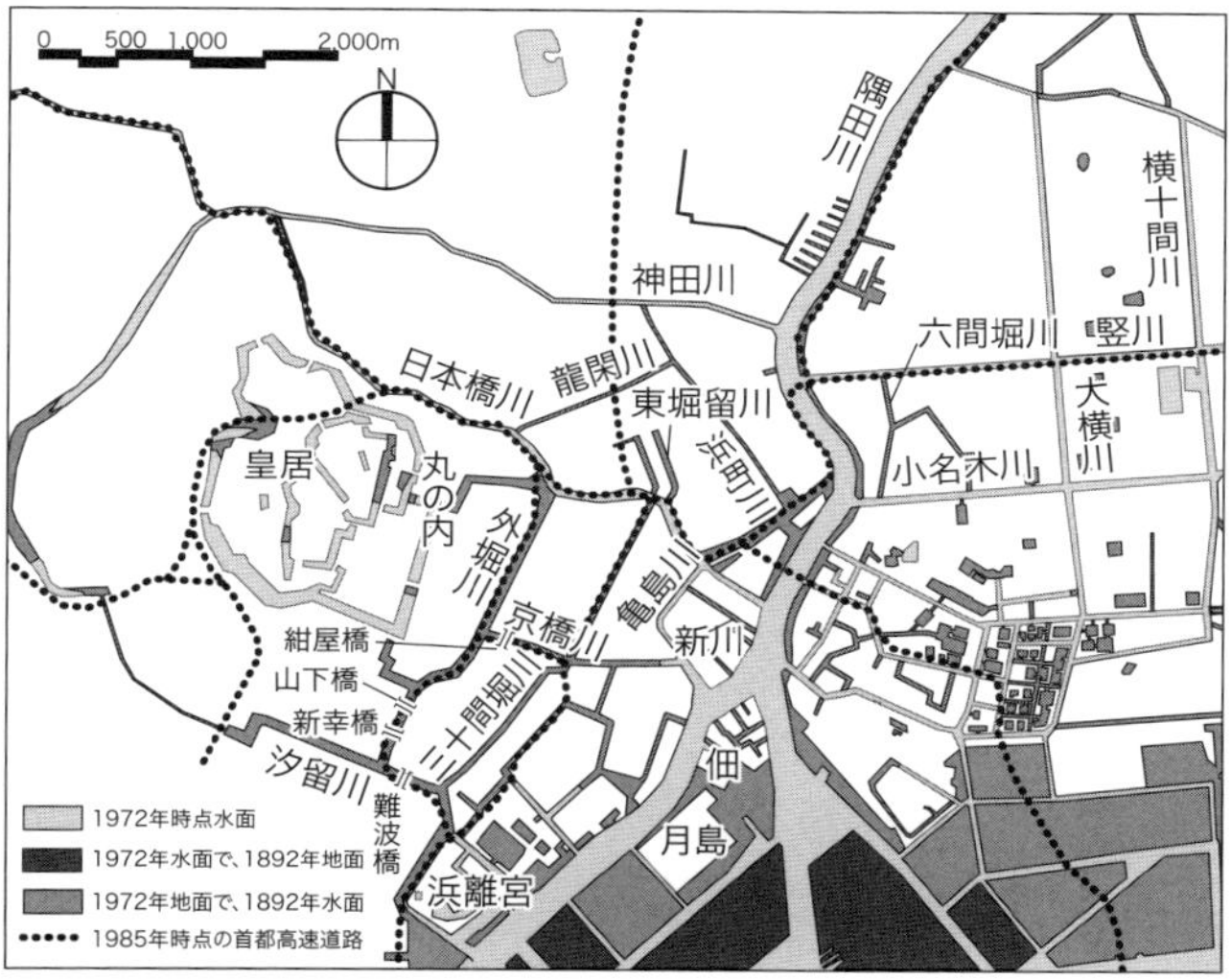

図１　水面の埋め立てと首都高速道路の建設

視された。この深刻な交通問題の打開に、戦前に研究されていた高速道路の建設が再浮上する。しかも、一九五九（昭和三四）年に東京でのオリンピック開催が一九六四（昭和三九）年に決定すると、高速道路建設の緊急性がより現実味を帯びる。首都高速道路建設に携わる人たちは、東京を縦横に巡る川や掘割の公共空間に着目した。首都高速道路は東京都心部とその周辺にある掘割が主に利用され、その結果江戸時代に築かれた掘割の多くが失われた（図1）。掘割などの公共空間を最大限利用した高速道路建設は、東京オリンピックが盛況のうちに閉幕した後も貫かれた。

商店街と一体化した高速道路と交通機能だけの高速道路

二人の構想のなかでは、高速道路の下に店舗を入れ込む石川栄耀の構想が独立採算を可能にしていち早く実現する。難波橋から紺屋橋までの全一・四kmの区間は店舗の家賃収入だけで民間の東京高速道路（株）が高速道路の運営に携わった。通行料は取らない方針で進められた。東京に最初に建設されたこの高速道路は、外堀川、京橋川、汐留川の掘割が埋め立てられた跡に出現した。

写真１　現在の数寄屋橋ショッピングセンターと高速道路

銀座地区にある外堀川の埋め立ては京橋川よりも早く、山下橋と新幸橋間が一九五四（昭和二九）年から行われ、埋め立てた跡地では日本最初の高速道路、東京高速道路（株）の「会社線」の工事がはじまる。その後順次外堀川の埋め立てが進んだ。高速道路下には、一九五八（昭和三三）年開業の銀座四丁目の数寄屋橋ショッピングセンター（現・銀座ファイブ）をはじめ、銀座五丁目の西銀座デパート、銀座一～三丁目にある銀座インズ１・銀座インズ２・銀座インズ３、そして飲食店が中心の銀座六～八丁目にあるコリドー街が同じ年に開業していった（写真１）。「ギンザナイン」の開業は少し遅れ一九六〇（昭和三五）年である。

高速道路の下に店舗を入れる考えは、世界的に知られた銀座を取り巻く掘割跡に計画されるからこそ可能になったといえる。ただ、総延長二kmほどでは麻痺する東京全体の交通問題を解決できない。後塵を拝することとなったが、山田正男がそこに登場した。彼の率いる東京都建設局では東京の都市高速道路計画の検討に入る。計画が具体的に策定され、一九六四（昭和三九）年の東京オリンピックに間に合うように首都高速道路の都心環状線、一号羽田線の建設が進められた。

日本橋川から南下する楓川は、築地川・楓川連絡運河を経て、築地川まで一直線に延びる掘割であった（図２）。一九六〇（昭和三五）年に埋め立てが開始され、東京オリンピックを控えた一九六二

図2　楓川跡に建設された首都高速道路

写真2　江戸橋ジャンクション

（昭和三七）年一二月には江戸橋ジャンクションから楓川を経て、汐留川までの首都高速道路都心環状線が開通した（写真2）。空の表玄関・羽田空港と都心を結ぶ高速道路の第一弾が完成する。オリンピックの開会式まで二年を切ろうとしていた。

楓川跡を走る高速道路は高架だけでなく、路面が激しく上下する。高速道路は兜橋から千代田橋までが高架で、新場橋からはかつての掘割の底を走る。宝橋あたりに来ると、「会社線」と合流する線が高架となり、首都高速道路都心環状線本線が掘割の底をさらに走る。

宝橋から首都高速道路は南に下り、楓川の一番南端に架かる弾正橋に至る。本線の首都高速道路都心環状線は弾正橋を過ぎてから、楓川からバトンタッチするかたちで、近代舟運のために一九三〇（昭和五）年に開削された楓川・築地川連絡運河が高速道路を一九六〇（昭和三五）年に受け入れる。三〇

写真3　分岐点の築地川に架かる三吉橋（改造社編『日本地理体系第3巻大東京篇』改造社、1931年より）

年にも満たない掘割の寿命だった。

三吉橋では築地川の流路が二手に分かれており、Y字型をしたユニークな橋が架けられた（写真3）。真っ直ぐ南に下る本線の首都高速道路都心環状線は掘割の底を走り続けて浜離宮に至る。築地川は、築地川・楓川連絡運河と同様に高速道路は川底を走る。橋脚を立て、橋を連続させるように高速道路を建設するよりは、建設時間も短縮でき、建設コストも格段に安上がりだった。急ピッチに工事が進められた首都高速道路は、羽田空港までが一九六四（昭和三九）年の東京オリンピック開催間際に完成し、東京都心と結ばれた。

オリンピックの年に完成した佃大橋

隅田川から船で佃島を訪れる時、佃水門をくぐり佃島内の掘割に入る。船は住吉神社の脇を抜け、右に九〇度曲がる。目の前には佃小橋が架かり、船上からの眺めは素敵だ（図3、写真

写真４　船上から見た佃川支川と佃小橋

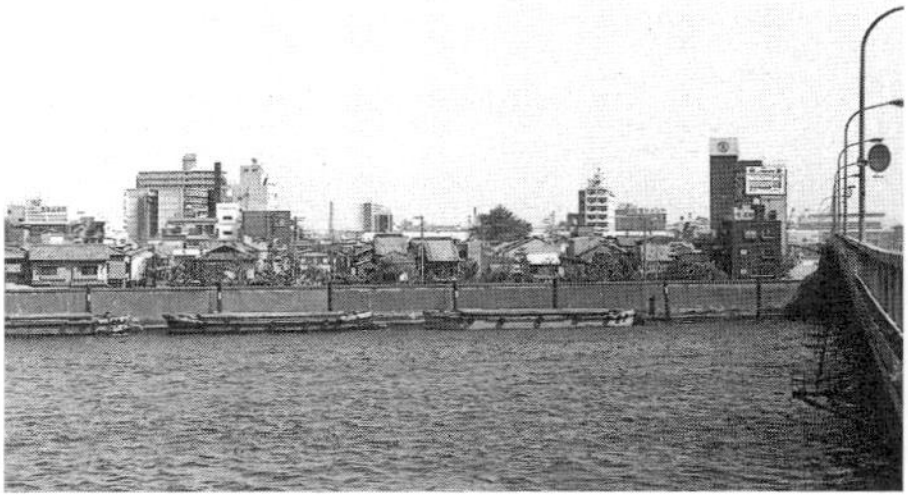

写真５　1978 年の佃島

4）。陸から佃に訪れるには、月島駅が最寄り駅である。一九八八（昭和六三）年に東京メトロ有楽町線が佃と月島の近くに開通し、佃島を訪れるには大変便利になった。地上に出ると広幅員の道路が佃大橋に向かって延びる。これは一九六四（昭和三九）年の佃大橋架設工事に伴い、佃川を埋め立ててできた道路である。

佃大橋の架設で、車の往来は格段に便利になる。しかしながら、鉄道を利用する者にとっては、月島駅ができるまで銀座方面からバスや徒歩で佃大橋を渡らなければ佃島に行けなかった。一九七八（昭和五三）年に初めて佃大橋を渡り佃島を訪れた。リバーシティ21が開発される前のことである。その時の佃島はカミソリ護岸と呼ばれる高潮防潮堤がすでに完成していた。佃の渡船は一九六四（昭和三九）年八月に廃止され、すでに一四年の時が過ぎている（写真5）。佃の渡しは、一六四四（正保元）年佃島に大坂佃村の漁民が移住してから続く古い歴史を持つ。一九二六（大正一五）年には汽船となり、朝六時から夜一二時まで六四往復（一五分に一便）していた。二〇一八（平成三〇）年に、『佃島』（監督・浮田遊兒、一九六四年）と題した一八分の記録フィルムを見る機会があった。このフィルムは「佃大橋建設以前の佃の渡船と佃島の風景」、「佃大橋建設を記録した風景」が映像化されたものだ。東京オリンピックという国家イ

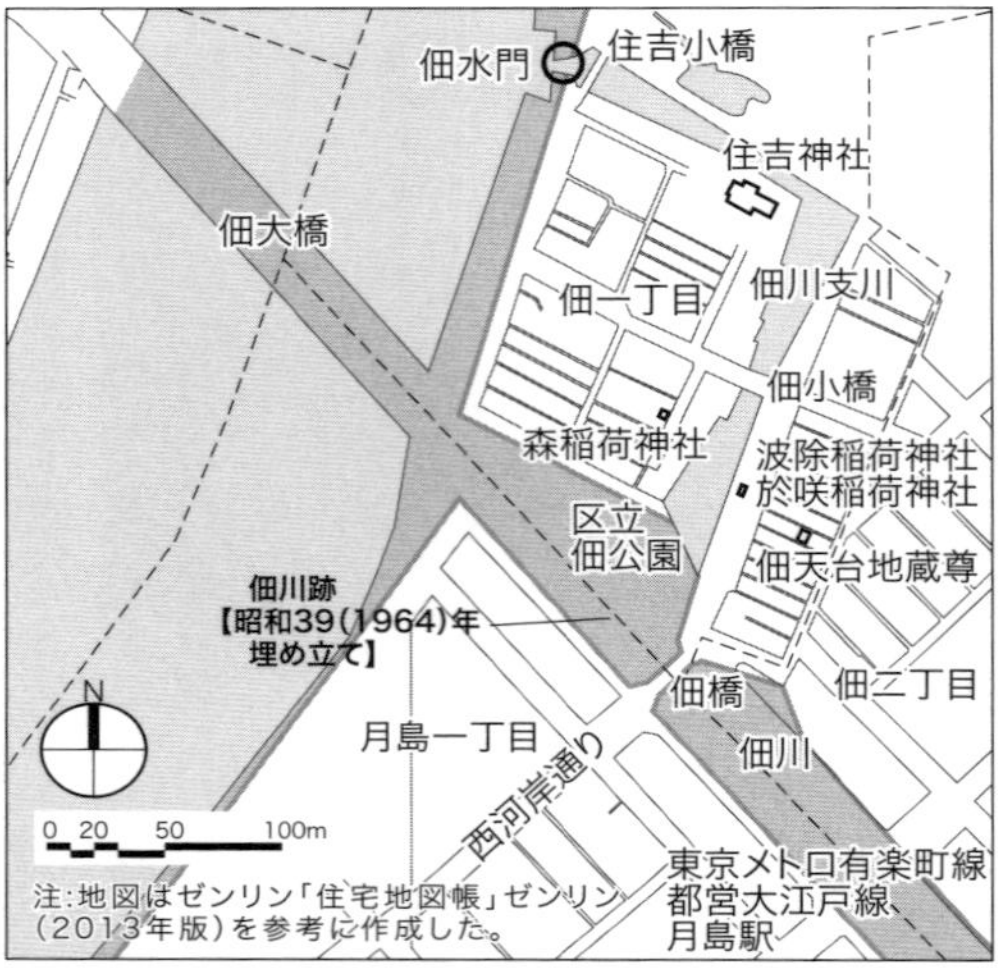

注:地図はゼンリン「住宅地図帳」ゼンリン（2013年版）を参考に作成した。

図3　現在の佃川跡とその周辺

ベントが東京の都市空間を変貌させた記録でもある。佃島と明石町を結ぶ全長二二〇mに及ぶ巨大構築物の佃大橋建設は、三三〇年の歴史を誇る江戸情緒漂う佃島渡船の廃止と重ねた時、映像としての強いインパクトがある。周辺の家並みを超える高さで橋が架設されていく様子をカメラは淡々と追い続けた。

佃大橋完成を祝って竣工式典が一九六四（昭和三九）年八月二七日に盛大に行われた。当時の東京都知事東龍太郎がテープカットに加わり、獅子舞、ブラスバンドなど、盛大なパレードが行われた。首都高速道路と相まって、巨大構築物の佃大橋建設は話題性があった。

佃大橋の建設では、佃の渡船が廃止されただけではなかった。架橋に伴い、佃川の掘割が埋め立てられ、隅田川の水と深く結びついていた水際が遮断されるようにカミソリ護岸で覆われた。フィルムから、佃島のカミソリ護岸は佃大橋建設の関連事業であったとわかる。

佃川は、現在の佃一〜三丁目と月島一〜二丁目の間を流れる掘割である。一八九六（明治二九）年に新佃島（現・佃二・三丁目）が埋め立てられた時、佃島・新佃島と月島一号地（現・月島一〜三丁目）との間に新たに誕生した（図3）。それまでの佃島は一六四四（正保元）年に鉄砲洲東の干潟を埋め立てて造成した、四周を海に囲まれた二つの島であった。佃島の歴史は、徳川家康が大坂から漁師を呼び寄せ、洲を造成した島に住まわせた時からはじまる。町の鎮守は大坂の住吉から勧進した住吉神社である。

佃大橋が架かるまでは、住居表示で佃一丁目はまだ四周を掘割に囲まれており、左手の佃川と佃川支川が連続する水面だった。この隅田川と三方を掘割で囲まれた町は、北から南まで約一五〇m、江戸町人地の街区をひと回り大きくした程度の規模が当初のまま変わらずに維持された。その中央を南北にメインの道がつくられた（写真6）。この道でさえ、一見路地と思わせる道幅だが、町全体が人の歩くための道に他ならないから、むしろ最適といえよう。その両側に短冊状の敷地が割られた。敷地の幅はおおむね七〜八mで、路地もほぼ等間隔に通された。

写真6　南北に通るメインの通り

江戸情緒といいつつも、佃は江戸町人地における町屋敷の仕組みと似ているようで大きく異なる。江戸時代、佃の敷地規模は二〇〇㎡前後、奥行は三〇m強で、町人地の町屋敷規模の約半分と小さい。また、町人地である日本橋や京橋、銀座の路地は、ほとんどすべてが敷地内の中央だけであった。佃は敷地の境界にも路地が通された。住民は、仕事と生活の二つの路地を使い分けることで、路地が多様化し、漁師町独特の構造をつくりだした。

佃は沖合の砂洲を整備した島という立地特性から、多発する火事で炎上する東京市街をよそに、関東大震災、東京大空襲を逃れ、近代以降も特殊な存在であり続けた。しかも、住民たちの結束の強さから、再開発の波にも無縁であり、時間が止まったように江戸の路地の雰囲気を今に伝える。江戸時代の佃島は、すべてが海からのアプローチで

写真7　聖路加タワー上層階のホテルから夜の佃島を眺める

あったから、むやみにこの町に入る人はいない。そのために、コンパクトにまとまった空間を持続できた。都市の骨格となる通りは狭く、路地はより狭い。佃の路地の幅は狭い所で一mにも満たない。

佃島は、東京オリンピック以降多くの建物の建替えがあって今日まで来ている。建て替えといっても、建物の規模にあまり変化はない。また、町に溶け込む地蔵尊や神社、残された掘割、通りや路地の道幅、通りの脇にある井戸は、東京が超高層ビル群の林立で凄まじく変貌しつつある現在でも変わりなく私たちを迎えてくれる。二〇一一（平成二三）年に、仕事で聖路加タワーの上層階にあるホテルに泊まる機会があった。その一室から見た佃島の夜景は印象的だった（写真7）。光を放つ一九六四（昭和三九）年に完成した佃大橋と一九七八（昭和五三）年以降に建設されたリバーシティ21に包まれた佃島は暗い静寂のなかにあった。

参考文献

第1章

・高橋康夫・吉田伸之・宮本雅明・伊藤毅『図集　日本都市史』東京大学出版会、一九九三年
・河村哲二・岡本哲志・吉野磬子『「三・一一」からの再生　三陸の港町・漁村の価値と可能性』御茶の水書房、二〇一三年
・岡本哲志「奥州相馬発、場所と文化」『奥州相馬の文化学』No.一一五、iichiko、二〇一二年春号
・法政大学デザイン工学部建築学科岡本哲志研究室編著『三陸の浜に刻まれた集落空間の仕組みを読み解く～雄勝・女川・牡鹿の六七浜を対象に調査を重ねて～』法政大学エコ地域デザイン研究所、二〇一六年

第2章

1（座間）

・報告書「座間市景観形成モデル地区計画策定調査」神奈川県都市部都市政策課・座間市都市整備部都市計画課、一九八九年三月
・座間市文化財調査員会編『座間の道坂橋』（座間市文化財調査報告書、第九）座間市教育委員会、一九八四年
・座間市文化財保護委員会編『座間の湧水』（座間市文化財調査報告書、第六）座間市教育委員会、一九八一年

2（日野）

・岡本哲志「日野の用水と地域形成」（『法政大学サステイナビリティ研究教育機構・法政大学エコ地域デザイン研究所二〇一〇年度報告書』法政大学大学院エコ地域デザイン研究所、二〇一一年二月、四四～五三頁）
・日野町役場編『日野町誌』日野町、一九五五年
・日野市史編さん委員会『日野市史　通史編一　自然・原始・古代』日野市、一九八八年
・日野市史編さん委員会『日野市史　通史編二（上）中世編』日野市、一九九四年
・日野市史編さん委員会『日野市史　通史編二（中）近世編（一）』日野市、一九九五年
・日野市史編さん委員会『日野市史　通史編二（下）近世編（二）』日野市、一九九二年
・日野市史編さん委員会『日野市史　通史編三　近代（一）』日野市、一九八七年
・日野市史編さん委員会『日野市史　通史編四　近代（二）現代』日野市、一九九八年
・日野市史編さん委員会『日野市史　民俗編』日野市、一九八三年
・日野市史編さん委員会『日野市史史料集　地誌編』日野市、一九七七年
・日野市遺跡調査会『日野市埋蔵文化財発掘調査報告八　南広間地遺跡一』日野市都市整備部区画整理課、一九八八年
・島津弘、久保純子、堀琢磨「南広間地遺跡を中心とした多摩川・浅川合流点低地の形成過程」日野市遺跡調査会『日野市埋蔵文化財発掘調査報告一九　南広間地遺跡四』一二一～一二二頁、一九九四年
・ひらやま探検隊編『平山をさぐる―鮫陵源とその時代』日野市生活課、一九九四年
・峰岸純夫監修『図説　八王子・日野の歴史』郷土出版社、二〇〇七年
・渡部一二『生きている水路―その構造と魅力』東海大学出版会、一九八四年
・樋口忠彦『景観の構造　ランドスケープとしての日本の空間』技報堂出版、一九七五年
・樋口忠彦『日本の景観　ふるさとの原型』春秋社、一九八一年

・法政大学エコ地域デザイン研究所編『水の郷日野　農ある風景の価値とその継承』鹿島出版会、二〇一〇年

3（桑折）

・岡本哲志「桑折町の水システムの構築と地域デザイン」（『法政大学大学院エコ地域デザイン研究所二〇〇五年度報告書』法政大学大学院エコ地域デザイン研究所、二〇〇六年四月、一九五～二〇二頁）
・陣内秀信・岡本哲志『水辺から都市を読む　舟運で栄えた港町』法政大学出版局、二〇〇二年
・日本の港町研究会編『日本の近代港町　その基層と空間形成原理の発見』報告書、法政大学大学院エコ地域デザイン研究所、二〇〇五年
・桑折町史編纂委員会編『桑折町史　全七巻』桑折町、一九八六～二〇〇五年
・桑折町史編纂委員会編『目で見る桑折町の歴史』桑折町、一九八五年

4（吉井）

・岡本哲志「吉井町の水システムの構図と地域デザイン」（『法政大学大学院エコ地域デザイン研究所二〇〇六年度報告書』法政大学大学院エコ地域デザイン研究所、二〇〇七年五月、二〇二～二〇九頁）
・『吉井町誌　第二巻』吉井町、一九七九年
・『うきは市の文化財』うきは市教育委員会、二〇〇六年
・「吉井のまちめぐり案内」うきは市教育委員会
・「鏡田屋敷（うきは市指定文化財）」うきは市教育委員会
・「居蔵の館（旧松田家住宅）」うきは市教育委員会

第3章

1（港町のかたち）

・岡本哲志『港町のかたち　その形成と変容』法政大学出版局、二〇一〇年
・岡本哲志「室津の都市空間の変容～古代と中世～」（『法政大学大学院エコ地域デザイン研究所二〇〇七年度報告書』法政大学大学院エコ地域デザイン研究所、二〇〇八年七月、三四四～三五三頁）
・陣内秀信・岡本哲志編著『水辺から都市を読む　舟運で栄えた港町』法政大学出版局、二〇〇二年
・谷沢明『瀬戸内海の町並み　港町形成の研究』未來社、一九九一年
・半田市史編さん委員会編『半田市誌　地区編　亀崎地区』愛知県半田市、一九九七年
・「室津　伝統的建物群保存対策調査報告書」御津町教育委員会、一九九八年三月三版（一九八八年三月初版）
・室津の町並調査報告書」財団法人観光資源保護財団、一九七二年一一月
・『御津町史編集図録Ⅱ・室津民俗館特別展「漁業展」』御津町教育委員会、一九九二年一一月
・特別展図録Ⅴ「室津の町並み」御津町教育委員会、一九九九年一〇月
・特別展図録Ⅷ「室の廻船」御津町教育委員会、二〇〇二年一〇月
・特別展図録Ⅹ「室山の城　語り継がれた謎の歴史」御津町教育委員会、二〇〇四年一〇月
・『特別展図録～たつの市立室津海駅館開館一〇周年記念「室津と参勤交代」』たつの市教育委員会、二〇〇六年一〇月
・岩田実太郎編『庵治町史』香川県木田郡庵治町、一九七四年
・『三国町史』三国町、一九八三年
・津屋崎町史編さん委員会『津屋崎町史　通史編』津屋崎町、一九九六年
・南知多町史編さん委員会『南知多町史　本文編』南知多町、一九九一年
・高橋恒夫『最上川水運の大石田河岸の集落と職人』大石田町、一九九五年
・『大石田町史　上・下巻』大石田町、一九八五年・一九九三年

・酒田市史編さん委員会編『酒田市史　改訂版　上・下巻』酒田市、一九八七年・一九九五年

2（真鶴、宿根木）

・岡本哲志・石渡雄士・佐野友彦・一原秀「真鶴の空間の変容と原風景」『法政大学大学院エコ地域デザイン研究所二〇〇七年度報告書』法政大学大学院エコ地域デザイン研究所、二〇〇八年七月、三五四～三六三頁
・五十嵐敬喜、野口和雄、池上修一『美の条例』学芸出版社、一九九六年
・真鶴町『真鶴町史　資料編』真鶴町、一九九三年
・櫻木達夫編著『明日の道　去年坂』株式会社オールプランナー、一九九九年
・有田喜久平（楽山）『宿根木村誌』宿根木青年会、一九四八年一二月
・新潟県佐渡郡小木町編『南佐渡の漁撈習俗　南佐渡漁撈習俗緊急調査報告書』小木町、一九七五年
・『宿根木　伝統的建造物群保存対策調査報告』小木町、一九八一年
・TEM研究所編『宿根木の町並と民家一、二』（佐渡国小木民俗博物館、一九九五年
・太田博太郎等編『図説日本の町並み　第四巻　北陸編』第一法規出版、一九八二年

3（伊根、成生）

・岡本哲志「成生と田井における漁村空間の変容」『法政大学大学院エコ地域デザイン研究所二〇〇七年度報告書』法政大学大学院エコ地域デザイン研究所、二〇〇八年七月、三二五～二〇九頁
・『舞鶴の民家』舞鶴市・舞鶴市教育委員会、二〇〇三年
・『舟小屋　風土とかたち』INAX出版、二〇〇七年
・『伊根浦伝統的建造物群保存対策調査報告書』伊根町・伊根町教育委員会、二〇〇四年

第4章

1（城下町の成り立ちと地形）

・林英夫責任編集『図説愛知県の歴史』河出書房新社、一九八七年
・「伝統的文化都市環境保全地区整備事業計画（柳川市）」福岡県・柳川市、一九七九年

2（一乗谷）

・『福井県の中・近世城館跡』福井県教育委員会、一九八七年
・図録『復原　一乗谷』福井県立一乗谷朝倉氏遺跡資料館、一九九五年
・図録『越前朝倉氏・一乗谷　眠りからさめた戦国の城下町』福井県立一乗谷朝倉氏遺跡資料館、二〇〇五年

3（郡上八幡）

・『郡上八幡町史　上巻・下巻』八幡町役場、一九六〇年（復刻一九八七年）
・『郡上八幡町史　史料編第六巻（近現代編）』郡上八幡町史史料編纂委員会、八幡町、二〇〇四年
・『歴史探訪　郡上八幡』八幡町、一九九八年
・『都市住宅七七〇三　特集　水緑空間の構造』鹿島出版会、一九七七年

4（山形）

・横山昭男責任編集『図説山形県の歴史』河出書房新社、一九九六年
・山形市史編さん委員会編『山県市史　通史五巻　資料編四巻』山県市、一九七一～八〇年

5（江戸）

・岡本哲志『江戸→TOKYO なりたちの教科書』淡交社、二〇一七年
・岡本哲志『江戸→TOKYO なりたちの教科書3』淡交社、二〇一八年
・法政大学エコ地域デザイン研究所編『外濠』鹿島出版会、二〇一二年

・陣内秀信＋法政大学陣内研究室編『水の都市　江戸・東京』講談社、二〇一三年
・岡本哲志「江戸城の最強要塞はこうしてつくられた。」『東京人』No.四〇六、二〇一九年一月号

第5章

1（開港場）

・宮本達夫・土田充義「長崎旧居留地の形成と変遷過程について」日本建築学会『計画系論文報告集』第三五二号、一九八五年六月

2（横浜）

・岡本哲志＋日本の港町研究会『港町の近代　門司・小樽・横浜・函館を読む』学芸出版社、二〇〇八年
・横浜市総務局市史編集室編『横浜市史（監）』二〇〇三年
・肥塚龍『横浜開港五十年史　上巻・下巻』横浜商業会議所、一九〇九年
・横浜開港資料館・横浜開港資料普及協会編『図説横浜外国人居留地』有隣堂、一九九八年

3（神戸）

・重藤威夫『長崎居留地　一つの日本近代史』講談社〈講談社現代新書一四三〉、一九六八年
・山下尚志『神戸港と神戸外人居留地』近代文芸社、一九九八年
・神戸外国人居留地研究会編『居留地の街から　近代神戸の歴史探究』神戸新聞総合出版センター、二〇一一年
・新修神戸市史編集委員会編『新修神戸市史　歴史編二　古代・中世』神戸市、一九八九年
・新修神戸市史編集委員会編『新修神戸市史　歴史編三　近世』神戸市、一九八九年
・新修神戸市史編集委員会編『新修神戸市史　歴史編四　近代・現代』神戸市、一九八九年

第6章

1（鉄道）

・『日本国有鉄道百年史（第一～一三巻）』日本国有鉄道、一九六九～七四年
・『日本民営鉄道協会三十年史』日本民営鉄道協会、一九九七年

2（高速道路・橋）

・岡本哲志『川と掘割〝二〇の跡〟を辿る江戸東京歴史散歩』ＰＨＰ新書、二〇一七年
・『東京高速道路　三十年のあゆみ』東京高速道路株式会社、一九七一年
・都市の景観形成と首都高速道路に関する調査研究委員会『都市の景観形成と首都高速道路』報告書、財団法人日本文化会議、一九八四年三月

おわりに

都市や街、集落を調査・研究しはじめて、すでに40年以上の歳月が過ぎた。その間「水」をキーワードに『水辺から都市を読む』『港町の近代』『港町のかたち』を出版してきた。これらの本は主に港町が対象である。だが、「水」の重要性は港町に限らない。城下町、宿場町においても「水」からの視点の重要度に変わりはなく、数多く調査してきた。それらの研究を研究報告書、あるいは学会や一般雑誌に発表した。その成果が充分なボリュームとなり、いくつかの出版社に出版の打診をした。キーワードはあくまで「水」にこだわった。ただ、「知名度の低い場所ばかり」と、断られ続けた。

水は巧みな地形条件のもとに空間を成立させ、微細な高低差が実に魅力的な風景をつくりだす。「地形」は「水」と極めて密に関わり、空間を演出する。NHKの人気番組「ブラタモリ」、スリバチ学会の誕生と、近年「地形」に熱い眼差しが向けられている。「凹凸」「高低差」をメインにした本がよく売れているという。そのようなおり、「地形」をキーワードにした本を書いてくれないかと、学芸出版社の岩﨑健一郎氏からメールが届いた。加えて、扱う対象の知名度はこだわらないと。その一言で、快くお引き受けすることになった。世に出ることを拒まれた都市や街、集落を「地形」というキーワードで組み立て直し、本書が完成した。

これまで、調査にうかがい、多くの方に教えていただいたことが多々ある。この場を借りて感謝申し上げる。また、訪れた場所にも感謝したい。私にとって「まちの声を聞く」ことが何よりも大切である。「まちの声」をいかに聞けるかが都市空間の魅力を表現しえるかの成否となる。まちと語り合えたことに感謝したい。

出版に向けて執筆が大詰めの時、母が生死をさまよう時期にあった。それに柔軟に対応していただけた岩﨑氏には大変感謝致すところである。ベッドの傍らで原稿が練られたこともあり、母の息づかいが文章にすり込まれている。2月に亡くなった母に本書を捧げたい。

２０１９年７月15日

岡本哲志

岡本哲志（おかもと・さとし）
九段観光ビジネス専門学校校長、都市形成史家
1952 年東京都中野区生まれ。岡本哲志都市建築研究所、法政大学サステイナビリティ研究教育機構リサーチアドミニストレータ A、法政大学デザイン工学部建築学科教授を経て、現職。博士（工学）。2012 年度都市住宅学会賞受賞（共同）。国内外の都市と水辺空間の調査・研究に長年に携わる。銀座、丸の内、日本橋など東京の都市形成史を様々な角度から 40 年以上研究している。2009 年秋から放送された人気番組 NHK「ブラタモリ」では銀座、丸の内、羽田、六本木など計 7 回出演し、2019 年 6 月には白金で 8 年ぶりに案内役をつとめた。

主な著書

- 『江戸→ TOKYO なりたちの教科書 3—東京の基盤をつくった「武家屋敷物語」—』（単著、淡交社、2018 年）
- 『江戸→ TOKYO なりたちの教科書 2—丸の内・銀座・神楽坂から東京を解剖する—』（単著、淡交社、2018 年）
- 『川と掘割 "20 の跡 " を辿る江戸東京散歩』（単著、PHP 新書、2017 年）
- 『江戸→ TOKYO なりたちの教科書—一冊でつかむ東京の都市形成史—』（単著、淡交社、2017 年）
- 『東京「路地裏」ブラ歩き』（単著、写真・鈴木知之、講談社、2014 年）
- 『「3.11」からの再生　三陸の港町・漁村の価値と可能性』（共編著、御茶の水書房、2013 年）
- 『最高に楽しい大江戸 MAP』（単著、エクスナレッジ、2013 年）
- 『古地図で歩く　天皇家と宮家のお屋敷』（監修、平凡社、2011 年）
- 『古地図で歩く　江戸城と大名屋敷』（監修、平凡社、2011 年）
- 『港町のかたち　その形成と変容』（単著、法政大学出版局、2010 年）
- 『まち路地再生のデザイン　路地に学ぶ生活空間の再生術』（共編著、彰国社、2010 年）
- 『丸の内の歴史　丸の内スタイルの誕生とその変遷』（単著、ランダムハウス講談社、2009 年）
- 『銀座を歩く　江戸とモダンの歴史体験』（単著、学芸出版社、2009 年、2017 年に講談社から『銀座を歩く　四百年の歴史体験』として文庫化）
- 『港町の近代　門司・小樽・横浜・函館を読む』（岡本哲志＋日本の港町研究会著、学芸出版社、2008 年）
- 『銀座四百年　都市空間の歴史』（単著、講談社選書メチエ、2006 年）
- 『江戸東京の路地　身体感覚で探る場の魅力』（単著、学芸出版社、2006 年）
- 『銀座　土地と建物が語る歴史』（単著、法政大学出版局、2003 年）
- 『水辺から都市を読む　舟運で栄えた港町』（共編著、法政大学出版局、2002 年）

など。

地形で読みとく都市デザイン

2019 年 9 月 25 日 第 1 版第 1 刷発行

著者　岡本哲志
発行者　前田裕資
発行所　株式会社学芸出版社
京都市下京区木津屋橋通西洞院東入
電話 075-343-0811　〒 600-8216
http://www.gakugei-pub.jp
info@gakugei-pub.jp
編集担当　岩﨑健一郎

装丁　NOMICHI 野田和浩
DTP　梁川智子（KST Production）
印刷　創栄図書印刷
製本　新生製本

ISBN978-4-7615-2715-0